BIBLIOTHÈQUE
DE PHILOSOPHIE CONTEMPORAINE

ÉTUDES

DE

MORALE POSITIVE

PAR

GUSTAVE BELOT

Inspecteur général de l'instruction publique.

II

JUSTICE ET SOCIALISME.
CHARITÉ ET SÉLECTION. — LE LUXE. — LE SUICIDE.
LA VÉRACITÉ. — LA VALEUR MORALE ET LA SCIENCE.
ESQUISSE D'UNE MORALE POSITIVE.

DEUXIÈME ÉDITION REVUE ET AUGMENTÉE

PARIS

LIBRAIRIE FÉLIX ALCAN

108, BOULEVARD SAINT-GERMAIN, VIe

ÉTUDES

DE

MORALE POSITIVE

ÉTUDES

DE

MORALE POSITIVE

PAR

Gustave BELOT

Inspecteur général de l'Instruction publique

———

DEUXIÈME ÉDITION REVUE ET AUGMENTÉE

———

II

JUSTICE ET SOCIALISME
CHARITÉ ET SÉLECTION
LE LUXE. LE SUICIDE. LA-VÉRACITÉ
LA VALEUR MORALE DE LA SCIENCE
ESQUISSE D'UNE MORALE POSITIVE

PARIS
LIBRAIRIE FÉLIX ALCAN
108, BOULEVARD SAINT-GERMAIN, 108

1921

TABLE DES MATIÈRES

ÉTUDES

DE

MORALE POSITIVE

I

JUSTICE ET SOCIALISME

Le monde des idées ressemble à la société réelle : ni dans l'un ni dans l'autre il n'est possible d'opérer d'un coup les multiples réadaptations qu'appellerait une modification apportée sur un point particulier. C'est ainsi que dans une société donnée coexistent des institutions hétérogènes, issues de systèmes politiques d'âge et d'inspiration différents, et dont l'inharmonie suscite, en certains points d'intersection, des problèmes et des conflits. De même il est commun de voir un penseur raisonner non sur les concepts cohérents à sa doctrine propre, mais sur ceux que lui fournit une tradition qu'il rejette ou une croyance qu'il répudie.

Dans sa théorie des fonctions de l'État, sa prétention à les limiter à la réalisation de la justice et sa polémique connexe contre le socialisme, l'individualisme spencérien nous fournit un exemple notable de cette dualité, dans un même système, des idées personnelles et des idées traditionnelles, de la pensée qui se fait et de la pensée faite. Il semble en effet juxtaposer deux conceptions contraires de l'État et de la Justice.

Tout d'abord, en ce qui concerne l'Etat, cet individualisme raisonne d'un côté comme si l'Etat, dans sa mission juridique, opérait sur un terrain entièrement neuf, où tous les hommes — comme en un « état de nature » idéal, — ne présenteraient d'autres inégalités que celles qui sont dues à leur effort personnel; comme si enfin l'adoption du régime du « contract » abolissait en fait toutes les inégalités produites antérieurement par le régime du « status ». Autrement, comment l' « égale liberté » définirait-elle la justice? Comment fonderait-elle des situations juridiques réellement égales?

En même temps on continue à traiter l'Etat en ennemi, à le poser comme une entité extérieure aux individus, indépendante d'eux, et sujette par suite, ou même disposée à les opprimer. Or quand et à quel point de vue l'Etat se présente-t-il en effet sous cet aspect, sinon lorsqu'il n'est pas lui-même intégré au système *contractuel* et pénétré par la forme juridique que ce droit comporte? L'État platonicien qui plane au-dessus des volontés individuelles, qui ne leur doit pas son existence, et par suite ne leur doit pas non plus ses services, n'est nulle part mieux réalisé que dans l'État historique traditionnel, qui correspond au système du « status » et possède lui aussi un droit inné, indépendant, en apparence, de tout consentement. Cet État réel, antérieur en fait à toutes les associations particulières, cette société globale et non spécialisée qu'on appelle la société politique, apparaît naturellement, à ce point de vue historique, comme hétérogène aux groupements spéciaux, religieux, commerciaux, industriels, artistiques qu'on voit éclore dans son sein et se constituer, de plus en plus, par le libre accord des individus. Mais dès qu'on se place au point de vue du droit (et ce n'est pas Spencer qui refusera de le faire) pourquoi n'étendrait-on pas l'idée contractuelle à l'association politique elle-même, à l'Etat? En fait on constate que, à peine apparue, et longtemps avant d'avoir porté tous ses fruits dans les régions moyennes de la vie sociale, cette idée se propage et rayonne à l'opposite du point où elle semble éclore et qu'elle tend à s'appliquer à la société même dans laquelle toutes les autres sont comprises, à la société politique. L'État serait alors considéré comme le terme suprême de la libre association, et le groupement qui achève, englobe et garantit tous les autres, ne leur serait pas, à la limite du moins, absolument hétérogène. Ne voit-on pas le droit divin céder de plus en plus le terrain au droit populaire, l'autorité politique perdre sa transcendance et son indépendance pour devenir une émanation de la collectivité; ne voit-on pas le principe du contrôle des gouvernants par les gouvernés, principe issu à la fois de la sagesse pratique de l'Angleterre et de la philosophie rationaliste de la France, se réaliser de mieux en mieux dans les institutions? Nous savons, il est vrai, le peu de cas que fait Spencer des droits politiques proprement dits. Mais n'est-ce pas précisément le résultat de cette inconséquence grâce à laquelle, posant le régime du contrat comme la base du droit, il se refuse à en étendre l'idée jusqu'à l'État? Une bonne partie de la polémique spencérienne ne tomberait-elle pas si l'on rétablissait ainsi dans la doctrine l'homogénéité de la pensée juridique et de la pensée politique?

Même inconsistance dans la conception de la justice, conception mi-partie idéaliste, mi-partie naturaliste. Si l'on croit que la justice est le triomphe des supériorités et que le principe biologique de la concurrence peut seul définir sans arbitraire ce qui est supérieur et ce qui est inférieur, pourquoi admettre que l'Etat intervienne artificiellement pour réglementer cette concurrence? En quoi cette première intervention et cette première réglementation est-elle moins oppressive que les autres pour les énergies qu'elle comprime? Si au contraire cette intervention est nécessaire n'est-ce pas qu'une idée supérieure au critère purement biologique y préside, et que finalement la société reste juge des supériorités qu'elle entend laisser triompher? Confier la réalisation de la justice à l'État n'est-ce pas admettre enfin qu'il existe une règle de justice autre que celle du simple triomphe... de ce qui triomphe, c'est-à-dire, de quelque manière qu'on l'interprète, qu'il y a un droit au-dessus du fait?

. Rapprochons enfin ces deux questions des fonctions de l'État et de la nature de la Justice. Pourquoi faire intervenir l'État dans l'œuvre de justice ? Est-ce parce que l'État ne doit de compte à personne et parce que c'est sa volonté souveraine qui *définit* ce qui est juste? Spencer, qui réfute Bentham dans sa négation du droit naturel, serait moins que personne disposé à l'admettre. Est-ce donc parce que l'Etat, la puissance souveraine, est naturellement juste? Mais cela n'approcherait de la vérité que dans la mesure même où serait réalisé l'État contractuel, coalescence des volontés conscientes et libres, et ce serait au contraire trop évidemment faux de cet État transcendant dont Spencer se défie et devrait se défier ici plus que partout ailleurs. Ce n'est donc pas la justice-règle, mais seulement la justice-fonction qui appartient à l'État; et si l'on fait appel à lui, c'est parce qu'il paraît capable de mieux accomplir cette fonction qui, à tout prendre, pourrait être remplie et a été en effet historiquement remplie par d'autres organes; c'est qu'on trouve avantage à mettre en mouvement pour l'exercer ce pouvoir supérieur qui représente la forme ultime de la coopération sociale. Pourquoi dès lors cette même forme de coopération, force collective toute préparée, constituée d'ailleurs en vue d'autres fins, ou du moins sous la pression de toutes sortes d'autres nécessités, ne serait-elle pas mise à profit pour d'autres œuvres intéressant l'ensemble de la collectivité?

Nous avons donc deux problèmes essentiels à nous poser : 1° Pourquoi l'État doit-il intervenir pour exercer la justice et cette intervention peut-elle se réduire à la garantie de la liberté individuelle, au maintien du *fair play* de la concurrence ? 2° l'Etat peut-il travailler à quelque autre œuvre au delà de celle de la justice, et compromet-il sa fonction essentielle en prétendant la dépasser (1)?

I. — JUSTICE ET CONCURRENCE

Il y a deux éléments dans la notion que Spencer se fait de la justice : un élément purement formel, l'égale liberté, que l'Etat aurait pour fonction, et pour fonction unique, de maintenir; un élément réel, la compétition entre les individus sous cette seule condition de ne pas s'entraver mutuellement (2). Dans la détermination *des*

(1) Les pages qu'on va lire ont été écrites à propos de l'apparition à peu près simultanée (1892) de *Justice* de Spencer, Paris, F. Alcan, et du 2ᵉ volume du *Socialisme intégral* de B. Malon. C'est ce qui explique pourquoi d'une part l'individualisme un peu démodé de Spencer se trouve ici en cause et pourquoi d'autre part dans le socialisme nous n'avons guère envisagé que l'intervention de l'Etat ou de la commune. Notre propre notion du socialisme serait évidemment plus large. V. sur ce point nos articles de la *Revue philosophique*, août 1893, sur *la définition du socialisme*, et nov. 1896 : *Le Socialisme, dogme ou méthode?*

(2) Comparant sa formule au *Grundgesetz* de Kant, Spencer remarque : 1° Que Kant prétend poser *a priori* ce que lui-même pose *a posteriori;* 2° Que Kant fait précéder et prévaloir l'élément négatif : un individu a le droit parce qu'on n'a pas celui de l'empêcher; tandis que lui-même considère le droit d'agir, l'élément positif, comme primordial et existant par lui-même.

droits, le premier élément, justement parce qu'il s'agit de formuler une règle, apparaît presque seul. Mais dans la notion qu'il se fait *du droit*, le second est certainement le plus essentiel. Pourquoi la liberté? Parce qu'il y a, et surtout pour qu'il y ait concurrence. Si les hommes ne luttaient qu'avec la nature, il n'y aurait pas lieu de parler d'égale liberté, et la « justice » serait satisfaite par le fonctionnement des « châtiments et des récompenses naturels ». Mais les hommes luttent aussi entre eux; dès lors il faut que cette lutte soit loyale pour assurer le triomphe des supériorités. Car c'est ce triomphe qui est le grand résultat à obtenir, c'est là l'essentiel de la justice. L'égale liberté n'en est que la forme. Examinons donc si l'égale liberté suffit dans la société telle qu'elle est à rendre la concurrence loyale, et si par suite la concurrence est la vraie forme de la justice. Nous sommes certains de rencontrer sur ce terrain l'opposition des théories socialistes qui ont déclaré la guerre à la concurrence, et en particulier à la loi de l'offre et de la demande qui en est la principale forme économique.

1° *Les bases de la concurrence.* — La première, la plus grave objection à une telle conception de la justice, on la connaît de reste. Secrétan, Fouillée l'ont exposée avec une force particulière, les socialistes la clament à tout venant et par-dessus les toits, comme W.-K. Clifford veut que soit criée la vérité. C'est que la liberté pure et simple ne serait aujourd'hui que le libre cours laissé aux injustices du passé. Etant données les inégalités qu'elles ont créées, la liberté du faible vis-à-vis du fort n'est plus qu'une liberté nominale. C'est qu'enfin la société est déjà faite d'une certaine manière et non à faire de toutes pièces, et que la concurrence ne pourrait ressembler à la justice que si tout était remis en question. Voilà bien pourquoi les anarchistes peuvent être considérés, malgré leur querelle avec le socialisme proprement dit, comme les fanatiques, les désespérés du même parti. Malheureusement on sait *par expérience* où peuvent conduire ces retours à l' « état de nature » et la « concurrence absolue » qui en résulterait; car ils nous ont conduits, et à travers quelles péripéties, précisément au point où nous sommes; et le cercle serait étrangement vicieux de réclamer comme le remède précisément ce qui a causé le mal. Qu'on remette donc tout en question, si l'on veut, *excepté ceci* : l'organisation d'un Etat constitué en puissance juridique et capable d'éliminer de la concurrence le facteur de force brutale, pour faire régner la paix et la justice. De l'évolution antérieure il faudrait conserver au moins ce produit : l'Etat justicier, tout en éliminant cet autre produit : les inégalités injustes issues de la violence. Mais aucune force ne peut surgir du dehors pour faire ainsi un départ entre deux produits également naturels de l'évolution. Reste donc que l'un des deux élimine l'autre, qui lui est contraire, c'est-à-dire que l'Etat, puisqu'il représente l'idée de justice, intervienne pour réduire progressivement les iniquités du passé. Dira-t-on que c'est vouloir violenter l'évolution? Non, répondrons-nous, c'est la continuer. Mais alors le rôle de l'État ne peut plus consister dans une simple abstention. D'ailleurs voulût-il s'y confiner qu'il ne le pourrait pas. Chose singulière ! Spencer qui ne croit pas à l'efficacité des décrets artificiels, s'irrite contre les interventions de l'État, comme si l'Etat pouvait décréter qu'il ne décréterait plus et proclamer sa propre déchéance. Mais la résolution de s'abstenir serait pour l'État la plus grosse entreprise. Spencer constate luimême que la manie de réglementation est un héritage du passé, et il fait un crime à l'État de ne pas abdiquer au moment même où il constate qu'on refuse son abdication! Quel gouvernement serait donc assez fort pour obliger les citoyens à se passer de gouvernement? Celui qui le tenterait serait immédiatement « rappelé à ses devoirs ». Et suivant nous, on n'aurait pas absolument tort, car, sur certains points, il y manquerait en effet. Non seulement il ne peut pas, mais ne doit pas se soustraire à la nécessité d'intervenir en certaines matières. Comment pourrait-il, et cela au nom du principe même de la justice qu'il représente, laisser libre cours à ceux des produits du passé qui en sont la négation? et se croiser les bras devant le fait accompli, quand il s'est accompli sans son aveu? Ne serait-ce pas une étrange contradiction que la justice pût dire à la violence : Jouis de ta conquête, car mon rôle est de garantir; ou la liberté dire à la tyrannie : Poursuis ton œuvre, car mon principe est de laisser faire? Spencer ne reconnaît-il donc rien de ce que Fouillée a si bien appelé la justice réparative ? De Laveleye (1) a très bien répondu à Spencer que, dans la société humaine, la concurrence n'a plus pour seuls facteurs les facultés de l'individu, mais se trouve profondément modifiée par l'hérédité. Ce qu'on demande pour qu'une lutte soit loyale, c'est que les conditions *objectives* en soient égales, de sorte que l'issue n'en soit décidée que par la valeur des *personnes*. Or actuellement dans les compétitions sociales, et spécialement économiques, c'est au contraire l'inégalité des armes qui assure le plus souvent le succès. Comme on fait son lit on se couche, répète Spencer; mais d'autres aussi ont contribué à nous le faire, et pour beaucoup c'est un triste grabat. Ainsi Spencer paraît croire que les socialistes parlent seulement au nom de la charité, alors qu'ils parlent surtout au nom

(1) *Le Socialisme contemporain*, 5ᵉ édit., Appendice II, p. 384, Paris, F. Alcan.

de la justice (1) ; lorsqu'ils réclament l'assistance, la protection des faibles, ils ne croient demander que l'équité. Spencer et les socialistes se séparent non sur la question de savoir si la justice doit régner avant tout, ni même sur l'idée qu'il convient de se faire de son essence, mais sur l'étendue qu'il convient de lui attribuer et sur la portée pratique de sa définition. Vous voulez que chacun jouisse strictement des avantages que lui méritent ses aptitudes? Mais il faudrait d'abord que toutes les aptitudes pussent s'employer. Or dans l'état actuel des choses cette condition n'est pas remplie. La lutte économique est comme un combat des Thermopyles ; le front de bataille est artificiellement rétréci et nombre de combattants, malgré la meilleure volonté du monde, ne trouvent pas place dans la lutte. Est-ce leur faute, si par suite d'un véritable paradoxe de l'organisation sociale, il arrive que beaucoup de facultés utiles ne trouvent pas à s'utiliser, tandis qu'en même temps le travail accablant de quelques-uns laisse tant de besoins sans satisfaction? Si un tel fait dérive d'un vice de distribution qui assure de fortes rémunérations à l'oisiveté, ou de nécessités d'ordre général qui imposent de coûteux travaux improductifs, la société entière ne contracte-t-elle pas envers les bonnes volontés sans emploi une dette qu'il est dangereux d'exagérer, difficile de définir, mais qu'en principe il n'est guère possible de nier? Et alors le socialiste affirmera le droit au travail comme lié indissolublement à l'idée même de justice. Malheureusement ce n'est qu'un idéal et si l'on peut reprocher quelque chose aux socialistes, c'est seulement d'avoir parfois méconnu ici la différence entre l'ordre abstrait qui commence par l'idéal et l'ordre con-

(1) Cf. Laveleye, *ibid.*, p. 388.

cret qui s'y achève. Le droit au travail n'a de sens comme formule pratique que s'il a d'abord été rendu applicable par toute une réorganisation économique dont il ne serait tout d'abord que le principe directeur. Il ne manque pas de travail utile à faire, mais d'argent pour le payer; on se plaint déjà de la surproduction et le travail fait ou faisable dépasse, non les besoins, mais les ressources de la consommation. Les économistes ont beau jeu de montrer que l'État ne peut fournir un travail qui n'est pas demandé, puisqu'il ne pourrait le payer qu'en prélevant le salaire par l'impôt sur ce même public, qui comme collection de particuliers, ne trouve pas assez d'argent dans sa poche pour le payer. Si nous considérons de même l'assurance obligatoire par l'État, nous voyons encore que dans l'état présent des choses, elle n'aurait guère d'autre effet que de diminuer le salaire soit directement, partout où il peut être diminué, soit indirectement par le renchérissement des produits.

Ainsi les socialistes ne se trompent pratiquement sur plusieurs points, que dans la mesure où ils oublient combien l'état social présent accumule d'obstacles à la réalisation de la justice dans ses formes spéciales et dérivées. Mais Spencer se trompe en principe, quand il veut appliquer à cette même société telle quelle une formule générale vraie seulement dans l'abstrait.

2° *Les modes de la concurrence.* — Sous un autre rapport encore, on peut trouver que Spencer ne tient pas assez de compte de la distance qu'il y a entre le principe abstrait et les conditions pratiques de la justice. Toute concurrence, excepté la concurrence brutale où tout est permis, mais que la justice exclut, s'exerce suivant certaines formes et conventions. Ce sont comme les règles du jeu. Ici, ces règles sont des lois. Qu'on livre la piste aux coureurs, c'est bien; mais il y a une piste qu'u

faut suivre, et l'on ne peut prendre la traverse. Or il
s'agit justement de savoir si cette piste est bien disposée,
ou si elle n'est pas tracée de manière à favoriser artificiellement les uns au détriment des autres. Il est juste, en
principe, que chacun bénéficie de ses talents. Mais de
quels talents? quelles seront les applications laissées à son
activité? dans quelles limites seront-elles restreintes ou
élargies par les institutions? Le financier qui fait un beau
coup de bourse bénéficie de son savoir, de son expérience,
de son audace, de son manque même de scrupules; ce
sont autant de forces; la bourse existe, l'opération est
légale. Mais l'institution qui la rend légale la rend-elle
juste? Le notaire qui a acheté son étude très cher est bien
obligé de faire payer ses actes à un taux souvent sans
proportion avec sa peine ou sa responsabilité, et ne se
fait pas faute d'exploiter cet excellent prétexte. Mais
devrait-on vendre les offices? Spencer, qui reconnaît que
le droit n'est pas créé, mais seulement garanti par l'Etat,
devra bien avouer qu'il y a nécessairement une part
énorme de convention dans toutes les conditions auxquelles la loi soumet la concurrence sociale (1); et précisément parce qu'il admet la notion de droit naturel, il
doit songer combien il faut de temps et d'expérience
sociale pour que les détails de la loi civile se conforment
aux exigences de la justice. En attendant, ces détails, qu'il
a bien fallu régler, créent un droit conventionnel ou traditionnel, comme on voudra, conformément auquel se
déploient les activités. Suffit-il dès lors de leur donner
libre carrière pour que la justice soit satisfaite? L'Etat n'a
donc pas seulement à garantir la libre action de l'in-

---

(1) « Ce marché sur lequel vendeurs et acheteurs se rencontrent, écrit justement M. É. Halévy, c'est une institution politique : pour qu'il existe... il faut des régements, il faut une police,
bref une intervention de l'Etat ». *Rev. de Métaphysique et de
Morale*, juillet 1906, p. 567.

dividu. Il faut qu'il se préoccupe avant tout de rectifier constamment les règles de cette concurrence, pour les rapprocher du droit « naturel »; il faut même qu'il détermine des règles nouvelles là où précédemment il n'y en avait aucune. Il interviendra donc, il limitera apparemment la liberté des individus, puisque là où précédemment régnait l'indétermination, il y aura maintenant une détermination nouvelle.

Mais la liberté exige pratiquement, avant tout, que nous sachions *sur quoi compter*, en particulier de la part des autres. Comment donc y aurait-il liberté véritable là où subsiste l'arbitraire, là où nous ignorons jusqu'où notre propre activité peut s'étendre, sans autres risques que ceux qui proviennent de la nature? Cette liberté-là ne serait liberté que pour ceux qui auraient assez de chance ou assez de force.

Est-ce donc faire « trop de lois », pour emprunter le titre caractéristique d'un *Essai* bien connu de Spencer, que d'essayer de faire pénétrer plus profondément la justice dans les rapports sociaux? Il n'y a pas lieu de s'étonner que la loi devienne de plus en plus minutieuse et détaillée, qu'elle crée juridiquement de nouveaux délits. Car elle découvre à tout instant des injustices à réprimer dans les rapports nouveaux. Spencer nous montre la sphère d'expansion de l'individu sans cesse étendue par les progrès du droit, de nouveaux champs ouverts à son activité, la parole, la presse, le culte, l'industrie, le commerce, affranchis peu à peu des restrictions primitives. Comment des activités nouvelles ne donneraient-elles pas lieu à des délits nouveaux et à des règles nouvelles ?

Mais ce n'est là qu'un seul aspect de l'évolution. En même temps que certains débouchés s'ouvrent à l'action, d'autres se ferment sans cesse. La justice empêche autant qu'elle protège, et parce qu'elle protège. Ce qu'on appelle la manie actuelle de réglementation n'est pas d'une autre essence que toutes les autres répressions impliquées dans la loi; seulement elle s'exerce sur des matières de plus en plus délicates, où l'erreur est plus aisée de la part du législateur, et où l'injustice qu'il combat est moins évidente. Entre les cas extrêmes, celui où l'empiètement mutuel est certain et revêt la forme violente, et celui où l'usage libre de nos facultés est visiblement légitime parce qu'il ne gêne personne, comme dans le choix de nos vêtements, de nos aliments, de notre résidence, il y a une foule de cas moyens où il est difficile de distinguer la vraie interprétation du principe d'égale liberté de la fausse interprétation signalée par Spencer lui-même. Dès lors, ce qui apparaît aux uns comme une réglementation tracassière, apparaît aux autres comme une protection indispensable; là où les uns voient une tutelle bénévolement octroyée, les autres voient une garantie exigible. Demandera-t-on à chacun d'être chimiste pour savoir si son marchand de vin l'empoisonne, architecte pour contrôler la solidité d'une maison, ingénieur pour vérifier la résistance d'une chaudière? En tout cela cependant la vie d'autrui est engagée. Voilà la loi obligée d'intervenir, de contrôler, de réglementer; puisqu'il s'agit de chercher les fraudeurs, il faudra bien que tout le monde subisse le contrôle. Ou bien dira-t-on qu'il sera temps de sévir quand le mal sera fait, qu'on ne poursuit pas une possibilité de crime ni même une intention de crime, et qu'en attendant il faut laisser le public victime de son ignorance, puisqu'elle le met certainement en état d'infériorité vis-à-vis de ses savants empoisonneurs? Mais outre que ce serait faire assez bon marché de la vie et des intérêts des hommes, autant vaudrait dire qu'il ne faut pas de police dans la rue tant qu'un vol ou un assassinat n'est pas commis. Prévenir l'injustice est une fonction de la justice aussi bien que la réprimer. Spencer en veut particulièrement (1) aux lois contre l'ivrognerie. Mais l'ivrogne n'est-il pas de toutes sortes de manières un danger public? Ce n'est pas lui qu'on protège contre son vice, ce sont les autres. Les mesures sanitaires sont sans cesse traitées comme vexatoires. Mais si j'ai le droit d'être malade, ai-je celui d'infecter autrui? Dénoncera-t-on comme oppressive la loi projetée qui obligerait à déclarer les maladies infectieuses et imposerait la désinfection ? Mais n'est-elle pas une conséquence naturelle et nécessaire du « droit à l'intégrité physique »? Les maisons des villes poussaient autrefois en désordre, se disputant le terrain et le jour, se bouchant mutuellement leurs ouvertures, surplombant à qui mieux mieux la voie publique. Maintenant on élargit les rues, on aligne les bâtiments, on redresse les façades. On réglemente; fait-on beaucoup autre chose qu'assurer le droit des passants et des locataires eux-même à l'air et à la lumière? Spencer proteste contre les sonneries trop matinales des cloches et du clairon. Et je n'aurais pas le droit d'être garanti contre l'économie d'un propriétaire qui m'empoisonne avec ses fosses d'aisances mal établies, ou menace ma vie avec des constructions chancelantes (2) ! En un autre passage (3) Spencer remarquant que dans les rues de Londres il arrive à quelques lourds camions d'arrêter la course d'une longue file de voitures légères, propose lui-même de réglementer les heures où les voitures lourdes auraient le droit de circuler. Trop de lois ! répondrait à Spencer, au nom de ses propres principes, un individualiste encore plus radical; pourquoi sacrifier l'intérêt du commerçant qui a besoin de ses marchandises à celui du coulissier qui

---

(1) *L'Individu contre l'Etat*, p. 11, Paris, F. Alcan.
(2) *Essais de morale et de politique*, Tr. fr., p. 17.
(3) *Ibid.*, p. 90.

court de banque en banque pour prendre des ordres?
Ce cas est bien le symbole des difficultés que présente
une exacte délimitation des droits de chacun, et de la nécessité de restreindre dans nombre de circonstances la
liberté des uns pour la mettre d'accord avec celle des
autres.

Nous nous rendrons mieux compte encore de ce qu'il
peut y avoir de contraire à la justice dans la concurrence
telle qu'elle existe en la considérant sous sa forme économique, dans cette loi de l'offre et de la demande si
souvent prise à partie par les socialistes. Le jeu de cette
loi comporte trois facteurs : 1° La lutte des vendeurs
entre eux; 2° la lutte des acheteurs entre eux; 3° la lutte
entre l'acheteur et le vendeur.

1° Considérons d'abord la lutte entre vendeurs. Au premier abord on en voit aisément le bon côté. Elle abaisse
les prix et les ramène aussi près que possible du prix de
revient obtenu par le producteur le plus intelligent, le
plus habile, etc.; le public y gagne et les « supériorités »
ont leur récompense.

Mais en sera-t-il toujours ainsi? L'expérience répond
négativement. D'abord un producteur riche peut vendre
momentanément à perte pour ruiner un concurrent moins
résistant (1). Actuellement rien ne peut l'en empêcher.
Est-ce juste cependant? Qu'exploite-t-il en agissant ainsi?
La supériorité de ses forces productives? Nullement, puisqu'il perd; c'est seulement la détresse relative de ses ri-
vaux qui ne peuvent supporter aussi aisément les mêmes pertes.

Mais il y a pire. Cette lutte entre les vendeurs, quel
en est le terme naturel? C'est la suppression même de la
concurrence dans ce qu'elle pouvait avoir de plus utile.

____

(1) C'est la manœuvre qui depuis, sous le nom de *dumping*, a
pris dans le commerce international, l'importance que l'on sait.

Spencer lui-même ne souhaitait-il pas, dès 1854, qu'on empêchât les grandes lignes de chemins de fer d'absorber les petites? Mais au nom de quels principes l'aurait-il empêché, quand sa doctrine donne libre carrière à la concurrence? La dialectique sociale, suivant la remarque générale de M. Tarde, conduit donc fatalement chaque terme à son contraire, et la concurrence mène au monopole. Lorsque les plus forts auront évincé les plus faibles, et resteront en petit nombre sur le terrain, il est visible qu'ils trouveront avantage à s'associer plutôt qu'à continuer la lutte, et qu'ils tiendront ainsi tout le monde à leur merci. Il est facile de montrer le commerce et l'industrie oscillant sans cesse, sous le régime actuel, entre la concurrence anarchique et le monopole oppressif. De ces monopoles par coalition de producteurs tout-puissants, l'histoire économique contemporaine offre des exemples dont les principaux, comme la *Standard Oil* et la fameuse opération des cuivres arrivent seuls à la connaissance du vulgaire, mais dont le nombre est énorme et les conséquences incalculables. La conséquence est claire. Il faudra que l'Etat, c'est-à-dire en définitive le public injustement taxé, intervienne pour couper court à ces conséquences ultimes du principe de liberté qui suppriment la liberté; il y a plus, il opposera, naturellement, « une concurrence réductive » au monopole. Si par exemple les bouchers ou les boulangers d'une ville se syndiquent pour régler à leur fantaisie le prix du pain ou de la viande, il faudra bien à cette suppression du principe de concurrence répondre par cette négation du principe : la taxe; ou par cette restauration du principe : une boucherie ou une boulangerie coopératives. Et si une municipalité s'avise alors de fonder une boulangerie ou une boucherie municipales, qu'est-ce alors sinon une forme limite du même procédé: le public, représenté ici par ses élus, par les pouvoirs qui émanent de lui, se défendant contre un petit nombre d'individus en situation de l'exploiter?

Les mêmes raisons justifieraient dans bien des cas d'autres entreprises nationales ou municipales. On criera au socialisme; et cependant le socialisme dans ces limites ne ferait pas autre chose que maintenir le principe même dont partent ses adversaires. Ainsi se trouverait confirmée la formule de M. Booth (1) : « Notre individualisme pèche, parce que notre socialisme est insuffisant. » Il faut que la société, comme ensemble, soit très forte pour que ses membres soient très libres.

D'ailleurs il n'est pas besoin de considérer ces conséquences extrêmes de la concurrence pour voir que la concurrence parfaite n'existe pas. Les économistes ont une tendance à raisonner comme si elle pouvait être complète, comme si toute l'offre et toute la demande étaient concentrées en un même point. Mais un fournisseur de mon quartier jouit d'un monopole relatif, puisque je ne puis pas *aussi bien* me fournir ailleurs. Je ne puis d'ailleurs explorer tous les magasins pour comparer les prix; et il serait injuste de m'obliger à le faire et à y perdre mon temps. On me doit le prix « normal » sans qu'on puisse me requérir de le rechercher. Une Compagnie de chemins de fer détient un privilège partiel puisqu'on ne peut multiplier indéfiniment les tracés d'une ville à l'autre. Ainsi le temps et surtout l'espace suffisent à maintenir infailliblement sous les formes de la liberté une certaine dose de monopole.

2° La concurrence entre les acheteurs conduit à son tour également à des résultats dont la justice n'est guère plus satisfaite. Sans doute, ici encore, il y a une justice

______

(1) Citée par Graham, *Socialism new and old*. London, Kegan, Paul, 1891.

relative : si dans une enchère j'offre 5o là où vous offrez
4o, je trouverai injuste et il sera illégal qu'on vous adjuge
l'objet. Au premier abord, on ne voit pas trop comment
il y aurait injustice de ma part à vous évincer, puisque
je suis libre apparemment de donner ce qu'il me plaît.
Mais regardons-y de plus près. De même que tout à l'heure
nous voyions un vendeur vendre son produit au-dessous
de sa valeur pour évincer un concurrent, un acheteur
pourra être amené à l'acheter bien au-dessus de sa valeur
pour écarter les acheteurs moins fortunés. On ne saurait
prétendre que s'il paye davantage, c'est que son besoin
est plus intense et sa satisfaction plus grande. Car, au
contraire, le plus riche est le plus blasé. Non; il donne
plus, simplement parce qu'il a plus; ni sa satisfaction
ni son désir ne sont plus grands, mais la privation qu'il
s'impose est relativement moindre. On peut dire dès lors
qu'il encourage le vendeur à demander et l'habitue à obtenir une rémunération disproportionnée avec ses efforts
et son travail propres. Dans nombre de cas on remarque
que la prodigalité des plus riches éloigne la partie la
moins fortunée du public de certaines consommations qui
lui resteraient accessibles, si l'on considérait seulement les
frais de la production, et qui le restent en effet dans les
centres moins luxueux. Tous ceux qui par ostentation
payent sans marchander des prix qu'ils savent excessifs,
ou qui, par négligence, laissent exploiter leur libéralité,
font indirectement tort aux autres et gâtent pour ainsi
parler le métier d'acheteur. C'est ainsi que dans certains
milieux l'usage de pourboires exagérés finit par s'imposer à tous. C'est ainsi encore que le luxe des villes d'eaux
et l'indifférence des gens qui les fréquentent aux intérêts de leur propre bourse, en ont pour ainsi dire exclu
les bourses moyennes; ceux qui y cherchent surtout le
plaisir privent d'un bienfait de la nature ceux qui vou-

draient y retrouver la santé. Quiconque se laisse sciemment extorquer ce qu'il ne doit pas et dédaigne la défense de ses intérêts contribue à compromettre ceux d'autrui.

Une autre forme de cette éviction du plus pauvre par le plus riche est le révoltant usage de certains prétendus amateurs qui font détruire les planches d'une œuvre d'art pour s'en réserver l'exclusive possession, privant ainsi la société entière d'une noble source de jouissances, d'une richesse facile à multiplier, pour la satisfaction d'une mesquine vanité. Autrement grave encore est le résultat de cette concurrence entre les acheteurs, lorsqu'elle provoque, non plus dans l'ordre des objets de luxe, mais dans l'ordre des produits de première nécessité, l'odieuse pratique de la dissimulation des stocks. On a vu certaines contrées de la Russie exposées à une famine artificielle greffée sur la famine réelle, et le gouvernement avoir toutes les peines du monde à constater le véritable état des existences en céréales (1). C'est qu'on est toujours certain de trouver des gens capables de s'assurer leur subsistance aux prix les plus extravagants. Périsse le reste pourvu que le détenteur de la marchandise obtienne non pas seulement ce que comporte, dans notre régime, la rareté réelle de la marchandise, mais ce que comporte l'idée fausse d'une rareté plus grande encore ! Contre de tels abus, ne faut-il pas encore que l'Etat intervienne, et que fait-il en intervenant sinon rétablir la justice?

3° Nous voilà amenés à considérer les rapports du vendeur et de l'acheteur.

Si une Compagnie de chemin de fer, sachant que mon voyage a pour moi la plus grande importance, qu'il y va de ma fortune, de ma position, de mon honneur, prétendait me faire payer mon billet au-dessus du tarif, on

(1) C'était la situation à la date où ont été écrites ces pages (janvier 1892).

crierait justement à l'iniquité. Si un boulanger, me sachant affamé exigeait de moi plus que le prix courant du pain, sa spéculation soulèverait une réprobation immédiate. Vous l'avouez? Prenez garde de commettre une erreur qu'un économiste devrait relever. Votre raisonnement sous-entendu est à peu près celui-ci : les frais de mon transport, ceux de la fabrication du pain ne sont pas plus élevés parce que mon besoin est plus urgent. La faim d'Ésaü n'ajoute rien au mérite ni aux peines de Jacob préparant son plat de lentilles, et dans leur marché l'un est dupe et l'autre escroc. Eh bien! économiquement, ce raisonnement est une hérésie. Car ce que vous condamnez sans hésitation dans les exemples précédents, c'est toute la théorie du *profit;* c'est le principe même de la loi de la demande, qui fait résulter la valeur non pas seulement des frais de production, mais aussi de l'intensité des besoins à satisfaire et de l'étendue des sacrifices que tel ou tel peut consentir pour les satisfaire (1). — Et le raisonnement de tout à l'heure est la base même de la théorie ricardienne et marxiste de la valeur. Car cette théorie signifie essentiellement que la valeur résulte seulement du travail incorporé à l'objet; qu'elle ne saurait résulter d'un fait qui lui est entièrement extérieur, le besoin à satisfaire; qu'enfin elle lui est intrinsèque et non extrinsèque ($_2$). Certains auteurs n'ont peut-être pas assez

(1) Voici un exemple comique de la chose : Je trouve dans un catalogue de pharmacie la mention suivante « Ampoules X..., au protoxyde d'hydrogène pur, 6 fr. Indication thérapeutique : Autosuggestif. » C'est donc de l'eau à quelques mille francs le litre. Mais il faut que cela coûte cher pour que la suggestion se produise.

(2) Il faudrait corriger ces formules pour tenir compte de la critique faite récemment de cette théorie par M. Otto Effertz, qui montre que tout produit exige à la fois *terre* et *travail*, dans des proportions variées, et que la valeur *absolue* (intrinsèque, disons-nous) des produits est déterminée par la double consommation de terre et de travail exigée par leur production. Les économistes avaient souvent indiqué cette double condition de la production; mais, outre qu'ils l'oubliaient souvent, ils n'en

nettement aperçu que la tentative de Marx a été de distinguer la *valeur de droit* de la *valeur de fait*, d'exclure de la valeur d'un objet tout ce qui a un caractère extrinsèque, tout ce qui ne provient pas du fait de la production et du travail par lequel le producteur a incorporé l'utilité dans le produit. Aussi ne nous paraît-on pas suffisamment répondre à cette théorie lorsqu'on montre simplement qu'*en fait* le besoin du consommateur contribue à déterminer la valeur des objets (1). C'est bien évident. Mais ce que demande le socialiste, c'est une organisation sociale où l'échange ne créerait pas au vendeur un avantage dont il ne saurait s'attribuer la production. On peut douter de l'efficacité et même de la justesse des correctifs que propose le marxisme, et spécialement de son projet de monnaie fiduciaire réduisant toute valeur en heures de travail, et tout échange à un échange d'heures de travail; on peut trouver cette mesure aussi inexacte qu'incertaine, puisque, d'après Marx lui-même, il faudrait distinguer le travail simple .du travail supposant l'habileté ou le travail « potentialisé », *potenzirte Arbeit*. Il faut surtout se souvenir que le travail ne peut créer

tiraient pas toutes les conséquences qu'elle comporte et surtout leur tendance était constante : 1° à ramener la valeur même de la terre à celle du travail qui s'y incorpore plus ou moins; 2° à considérer par suite la terre comme susceptible d'une appropriation individuelle, au même titre que toute valeur due au travail lui-même.

Toutefois comme nous ne considérons pas ici la détermination intégrale de la valeur des produits, mais seulement la question de savoir ce qu'il est *juste* que le producteur en reçoive dans l'échange, nos conclusions ne s'en trouvent pas altérées. Il reste qu'au delà de la part afférente dans le produit total, à la *terre*, (part qu'il a dû lui-même recevoir puisqu'il n'a pas pu la créer), il ne peut prétendre qu'à ce qui dérive de son travail, et surtout qu'en aucun cas il ne peut prétendre à un excédent résultant de l'intensité des besoins des consommateurs ou de leurs inégales facultés. V. sur la théorie d'O. Effertz, Ch. Andler, *Un système nouveau de socialisme scientifique*, *Rev. de Métaphysique et de Morale*, juillet 1906.

(1) Cf. p. ex. Laveleye, *Socialisme contemporain*, p. 39 et suiv.; M. Block, *les Théoriciens du socialisme en Allemagne*, p. 29, note 2.

de *valeur* que s'il répond à un *besoin* (ce qui explique l'erreur de l'économie classique), en sorte que l'on ne peut sans absurdité prétendre que « toute peine mérite salaire ». Mais si *tout travail*, indifféremment, ne peut être payé, n'est-il pas soutenable que le travail *seul* puisse y prétendre? Or, ce dont on ne peut douter, c'est que dans le régime actuel le public paye, outre les services qu'on lui rend, l'habileté qu'on déploie à exploiter ses besoins.

Une des preuves les plus frappantes de cette détermination vicieuse de la valeur sous le régime de l'offre et de la demande est ce fait bien frappant : que presque toujours, avec un travail moindre, le dernier intermédiaire, celui qui est en contact immédiat avec les besoins du public, gagne plus que le producteur. Qui fait les plus beaux bénéfices? Est-ce l'éleveur? Non, mais le marchand de bestiaux et surtout le boucher. — Est-ce l'agriculteur? Non, mais le minotier et surtout le boulanger. Le pêcheur? Non, mais le *mareyeur* ou le commissionnaire aux Halles. Le cultivateur de betteraves? Non, mais le raffineur. D'une manière générale le taux du profit atteint son maximum dans la vente du produit immédiatement consommable. Ainsi ce ne sont pas les travaux les plus réellement *productifs*, ni les efforts les plus efficaces qui sont le mieux rémunérés. Spencer redoute que le suffrage universel et la démocratie ne créent une injustice inverse aux privilèges d'autrefois : désormais la majorité des incapables tendrait à vivre aux dépens de la minorité des plus capables; les gains plus élevés que devraient assurer aux supérieurs leur activité plus productive ne leur seraient plus réservés, mais subiraient un prélèvement direct ou indirect au profit des moins travailleurs et des moins habiles. Sans nier que des faits regrettables et certaines fâcheuses tendances au nivellement puissent par-

fois provoquer cette appréhension, on doit reconnaître
que c'est souvent, comme nous venons de le montrer, la
concurrence elle-même qui détermine cette exploitation
des plus utiles par les moins utiles. Généralisons et nous
nous demanderons avec les socialistes si vaiment les plus
grands bénéfices sont assurés par le régime actuel aux
activités les plus productives (*more efficient actions*).
Plus productive l'activité du boyard, du financier, du
brasseur d'affaires? A commencer par la sinécure royale
qui absorbe sans compter les millions de la nation, pour
s'arrêter au petit banquier ou à l'agent d'affaires de cam-
pagne, en passant par le commerçant qui gagne plus
que l'industriel le concessionnaire qui gagne plus que
l'inventeur, le libraire plus que l'auteur, l'actionnaire
plus que l'ouvrier ou l'ingénieur, on peut trouver que le
régime actuel assure bien mal les plus fortes rémunérations aux activités les plus fécondes.

Ajoutons que le public lui-même est bien mauvais juge
des services qu'on lui rend, et tirons-en seulement cette
conclusion qu'ici on a une confiance exagérée dans la
concurrence lorsqu'on prétend qu'elle encourage toujours
les agents du progrès, lorsqu'on objecte au socialisme
qu'il les découragerait. Le public ne payera guère l'homme de génie qui fait faire un pas de géant à la civilisation; ses services lui sont inintelligibles; ils sont trop im-
matériels et trop lointains. Les plus grands serviteurs de
la société dans l'art, dans la science, dans la politique,
dans l'industrie même, le sont non par calcul, mais par
nature, et par amour désintéressé de leur œuvre. Ils produisent, ils découvrent, ils inventent, surtout parce que
c'est leur vie même; cela leur est naturel comme de manger et de respirer. Et cela est bien heureux; car leur activité ne s'exercerait guère si elle devait attendre le stimulant de l'intérêt personnel. S'ils reçoivent quelque récom-

pense, elle ne leur vient guère du public, mais de l'Etat.
En revanche le public trouve aisément des salaires élevés
pour des danseuses, des ténors de café-concert, des mon-
treurs de monstruosités, et l'on a vu deux hommes sans
bras ni jambes se disputer devant les tribunaux, comme
une source de revenus, le titre d'artiste-tronc. Si, comme
nous l'avons montré, *tout* travail ne mérite pas rémunération, c'est une question, aussi importante qu'épineuse,
de savoir suivant quelle loi et quels principes pourrait se
déterminer la hiérarchie des travaux qui méritent d'être
faits et auxquels la société peut assurer un salaire (1).
Mais ce qu'on peut assurer, c'est que le régime actuel
aboutit dans nombre de cas à remplacer la rémunération
du travail par le rançonnement des besoins, dans nombre
d'autres à rémunérer le travail et l'habileté en raison de
leur rareté et non en raison de leur utilité véritable.

En conclusion, la libre concurrence ne saurait suffire à
réaliser la justice. Elle est un pis aller, souvent nécessaire
à accepter, mais non un idéal. Ses bases et ses conditions
actuelles ont besoin d'être rectifiées. L'important est que
cette rectification soit opérée par la réforme des institutions et non par des interventions exceptionnelles dans
les cas particuliers. La justice, comme le Dieu de Malebranche, ne doit agir que par volontés générales. Vouloir la rétablir en corrigeant les résultats du régime existant sans corriger, progressivement d'ailleurs, le régime
lpi-même, ce n'est pas seulement faire une œuvre instable et sans fondement, c'est ruiner le principe même de
la justice sous prétexte d'y conformer les événements.
Les interventions purement accidentelles sont comme la
monnaie d'une révolution. Quiconque aspire à fonder un
ordre social nouveau ne peut sans contradiction ébranler
le fondement d'un ordre social quelconque, c'est-à-dire

(1) Sur ce point, v. plus loin notre étude sur *le Luxe*, p. 90.

le respect de la légalité. Dès que la loi n'est plus uniquement fondée sur la force, ses imperfections n'appellent plus l'emploi de la force; reposant sur le principe de la justice, elle ouvre elle-même la porte à une plus haute justice.

II. — CONCURRENCE ET COOPÉRATION SOCIALE

Toutes les observations précédentes aboutissent à cette conclusion, que pour sortir des difficultés signalées, il serait nécessaire de substituer progressivement la collaboration à la concurrence. La concurrence, étant un combat, n'est peut-être qu'un régime de barbarie économique comme la guerre est un régime de barbarie politique. A la lutte des hommes entre eux, il faudrait substituer la lutte en commun des hommes contre la nature, ou, suivant la formule saint-simonienne, l'exploitation collective du globe à l'exploitation de l'homme par l'homme. Spencer semble considérer la société comme un fait essentiellement négatif : étant donné que l'homme est bien forcé de vivre en société, quelles sont les exigences auxquelles il faut qu'il se plie, et comment les réduire à leur minimum? Pour les socialistes, elle est au contraire un fait essentiellement positif : l'homme étant heureusement un être sociable, quels sont les moyens de tirer le meilleur parti possible de l'état de société et, à la limite, de mettre à profit cette grande association qui s'appelle l'Etat. Sans doute, en sacrifiant beaucoup d'individus, la nature peut obtenir une sélection des « meilleurs ». Mais peut-on comparer sans erreur l'animalité où la vie n'a pas d'autre fin que de se maintenir et de se propager, à l'humanité où elle ne vaut précisément que par les fins auxquelles elle est consacrée? Il ne s'agit plus ici d'une simple amélioration biologique des individus. Il s'agit de savoir comment on arrivera le mieux à la réalisation de ces fins, et si c'est en mettant constamment les individus aux prises les uns avec les autres ou, si ce n'est pas au contraire en les associant pour une œuvre commune. N'est-ce pas en effet cette association qui de deux manières conditionne le perfectionnement humain, puisque d'une part c'est le meilleur moyen d'assurer à la vie le milieu exérieur le plus favorable, puisque d'autre part cette collaboration est précisément ce qui constitue la vraie éducation de l'individu, et le procédé normal de son perfectionnement? Il faut donc que tous aient accès à l'œuvre même et tous aux résultats. Si l'on ne s'en tient pas aux formes et aux moyens, il nous semble que c'est même dans cette idée de coopération, de mise en commun des forces et des ressources qu'il faut chercher la véritable idée du socialisme (1).

Doit-on en effet le définir comme on le fait quelquefois par l'idée d'égalité? Assurément, il y a un mauvais égalitarisme qui trouble quelquefois l'esprit de certains socialistes. Mais l'égalitarisme n'est qu'une forme et un aspect plus ou moins accidentel du socialisme. Si ses partisans combattent les inégalités actuelles, c'est d'abord au point de vue du droit, dans la mesure où ils les trouvent en désaccord avec la justice (2). Si, d'autre part, ils ne croient

(1) Il faut reconnaître qu'aujourd'hui le socialisme, de plus en plus dominé par les idées marxistes de lutte de classes et de révolution violente, que nous combattions dès l'origine, ne répond plus guère à cet idéal. Grâce au système de coalition ouvrière, indifférent à l'intérêt général de la collectivité, la force a changé de camp et toute la puissance d'oppression dont les socialistes se plaignaient de la part de la classe capitaliste est aujourd'hui employée sans plus de scrupules par ses adversaires. (Note de la seconde édition).

(2) Spencer, *Justice*, § 72, remarque qu'en France la notion de liberté a toujours été subordonnée à l'idée d'égalité. Peut-être, mais en ce sens seulement que la liberté étant la fin, l'égalité en serait le moyen. L'idée chère aux socialistes est qu'en dehors d'une certaine égalité, la liberté reste purement nominale. La liberté du mineur en face de la compagnie d'Anzin! s'écriait naguère, ironiquement, un député dans une discussion à la Chambre.

pas que le retour d'aussi grandes inégalités, même mieux
fondées, soit désirable, c'est qu'ils remarquent non sans
raison qu'elles sont peu favorables à la bonne utilisation
des choses et au bonheur commun. Ils voient que des
inégalités trop accentuées dévient une trop grande partie
des forces productives vers les productions les moins
nécessaires, ce qui renchérit relativement l'existence des
moins fortunés; ils voient aussi qu'elles sont un obstacle
à l'entente morale comme à l'harmonie économique.

Doit-on davantage définir le socialisme par la théorie de
l'Etat-Providence, de l'intervention à outrance, de la
réglementation autoritaire, de l'absorption de l'individu
par la collectivité? C'est l'idée que s'en font avant tout les
représentants du libéralisme économique et avec eux
Spencer (1) : et ils ont pour eux, il faut l'avouer, plus d'une
vraisemblance (2). Il faut le reconnaître que le socialisme
n'a pas en général cette superstition de la liberté, prise

(1) Il n'est pas jusqu'à l'école catholique qui n'ait la prétention de représenter la cause de la liberté contre le socialisme.
C'est ainsi que M. Ch. Périn (le Socialisme chrétien, Lecoffre,
1879) prétend que le socialisme chrétien ne peut vraiment s'appeler socialisme, parce que l'idéal catholique serait la liberté
et non la réglementation (p. 17); seulement deux lignes plus haut,
il dénonce « la révolte contre l'autorité bienfaisante de l'Eglise »,
révolte qui nous « rend incapables et indignes de liberté ». Ainsi
on est indigne et incapable de liberté, tant qu'on reste en
dehors de cette même Eglise, dont le principe est celui d'une obéissance passive à sa « bienfaisante autorité ». On se fait le défenseur de la liberté; mais on excepte les « libertés de perdition
condamnées par le Syllabus ». La liberté étant ainsi entendue, il
est possible de dire que « l'Eglise a manifesté une tendance
constante vers la liberté » (p. 14). Le malheur est que la société
moderne ne paraît guère disposée à se contenter des libertés que
ne condamne pas le Syllabus.
(2) Un écrivain socialiste, qui, depuis que ces pages ont été
écrites, s'est acquis une grande autorité, M. A. Menger, incline à
résoudre bien des questions par la réglementation et croit à la
réduction croissante du régime contractuel. V. A. Menger, l'Etat
Socialiste, en particulier ch. III, IV, V. M. Andler, dans la pré-
face qu'il a écrite pour la traduction française de cet ouvrage
(p. XXVIII et suiv.) fait sur ce point des réserves auxquelles nous
souscririons pleinement. On peut voir, dans d'autres parties de
ces études, combien le principe contractuel nous paraît essentiel
à maintenir et à développer.

comme une sorte de fin en soi, qui caractérise le « libéralisme » ordinaire. Ou, pour mieux dire, il a contribué à mieux faire sentir que la liberté n'est pas seulement faculté, *pouvoir de choisir*, mais qu'elle est surtout force et *pouvoir de faire*. Que ceux qui possèdent par ailleurs la force économique et sociale se bornent à revendiquer la liberté sous la première forme et lui vouent un culte, cela se comprend assez, car elle leur suffit pour mettre à profit leurs avantages. Mais ce n'est pas une raison pour oublier qu'à tout prendre c'est la seconde espèce de liberté qui importe le plus au plus grand nombre des individus et surtout à l'ensemble de la société. En réalité, le plus souvent, surtout en France, le socialisme contemporain se réclame du principe de liberté. Sa prétention (justifiée ou non) est de rendre réelle une liberté qui ne serait guère que nominale. Il n'y a plus que dans les polémiques d'une presse pédante qu'on persiste à le confondre avec les conceptions de Platon. Pas plus que Spencer, il ne croit que l'État existe en soi et pour soi. Autant que lui, il pense que l'individu est l'être réel dont le salut et le bonheur sont la raison et le but de l'État. La conception mystique et abstraite de l'unité pour l'unité, de la centralisation pour la centralisation, lui est, en principe, étrangère, quoiqu'elle ait pu accidentellement séduire l'esprit français, essentiellement rationaliste, passionné pour l'ordre, la logique et la régularité. Pour le socialisme, l'État, lorsqu'il y fait appel, est plutôt un centre tout indiqué, un cadre tout fait d'association, qu'une autorité qui s'exerce. Lorsqu'il le fait intervenir, il sous-entend toujours que « l'État, c'est nous »; c'est pourquoi la liberté politique rejetée au second plan par Spencer, parce qu'il restreint le rôle de l'Etat, revient au premier plan dans la préoccupation des socialistes parce qu'ils aspirent à tirer de l'organisation de l'État tout le parti possible. Si dans leur politique l'État enfin ressemble un peu à une Providence, dans leur théorie cette Providence signifie moins « le ciel t'aidera » qu'elle ne veut dire : « aidons-nous ».

Nous avons dit par où pèche le régime de concurrence au point de vue de la justice; mais il est facile de voir ce qui lui manque au point vue de l'utilité. On a pu faire sans peine l'apologie de ce régime tant qu'on l'a comparé, comme l'ont fait les économistes, au régime de la réglementation autoritaire et artificielle. Mais ses inconvénients apparaissent dès qu'on le compare à un régime de coopération. On voit alors qu'il n'est pas le moyen d'obtenir des forces productives de la société le maximum d'effet, et l'on en vient à croire que la communauté, prenant en main elle-même la poursuite du bien commun, l'atteindrait plus sûrement que ne le peut la poussée incohérente des intérêts privés. Il est bien établi aujourd'hui que, développée au delà d'un certain point, la concurrence des vendeurs, loin d'abaisser les prix et de les rapprocher du coût de production, ne fait que les accroître. Elle augmente en effet le taux des frais généraux, exagère les dépenses de réclame et d'ostentation, multiplie le nombre des personnes qui devront vivre sur une clientèle limitée. Et bien qu'il arrive que ces intermédiaires en nombre excessif soient réduits à d'assez maigres profits, le plus souvent, et surtout lorsqu'ils réussissent à se liguer contre le public qu'ils rançonnent, c'est le consommateur qui est atteint. D'un autre côté les intérêts privés, soit par l'avarice, soit par le luxe, qui ont plus d'un effet semblable, immobilisent et stérilisent une masse excessive de richesses qui, mises en circulation, profiteraient à tous. On laisse en friche des terrains acquis pour attendre le moment de les vendre cher sans avoir à s'imposer les frais de l'exploitation. Tantôt on limite volontairement la production pour faire hausser le prix, ou l'on achète des mines qu'on ne peut exploiter, pour supprimer la concurrence; tantôt, au contraire, au gré des circonstances, on se livre à une exploitation à outrance qui compromet les intérêts de l'avenir (1). Ne parlons que pour mémoire du débordement de la réclame, des promesses des prospectus qui frisent l'escroquerie, de l'émulation dans le concours de camelote.

On se plaît à railler les bévues de l'Etat, et l'on fait l'apothéose de l'initiative privée. Certes il ne faut ni la dédaigner ni la décourager. Mais enfin l'initiative publique a ses bons côtés et tout n'est pas à admirer dans l'entreprise privée. N'y a-t-il que les locomotives de l'État qui déraillent, que les vaisseaux de l'État qui sombrent, que les ponts construits par l'État qui s'écroulent? Faites donc aussi le bilan des mécomptes privés et des ruines dues à l'ignorance des individus. Est-ce l'État qui a englouti les milliards de Panama? On ne veut pas mettre en ligne de compte les désastres privés sous prétexte apparemment qu'ils ne frappent que ceux qui s'y sont exposés. Comme si finalement ils ne se répercutaient pas aussi bien sur la société entière, et cela même avec plus de dommage au total, parce que le choc ne se répartit pas aussi uniformément dans la masse et qu'il se produit dans toute la machine sociale des à-coups qui peuvent la disloquer gravement? A tout prendre, l'État peut mal faire, mais il n'est pas intéressé à mal faire comme le

(1) « Si l'on se rend compte que la valeur absolue et exacte des choses est supplantée, dans le régime bourgeois, par une valeur d'échange, qui est influencée par la quantité de l'offre, on conçoit qu'il n'y ait pas toujours avantage à offrir, c'est-à-dire à produire beaucoup. On n'essaye pas de couvrir le besoin, mais la demande, suivant la remarque de Rodbertus. Au point de vue de la « rentabilité » capitaliste on peut donc avoir intérêt à sous-produire. Les récoltes médiocres sont plus rentables pour le paysan. La destruction de beaucoup de produits est donc fréquente dans un intérêt de rentabilité. Il y a intérêt souvent à limiter la force productrice du travail. » Andler, *Un système nouveau de socialisme scientifique; M. Otto Effertz. Rev. de Métaph. et de Morale*, juillet 1906, p. 609.

sont souvent les particuliers. Pourquoi emploierait-il à ses voies des rails de mauvaise qualité? Pourquoi ferait-il des ponts sans résistance? Il ne craint pas la concurrence, et n'a aucun avantage à tromper sur la qualité de sa marchandise. On sait au contraire quelle est la réputation des chemins de fer américains construits et exploités avec la constante préoccupation de gagner le voisin en vitesse et en bon marché.

Il est vrai que pour les mêmes raisons on accuse l'Etat de produire à des conditions onéreuses, justement *parce que* ses agents ne sont pas intéressés. Mais d'abord on ne voit pas que le stimulant de l'intérêt privé agisse beaucoup davantage sur les agents d'une grande compagnie, sur un chef de gare, sur un ingénieur, sur un employé de chemins de fer. Se privera-t-on pour cela des avantages des grandes associations de capitaux? Pour voir l'intérêt privé agir dans toute sa force, il faudrait en revenir à la production purement individuelle, c'est-à-dire en somme, presque à la barbarie économique. D'autre part, l'État peut, comme les grandes compagnies, combiner un système de primes, d'avancement, etc., qui maintienne dans la mesure nécessaire l'excitation de l'intérêt personnel. Pour être juste, d'ailleurs, lorsqu'on accuse le régime étatiste d'être dispendieux, il faudrait tenir un compte exact de ce que coûte le régime présent. On calcule ce qu'il faudrait d'impôts pour alimenter les services publics rêvés par les socialistes. Mais on ne calcule pas ce que prélèvent, sur la bourse de presque tous, les krachs financiers ou industriels, les déloyautés commerciales, les monopoles particuliers et les concessions, le protectionnisme qui fait rentrer dans les caisses d'un petit nombre de producteurs privilégiés une sorte d'*impôt privé*, etc. Tout cela ne paraît dans aucun budget public et pourrait même difficilement se chiffrer dans les budgets individuels.

Mais qui sait si cela ne forme pas au total une taxe beaucoup plus lourde et surtout plus incertaine, plus inique, plus infructueuse que toutes celles que nous payons au percepteur?

On peut même remarquer enfin que l'État obtient à très bon marché des services très distingués que les particuliers sont obligés de payer beaucoup plus cher. On l'a accusé de « couper des bûches avec des rasoirs »; cela prouve au moins qu'il trouve des rasoirs à bon compte. Et remarquons-le, cela n'est pas vrai seulement dans l'ordre administatif, mais dans l'ordre technique. Ajoutons que plus l'État est puissant, plus large est le rôle qui lui est assigné, et plus il obient facilement ces services, tandis qu'un État qui s'efface devant l'initiative privée doit les payer cher. C'est ainsi que l'Angleterre et l'Amérique, toujours cités comme les pays d'élection de l'individualisme, payent en général leurs fonctionnaires beaucoup plus cher que nous. Sont-ils pour cela beaucoup mieux servis? Un juge américain reçoit jusqu'à 5o et 75.ooo francs de traitement. La justice est-elle mieux rendue, la magistrature plus indépendante et plus digne qu'en France où un conseiller de Cour d'Appel touche entre 7.ooo et 11.ooo francs? (1)

Il faut bien admettre que la conscience d'une responsabilité sociale élève l'esprit, que la recherche de l'estime et de la gloire, que le sentiment de l'honneur et du devoir accompli ont une bien plus forte prise sur celui qui remplit une fonction publique que sur celui dont les pensées ne vont pas au delà du souci de sa propre fortune. Quel mal y aurait-il à ce que ces mobiles plus nobles de zèle et d'activité vinssent remplacer dans une proportion croissante les mobiles intéressés, puisque aussi

____

(1) Chiffres de 1892.

bien on peut continuer à utiliser ces dernier dans la mesure indispensable?

L'intérêt privé n'a pas toutes les vertus, ni moralement, ni socialement. Initiatives privées, intérêts inférieurs, voilà une relation aisée à constater dans nombre d'exemples. C'est l'intérêt particulier qui ameute les bateliers du Wéser contre le bateau à vapeur de Papin. C'est l'intérêt particulier des tisserands à la main qui, en 1848, arrête les premiers métiers mécaniques montés à Roubaix. Le chef d'une institution libre ne vise guère à élever le niveau de l'instruction; car qui le lui demanderait? Ce ne sont, ni les élèves, ni même les parents; c'est seulement l'intérêt du pays. Félicitons-le s'il ne va pas jusqu'à attirer sa clientèle par le relâchement de la discipline et la mollesse du travail. On craint souvent que le socialisme n'abaisse le niveau moral et intellectuel, et ne tende en particulier à supprimer toute espèce d'art et de culture désintéressée. Ces craintes trouvent un prétexte trop facile dans ce fait que nécessairement et légitimement les besoins matériels sont les premiers à réclamer satisfaction. Mais elles seraient plutôt motivées par la démocratie en général que par le socialisme en particulier; on pourrait même soutenir que de toutes les formes que peut revêtir la démocratie, c'est encore la forme socialiste qui a le plus de chances d'écarter ce danger, précisément pour toutes les raisons qui précèdent. S'il est vrai qu'il doive rendre le travail plus fécond en le plaçant sous le régime de l'association et non sous celui de la rivalité et de l'exploitation mutuelle, qu'il étende ainsi *à la fois la nécessité du travail et la possibilité du loisir,* comment la culture générale et désintéressée en souffrirait-elle? S'il est vrai qu'il repose sur la coopération, ne prépare-t-il pas plus de fraternité? S'il comporte plus d'égalité, ne rendrait-il pas la sympathie, aujourd'hui si

difficile entre des classes qui n'ont ni les mêmes besoins,
ni la même culture, plus naturelle, plus profitable et plus
attrayante? Là où l'Etat occupe une situation élevée et domine les petitesses de l'intérêt particulier, où en même
temps il ne reste pas extérieur aux individus, mais les emploie et leur demande sa vie même, les hommes qui le
représentent sont grandis par la noblesse de leur tâche;
ils sont amenés par la force des choses à prendre pour
règles des idées universelles, seules adéquates à l'intérêt
vraiment général. Le désintéressement, c'est de l'intérêt
universalisé. Les socialistes auraient beau jeu à rejeter
précisément sur l'individualisme excessif, et sur l'égoïsme
qu'il exalte, une déchéance déjà très avancée dans le
sens que l'on redoute. Car il n'est guère facile de concevoir le règne de la médiocrité plus complet qu'il ne l'est
devenu dans notre régime de concurrence, avec ses chro-
molithographies, ses statues de zinc, sa musique d'opé-
rette, son feuilleton à un sou et tout son luxe de bazar.
Où trouve-t-on moins d'art, et même moins de science
pure, que dans cette société américaine représentée par
H. Spencer comme le meilleur modèle actuellement existant de l'individualisme et du laisser-faire? Il n'y manque cependant pas de milliardaires pour y encourager les
arts! Mais c'est chez nous qu'ils viennent chercher leurs
tableaux et leur musique, chez nous, pauvres victimes
d'une administration tracassière et entreprenante, qui organise des écoles de peinture et des conservatoires, et qui,
héritière impénitente du droit divin d'un Louis XIV, continue de loin ses errements en achetant quelques œuvres,
en décernant quelques prix et en payant quelques pen-
sions! Pourquoi donc, en somme, l'Etat socialiste ne serait-il pas un Mécène aussi passable qu'un *beef packer*
de Chicago?

D'un autre côté, l'initiative privée, c'est aussi l'incohé-

rence et l'anarchie. Initiatives particulières, les trains qui
ne correspondent pas, les tarifs discordants et inextricables, où le public se perd et perd son argent. Produit spontané, l'absurde système des mesures et monnaies anglaises, dont H. Spencer se plaint lui-même, et aussi le
fouillis indéchiffrable des lois anglaises, qui le révolte.
A l'intervention officielle et artificielle au contraire sont
dus le net et méthodique système métrique auquel les
nations accèdent une à une, les codes clairs et définis
grâce auxquels la loi régit la jurisprudence, au lieu que
les précédents de la jurisprudence servent de loi. Produit spontané encore, la croissance des vieilles cités aux
ruelles étroites et obscures, sales et tortueuses, où les maisons empêchent de voir la ville; entreprise publique au
contraire l'ouverture de voies larges et salubres, bien
ménagées pour l'utilité des communications comme pour
le plaisir des yeux. D'une manière générale, Spencer
semble exagérer la distance qui sépare le naturel de l'artificiel. L'artificiel, lui aussi, est un produit de l'évolution.
La direction du cerveau est aussi naturelle que le mouvement réflexe. Les arrêtés d'un ministre, les votes d'un
parlement, les décisions d'un conseil d'administration
sont naturelles en un sens aussi bien que les agitations
sans direction d'une masse sociale dépourvue de tête.
L'entreprise privée elle-même n'obéit guère à cette règle
qui serait, suivant Spencer, celle du développement naturel des organismes : que les organes naissent, grandis-
sent et disparaissent avec les besoins. Est-il vrai qu'elle
attende toujours les besoins pour les satisfaire et ne crée
par suite aucun organe ni aucune fonction superflus?
Une banque crée des agences pour avoir des clients plutôt que parce qu'elle en a. Un commerçant fait pour
cent mille francs de réclame à un produit pour en faire
naître le besoin, alors qu'il ne préexistait pas. Qu'arrive-

rait-il d'ailleurs si l'on attendait que le public ait besoin
d'instruction et d'hygiène, pour les lui offrir ou même
les lui imposer? C'est un peu comme si on attendait
qu'un enfant obligeât ses parents à le débarbouiller. Si
l'Etat devance les besoins, on voit qu'en cela il ne fait
guère autrement que l'initiative privée, mais il y a des
chances de le faire mieux parce qu'il s'attache à des besoins plus généraux. Spencer, professe, au fond, en politique une théorie analogue à celle qu'il admet en psychologie. Penser que l'adaptation sociale doit toujours suivre
les événements sans que jamais la volonté humaine
puisse les prévenir et les dominer, sans que jamais l'idée
les dirige, c'est revenir à la thèse qui fait de la pensée
un simple reflet, un épiphénomène. Spencer ne serait-il
pas l'homme du monde qui finalement croit le moins à
l'initiative?

Mais c'est peut-être trop parler de l'utilité (quoique
Spencer l'invoque également) alors qu'il s'agit surtout de
justice. L'Etat a-t-il le *droit d'intervenir*, et de poursuivre, lors même qu'il pourrait réussir à les atteindre, des
fins d'utilité au lieu de restreindre son rôle aux fins de
justice?

Il faut d'abord faire, avec Spencer lui-même, la part
du militarisme nécessaire. Mais le souci de la défense qui,
de son aveu, rentre au premier chef dans les attributions
de l'Etat, s'étend plus loin qu'il ne semble le penser. Toutes les forces nationales n'importent-elles pas plus ou
moins directement à la défense? L'Etat sera obligé de s'assurer la disposition des chemins de fer, des mines; il devra se ménager des approvisionnements et garantir une
certaine indépendance économique à la nation; il faudra
qu'il se préoccupe de l'instruction, qu'il veille autant qu'il
est en lui au maintien du nombre et de la solidité physique des citoyens et que pour cela il réglemente le travail

des femmes et des enfants, qu'il impose l'observation d'un minimum d'exigences hygiéniques (1). Le voilà au nom de la seule sécurité nationale, engagé dans une foule de réglementations et d'entreprises.

Mais laissons là les effets du militarisme, car nous sommes tout prêts à reconnaître avec Spencer que le militarisme dans son essence est en somme un obstacle à l'avènement de la parfaite justice, et que paix et justice sont solidaires. Considérons en elles-mêmes les conditions de cette fonction de justice dévolue à l'Etat. L'argumentation de Spencer implique tout d'abord qu'au moins jusqu'au moment où la justice aurait été pleinement réalisée par l'Etat, il n'aurait pas le droit d'assumer d'autres devoirs. Mais cela est spécieux. Car on ne voit nulle part l'évolution naturelle suivre une telle loi. La nature ébauche toujours une œuvre avant d'avoir achevé la précédente. Les racines poussent encore pendant que la fleur éclôt. L'industrie n'attend pas d'avoir rendu un instrument parfait pour s'en servir, quitte à le perfectionner ensuite à l'aide même des produits de l'instrument imparfait. La science n'attend pas d'avoir achevé les mathématiques pour aborder la physique. Dans l'ordre biologique comme dans l'ordre social un certain luxe anticipe toujours sur quelques utilités. Pourquoi en politique attendrait-on d'avoir obtenu de l'Etat, toute la justice pour en obtenir un peu de bien-être ? Cela a-t-il même un sens ? Est-ce que d'ailleurs il n'est pas constant que des organes créés en

(1) On lit dans un rapport du Dr Worms à l'Académie de médecine (commission des épidémies), à la date du 4 nov. 1891 : « Il faut que la loi sanitaire qui obligera à faire connaître les maladies épidémiques et à subir la désinfection, comme on est obligé de recevoir le secours des pompiers en cas d'incendie, soit votée le plus tôt possible. Il faudra ensuite que l'application des moyens prophylactiques soit considérée, au point de vue de la défense, comme une mesure d'armement, puisqu'ils garantiront l'existence de jeunes générations plus nombreuses ».

vue de certaines fins rendent des services tout à fait inattendus dans d'autres domaines?

Mais nous prenons mal la pensée de Spencer : la poursuite de l'utile, à ses yeux, n'est pas seulement prématurée pour l'Etat en raison de l'insuffisante réalisation du juste; elle est par elle-même compromettante pour la justice.

Elle l'est d'abord indirectement, dit-on, car plus l'Etat s'occupe de ce qui ne le regarde pas, plus il néglige ce qui le regarde. Les faits ne justifient absolument pas, pensons-nous, cette induction en apparence si rationnelle. C'est que l'habitude de l'initiative de la part de l'Etat, même dans les fonctions qui lui appartiennent moins spécialement, favorise aussi son initiative dans ses fonctions propres. Les codes les plus méthodiques ont été élaborés par des gouvernements autoritaires dans des pays de militarisme, à Rome ou sous Napoléon. La France, pays d'ingérence gouvernementale, jouit d'une justice relativement égale et peu onéreuse. L'Angleterre, pays d'élection de l'industrialisme et de l'industrie privée, souffre, de l'aveu de Spencer, non seulement de son chaos législatif, mais d'une justice odieusement coûteuse. Les Etats-Unis, terre d'individualisme également, déplorent l'impuissance de leur police, les défaillances de leur justice, la corruption de leur administration. A force de dire aux individus : débrouillez-vous, on est peut-être entraîné à les laisser se débrouiller en matière de droit et ils se débrouillent en effet à coups de revolver ou à coups de dollars.

Mais examinons si directement ces deux fonctions, la fonction d'entreprise et la fonction de justice, se nuisent entre elles. Spencer invoque une induction qui attesterait les tendances de l'évolution en faveur de la non-intervention de l'Etat et de l'affranchissement complet de l'individu. Mais c'est qu'il n'a considéré dans cette évolution que la diminution de l'autorité arbitraire, il n'a pas envisagé les progrès de l'esprit d'association, qui résultent simultanément des progrès de l'industrialisme. Pourquoi ne verrait-on pas dans l'Etat le terme de cette tendance associative, la plus ample et la plus puissante des associations? Au lieu de n'envisager dans l'Etat qu'un gouvernement qui règne sur la nation, ne peut-on y voir la nation se gouvernant elle-même?

L'individu, nous dit quelque part Spencer, doit toujours se demander : quel type social ma conduite tend-elle à produire? Mais si la passivité dans la discipline et l'insuffisante conscience de nos droits tendent à produire l'oppression gouvernementale, l'association, le régime de libre contrat, en même temps qu'ils aboutissent à la liberté politique, tendent à produire la coopération publique, l' « Etatisme ». Il restera sans doute à se demander quels genres de services cette grande association sera le plus apte à rendre; il faudra beaucoup de prudence à mettre en mouvement une si vaste et si lourde machine, et les socialistes l'oublient parfois. Mais enfin nous ne voyons rien, en droit, qui en condamne absolument l'usage, et qui limite nécessairement le rôle de l'Etat (ou de la commune) comme puissance collective de production et d'entreprise.

Mais l'individu aliène alors sa liberté! Assurément, en partie, comme dans toute association, comme dans tout contrat, allons plus loin, comme dans toute action, puisqu'il ne peut agir ni même acquérir un moyen d'action sans se fixer, sans prendre avec les choses, avec lui-même un engagement, sans enchaîner plus ou moins une partie de son avenir à un passé irrévocable. Mais nous avons déjà vu combien est ambiguë cette idée de liberté. Allons-nous renoncer à une force réelle pour nous réserver une faculté, souvent tout apparente, d'option et de changement? D'ailleurs il faut reconnaître, si l'on quitte les déductions abstraites pour considérer les choses, que cette aliénation de la liberté ne serait pas aussi complète que quelques-uns le redoutent. C'est un point bien établi par Schäffle et par nombre de socialistes, que la liberté de la consommation resterait entière; l'emploi par l'individu des produits de son travail ne subirait aucune restriction. J'achèterais dans une boulangerie municipale, dans un *wholesale* public aussi librement que je le fais aujourd'hui dans un magasin privé; et de tels établissements, ni plus ni moins que le commerce actuel, régleraient sur les exigences du public le choix des articles qu'ils lui offriraient. Rien de tout cela n'est absurde ni oppressif. Je m'abonnerais au gaz, à l'eau, à l'électricité, fournis par des services municipaux (1) avec la même liberté qu'auprès des compagnies privées, de même que je voyage sur les chemins de fer appartenant à l'Etat avec la même liberté que sur les lignes de l'entreprise privée.

Mais cette liberté, répondra-t-on, est toute apparente et superficielle; allez au fond, et vous verrez combien ma liberté réelle est compromise puisque, pour organiser tous ces services, on accroît sans cesse la portion de mon revenu que je ne puis dépenser à mon gré aux dépens de celle dont je puis faire usage à ma fantaisie.

L'objection est très forte. Elle serait irréfutable dans l'hypothèse d'un gouvernement autocratique; mais l'hypothèse d'un régime de liberté politique ne suffit pas à l'écarter, car il reste toujours à savoir si la majorité n'imposerait pas à la minorité des charges correspondant à des

---

(1) On sait combien se sont multipliées en ces dernières années, en Angleterre et en Amérique, les entreprises municipales de transport, d'éclairage, de force motrice; mais en France on nous a habitués à crier au socialisme dès que s'annonce une pareille tentative, et cette disposition d'esprit hostile n'est évidemment pas faite pour faciliter le succès.

services que celle-ci n'a pas demandés. Lorsque Spencer
admet et veut que la société assume la fonction de justice,
son motif est qu'elle correspond et correspond seule,
suivant lui, à un besoin universel, à une demande una-
nime de la société, les criminels. c'est-à-dire ceux qui ne
font pas moralement partie de la société, faisant seuls
exception (1). C'est donc là une fin universelle par essence
et en la poursuivant, on ne risque pas de satisfaire les uns
aux dépens des autres. Il n'en est plus de même, semble-
t-il, dès qu'il s'agit d'une entreprise positive; les uns en
usent, les autres non, l'unanimité est remplacée ici par
une majorité et une minorité dont les vœux sont contraires. Je ne vais pas à l'Opéra; pourquoi contribuerai-
je à le subventionner? Je ne pratique aucun culte; pourquoi participerai-je au budget des cultes? Je préfère les
établissements privés d'instruction; — pourquoi contri-
buerai-je aux dépenses de l'instruction publique? Et l'on
pourrait aller très loin dans cette voie, car on dirait aussi
bien : Je ne passe jamais par cette rue; pourquoi subi-
rai-je ma part des dépenses qu'en exigent le pavage,
l'éclairage, la surveillance?

Il serait sans doute facile de tirer de ces conséquences
extrêmes du principe une réfutation par l'absurde. Mais le
procédé serait, il faut l'avouer, abusif et peu convaincant,
car aucun système n'y résisterait; et de ce qu'un mal ne
peut-être absolument évité, on n'en saurait conclure qu'on
puisse l'accroître à plaisir. Au fond, l'objection reste très
forte, en droit, contre les tentatives de « socialiser » indis-
tinctement des services ou des productions quelconques.
Nous sommes peut-être allés trop vite en opposant le principe de la coopération à celui de la concurrence pour trouver une base à la conception socialiste. Car en étendant

(1) Encore faut-il remarquer que sur bien des points l'existence
et le fonctionnement de l'appareil judiciaire n'intéresse qu'une
minorité, la classe « possédante ».

à la commune ou à l'Etat l'idée de l'association, nous
avons implicitement supposé que cette association ne
renfermait que des « intéressés », et cela se trouve
inexact. On ne pourrait donc si aisément passer de la coopération privée, restreinte à cetaines fins et n'embrassant
que ceux qui les poursuivent, à la coopération dans et par
l'Etat, qui s'étendrait à toutes sortes d'objets à la fois, et
engloberait tout un groupe d'individus, non en raison
de la communauté de leurs intérêts, mais en raison de leur
répartition sur un territoire.

Mais en précisant l'objection, nous venons de la limiter, et de reconnaître qu'elle ne vaut que par deux considérations : la première est relative à l'étendue des tins
poursuivies; la seconde, au consentement des personnes.
Elle cesserait donc de porter, si d'une part les fins poursuivies sont assez générales pour intéresser tout le groupe de
population considéré, si d'autre part, même en dehors de
cette condition, l'assentiment réel des citoyens est acquis
à une entreprise publique; si enfin, au moins dans certains cas, on applique à l'entreprise d'Etat le système du
budget spécial, autonome, obligé d'équilibrer ses recettes
et ses dépenses propres.

Sur le premier point, nous ne faisons pas autre chose
qu'appliquer le critérium de Spencer lui-même. Il ne justifie en effet la fonction juridique de l'Etat que par l'universalité du besoin auquel elle correspond. Ainsi, sans
qu'il soit besoin aucunement de ramener la justice elle-
même à l'utilité, c'est bien une considération d'utilité
qui nous détermine à charger l'État de la justice; c'est
au nom d'un intérêt, l'intérêt même de la justice, qu'il
est requis d'assumer cette tâche. Dès lors, tout intérêt
général pourra, dans la mesure même de sa généralité,
être confié à l'État pour des raisons exactement identiques. C'est cette règle qu'appliquent précisément les

socialistes eux-mêmes lorsque par exemple ils protestent contre la subvention de l'Opéra ou le budget des cultes qui, suivant eux, répondent à des besoins trop particuliers. Mais personne ne songe à rendre les Postes à l'initiative privée, et tout le monde trouve naturel que l'État soit chargé de ce service. Il en est de même de la viabilité générale. On verrait sans doute favorablement la gestion des chemins de fer passer à l'État et, de fait, le retour des lignes à l'État a été prévu et assuré par des hommes peu suspects de socialisme. Il est difficile, dans un autre ordre d'idées, de ne pas reconnaître à l'instruction, au moins à l'instruction primaire, le caractère d'un intérêt universel et égal pour tous; et ce n'est vraiment pas la faute à l'État si un certain nombre de citoyens refusent de profiter de son enseignement justement parce qu'il est neutre, par suite propre à satisfaire quiconque ne demande que la tolérance, c'est-à-dire la justice. On est mal venu à prétendre qu'on souffre une injustice quand on souffre seulement pour vouloir rejeter un principe de justice. Nombre d'autres services offrent un caractère d'utilité générale peu contestable, comme ceux qui ont pour objet la préservation de la santé publique, comme les avertissements donnés par les stations météorologiques, comme les renseignements des offices de statistiques, etc., tous services qui d'ailleurs ne peuvent guère être entrepris avec succès que par les pouvoirs publics. Sans chercher à déterminer la liste exacte des institutions qu'on peut ranger dans cette catégorie, il importe de remarquer que le nombre de celles auxquels ce caractère d'utilité générale peut être reconnu tend naturellement à s'accroître à mesure qu'on se rend mieux compte de la solidarité des intérêts dans la vie sociale et que cette solidarité s'accroît elle-même.

Mais si nous considérons maintenant le rôle du consentement des personnes, nous verrons qu'on peut aller plus loin encore. En dehors des services généraux dont je profite directement pour ma part, je puis en effet trouver avantage à accepter d'autres charges encore si je comprends l'intérêt qu'il y a pour la collectivité à faire masse de ses ressources, et s'il y a lieu d'espérer que la majorité fera le même raisonnement. Aucun usage de l'impôt n'est donc illégitime en soi, dès qu'il est connu et accepté par le contribuable. En vain Spencer essaye-t-il d'atténuer la différence qui existe quant à l'usage de l'impôt entre un gouvernement autocratique et un gouvernement représentatif (1), et prétend-il que le libéralisme contemporain en vient à donner un droit divin aux parlements. Son argumentation n'est justement valable que dans la mesure où la représentation de la nation est imparfaite et inexacte (2). S'il est imprudent aujourd'hui de confier trop de fonctions et de pouvoirs à l'Etat, c'est en raison de l'insuffisance du contrôle. Ainsi le problème peut aussi bien se résoudre en accroissant les pouvoirs de l'individu qu'en limitant ceux de la communauté; seulement dans le premier cas on conserve ou l'on accroît les bénéfices de l'association et dans le second on les restreint. S'il faut donc, suivant l'idée de M. Booth, un peu de socialisme pour permettre beaucoup d'individualisme, il faut aussi inverse-

____

(1) *L'individu contre l'Etat*, p. 20.

(2) Aussi voyons-nous nombre d'esprits libéraux préoccupés de l'insuffisance du parlementarisme actuel et soucieux de compléter et de parfaire cette liberté politique dont Spencer semble faire si peu de cas. C'est ainsi en particulier que B. Malon, frappé de l'insuffisance de la représentation et de l'incompétence technique des élus, voudrait, comme autrefois Saint-Simon, à côté d'une chambre politique, une chambre économique incarnant les intérêts de la nation et dont l'existence justifiât mieux que les assemblées actuelles l'action économique des gouvernements. V. *Socialisme intégral*, t. I, ch.. VIII. M. A. Menger incline au contraire à développer le mécanisme administratif plutôt que l'organisme représentatif dans le domaine économique; v. *L'Etat socialiste*, chap V.

ment beaucoup d'individualisme pour permettre un peu de socialisme, et s'en assurer les avantages. On comprend, dès lors, pourquoi l'individualisme et le socialisme se développent parallèlement, et se fortifient l'un l'autre dans la politique moderne, et pourquoi les tendances socialistes qui s'y font jour et qui apparaissent aux yeux de Spencer comme une anomalie et une régression, font partie intégrante de cette évolution au lieu d'en être le démenti. Comment une tendance, dont il constate lui-même la généralité pour la déplorer, pourrait-elle, d'ailleurs, être considérée comme étrangère à la marche normale des événements? De quel droit peut-on rejeter un ensemble de faits qu'on avoue considérable, en dehors de l'évolution, parce qu'ils contrarient l'idée qu'on s'est faite de cette évolution en les négligeant?

Ainsi le socialisme moderne est bien loin d'exiger l'effacement complet de l'individu, et de concevoir l'État comme une entité se suffisant à elle-même; il ne voue pas nécessairement à cette entité un culte fétichique. Seulement il voit dans l'État une forme d'organisation, un mode de combinaison des forces individuelles, qui pourrait en multiplier le rendement. A ce titre, quoiqu'il ne soit rien de réel en soi, il est aussi une force, comme dans une machine le bon agencement des organes est une condition de puissance sans être une source d'énergie, et détermine un bon rendement. La forme, l'ordre, l'organisation ont donc aussi leur réalité : il y a de l'idéalisme dans le socialisme. La confiance dans l'État cesse d'être un fétichisme dans la mesure où l'État, c'est-à-dire l'unité harmonique des individus, dont nous n'avons guère qu'une ébauche superficielle et une image plus ou moins trompeuse, est vraiment réalisé.

D'ailleurs au fétichisme de l'Etat il ne faudrait pas substituer le fétichisme de l'individualité. Car l'individualité pure n'est peut-être, elle aussi, qu'une abstraction. Où trouvera-t-on l'individu absolu? Vous voulez que la vie sociale soit un concours où chacun ne lutterait qu'avec ses propres forces. Mais, prise à la lettre, cette condition n'est point réalisable, et peut-être l'individualisme tel que le comprend Spencer en serait-il plus éloigné qu'aucun régime. Les conditions sociales sont un facteur important du succès des individus, et Spencer ne semble pas en tenir compte. J'achète un terrain sans valeur; une ville vient à s'y former, un chemin de fer à le traverser, et me voilà riche. La population augmente et voilà la rente créée (1). C'est la société qui a fait pour moi cette richesse, je n'ai rien fait, je n'ai rien produit en échange. N'est-elle pas en droit d'en réclamer quelque chose? L'instruction se développe, et mes ouvrages ont du débit, mon intelligence devient une source de revenus. La civilisation met en valeur nos aptitudes; elle leur permet de naître en même temps qu'elle crée les besoins auxquels elles répondront. Les causes comme les fins de nos facultés sont en grande partie sociales. Virgile reçoit toute faite la forme de l'hexamètre et trouve des oreilles déjà préparées à son rythme. Aucune invention n'est absolue; chaque individu bénéficie des travaux de millions d'hommes. Les générations collaborent avec lui. Notre industrie, notre science, notre art représentent des siècles d'efforts et de pensée de la race entière; ses plus obscurs représentants y ont, même sans le savoir, apporté leur tribut. Depuis le plus modeste des objets qui m'entourent jusqu'aux

(1) Il est piquant de remarquer que tandis que M. H. George justifie son socialisme agraire par la plus-value de la terre, qui ruinerait la société au profit de l'individu. Spencer appréhende au contraire l'avènement du socialisme parce que la multiplication des charges qui pèsent sur la propriété tendrait à ruiner dès aujourd'hui le propriétaire au profit de la société (*L'individu contre l'Etat*, p. 52 à 99). Vérité en deçà de l'Atlantique, erreur au delà.

plus belles œuvre du génie, depuis la lampe qui m'éclaire et le papier que je noircis jusqu'à la notion de justice et au système de l'évolution, il n'est rien à quoi l'humanité entière n'ait travaillé, rien qui ne doive éveiller en nos cœurs un sentiment de reconnaissance, rien qui ne nous parle autant de nos devoirs envers la société que de nos droits en face d'elle. « Nous sommes des êtres collectifs », dit Gœthe. Nous le sommes doublement : d'abord par la pluralité psychique qui est au-dessous du moi et que nous cherchons à unifier, mais surtout par la pluralité sociale qui est au-dessus et que nous reflétons en raccourci. Où donc est ce moi, haïssable pour s'ériger en absolu quand il est tout relatif? Où commence l'œuvre qui est vraiment nôtre et celle qui ne nous appartient pas? Véritablement, quand on y réfléchit, on se demande si dans le nombre des raisons qui rendent en pratique la propriété, par exemple, si absolue, il n'entre pas plus de motifs d'utilité que de motifs de justice. C'est qu'il est nécessaire au bien même de la société et de l'humanité d'encourager les activités les plus fécondes et pour cela, il faut leur accorder non pas le bénéfice le plus strictement juste, mais le plus grand bénéfice compatible avec le bien général. Il ne faut pas que la société regarde de trop près à ses droits sous peine de ne rien obtenir de l'individu. Mais elle peut bien les lui rappeler quand il les oublie, et tend à exagérer la part qui lui revient dans un travail où il n'est jamais que collaborateur.

CONCLUSION

C'est donc en vue de mieux réaliser la formule même de la justice : à chacun suivant ses œuvres, que le socialisme conçoit ses plans de réorganisation. Son individualisme est en ce sens plus absolu que celui de Spencer lui-même puisqu'il vise, en enlevant à l'individu tout ce qui est dû à la société, à ne lui laisser que les fruits de son seul travail. Toutes ses propositions y tendent : monnaie-travail, restriction de l'héritage, suppression de l'agiotage, et finalement socialisation de la terre et de tous les moyens de production. A ce point de vue, les socialistes professent donc le même principe que Spencer, et en poussent même beaucoup plus loin les conséquences puisqu'au lieu de l'appliquer simplement à la société telle qu'elle, ils veulent avant tout y conformer l'ordre social lui-même. Ils espèrent ainsi obtenir que les différences de condition entre les individus soient uniquement le résultat des différences de leurs facultés et de leur effort; et ils veulent que l'usage de ces facultés leur soit assuré pour que cette justice soit une réalité et non un mot.

Mais en même temps les utilités communes seraient obtenues par la voie de l'association. Accomplie ainsi plus sûrement et avec moins de perte, cette œuvre garantirait à quiconque ne se mettrait pas hors la loi et satisferait aux exigences d'une telle association un fonds premier de bien-être. L'individu ne serait pas abandonné à ses seules forces en ce sens qu'il serait assuré de l'emploi de ces forces. Les bénéfices de son œuvre personnelle ne feraient que s'ajouter aux bénéfices communs de l'œuvre commune. Les inégalités seules seraient le fait de l'inégalité des personnes et cesseraient ainsi de choquer le sentiment de la justice. Chacun ne dépasserait la moyenne du bien-être que dans la mesure où il s'élèverait au-dessus de la moyenne des capacités. Mais un premier point d'appui serait donné à ses efforts. C'est ainsi, croyons-nous, que le socialisme espère concilier le droit avec l'utilité et obtenir à la fois et presque l'un par l'autre le maximum de justice et le maximum de satisfaction moyenne.

Les individualistes de leur côté sont bien obligés de limiter dans l'application les conséquences de leur principe. Autrement pourquoi restreindre la concurrence, si elle est la base de la justice? S'il faut que chacun concoure rigoureusement avec ses seules forces, comment pourrait-il exiger qu'on l'aide à se défendre? Pourquoi mettre à sa disposition une police et un tribunal ? N'est-ce pas enlever au voleur, à l'escroc, au brigand le bénéfice de son habileté, de son astuce, de son audace et me protéger indûment contre les inconvénients de mon imprudence, de ma crédulité ou de ma faiblesse (1)? Si l'on refuse d'aller jusque-là, et personne ne s'y hasarde, si on limite le principe de concurrence par une intervention qui est en somme tout aussi « artificielle » que celles dont l'individualiste ne veut pas entendre parler, n'est-ce pas parce qu'on s'aperçoit que dans l'humanité la lutte n'aboutit pas nécessairement au triomphe des meilleurs et que la société elle-même proteste unanimement contre cette manière d'entendre ses intérêts? N'est-ce pas parce qu'en définitive tous les genres de « supériorité » ne se valent pas au point de vue du bien général, et que la société reste juge de celles qu'elle doit laisser se déployer

(1) Même observation en ce qui concerne les rapports des peuples. Spencer est impitoyable pour les guerres offensives et, particulièrement même, pour les conquêtes coloniales qu'il appelle des « brigandages autorisés à Downing Street ». Cette sévérité fait honneur au sentiment qu'il a de la justice et à l'impartialité avec laquelle il sait se dégager du « préjugé national ». Mais on peut douter qu'elle soit bien d'accord avec l'idée que la justice consiste dans le triomphe des supérieurs et la disparition des inférieurs. Aucune race n'a justement appliqué plus pleinement sur ce terrain le principe de sélection et n'a été plus spontanément darwinienne en face des peuples inférieurs, que la race anglaise. Partout où elle pénètre, les races indigènes disparaissent. Et il faut bien reconnaître, au grand scandale de la justice et de la charité, que cela ne lui a pas trop mal réussi jusqu'à présent.

BELOT.

et laisser triompher; qu'enfin les hommes les plus « forts » ne sont pas nécessairement ceux qui réalisent le type humain le plus élevé?

C'est l'aveu que la notion de justice n'est pas une notion purement naturelle, au sens étroit du mot, mais une notion essentiellement humaine et morale, qui ne peut se ramener à la seule idée du succès. Le droit « naturel » n'est ni une abstraction de la raison ni un pur produit historique. Il est naturel sans doute, en un premier sens, par les *conditions* qui s'imposent à la réalisation d'un certain idéal social. Mais il est impossible de définir la justice autrement qu'en fonction des *fins* qu'une société déterminée s'est plus ou moins consciemment assignée; et en ce sens le droit humainement le plus naturel, c'est le plus artificiel, celui qui abandonne la moindre part de la vie humaine à la fortuité, à la chance et à la fatalité. Le droit que s'impose une collectivité est un système d'ordre social en rapport avec les fins qu'elle se propose. Il est donc impossible de disjoindre absolument la justice de l'ensemble des fonctions que la collectivité peut exercer et des œuvres positives auxquelles elle peut travailler. La justice elle-même, nous l'avons montré, est, au premier chef, une de ces œuvres collectives. Comment supposer que la coopération et l'entente qu'elle exige restent possibles, si l'on prétend tirer le droit d'une formule de concurrence et de guerre, ou même d'une formule d'isolement et de division? Mais comment demander que cette coopération, si elle existe, reste inféconde au delà d'une simple entreprise de police? Et puisqu'enfin il est si difficile de discerner, dans l'œuvre et dans le bonheur de l'individu, ce qu'il ne devrait qu'à lui-même de ce qu'il doit à la société, n'a-t-on pas d'autant plus de chances de se rapprocher de la justice qu'on aura réalisé une plus parfaite union, une coopération plus étendue?

II

CHARITÉ ET SÉLECTION

Il n'est peut-être pas de question plus propre à ramener la morale sur son terrain propre que la question de la charité. Aucune portion de la moralité n'a été en effet, au même degré, revendiquée, absorbée même par le sentiment religieux, aucune n'a, au même degré, été prise pour une véritable découverte de la pensée religieuse, au point d'être regardée comme inintelligible en dehors d'elle. Et le jour où les dogmes périclitent, quand ils se heurtent à la science, ou, ce qui est pour eux plus dangereux encore, à la certitude de notre ignorance, c'est cette prétendue découverte morale qu'on invoque à son tour en faveur de la religion qui l'aurait faite, comme une garantie de sa vérité et de son origine sublime.

Mais inversement, et peut-être en partie à cause de cela même, il n'est pas de vertu qui ait eu plus et plus vite à souffrir de l'application à la morale de l'esprit « scientifique ». Le nom même de la charité est devenu suspect, comme empreint d'un mysticisme incompatible avec toute positivité. Mais cette défiance ne se serait sans doute pas considérée comme justifiée si elle n'avait pu s'appuyer sur une raison plus directe et moins négative. Il ne suffisait pas que la charité apparût comme fondée uniquement sur des motifs que la science ignore, il fallait trouver dans la science même des motifs de la condamner. La théorie de la sélection naturelle les fournit, apparemment très précis, très forts et très décisifs, sinon faciles à agréer; et la violence qu'ils faisaient au sentiment pouvait sembler une garantie de plus de leur origine purement intellectuelle et de leur valeur scientifique. La conscience trouvait dans sa répugnance même un contrôle de sa sincérité. Trop complaisante aux vieilles habitudes morales, la science eût été suspecte; en les heurtant de front elle semblait presque gagner en autorité ce qu'elle perdait en sympathie.

Ainsi, précisément sans doute parce que la charité se trouve être le dernier fruit de la moralité, et qu'elle en présente presque à l'état pur l'essence paradoxale, la conscience semble s'être dessaisie. Les uns ont cru devoir faire de la charité une vertu « surnaturelle » dont l'absurdité même au point de vue humain aurait attesté l'origine divine. Ainsi conçue, elle ne devait plus de comptes à la raison, mais aussi, violemment et arbitrairement détachée de ses racines humaines, elle devenait sujette à des déformations qui devaient singulièrement en compromettre le sens et la valeur. Les autres, revendiquant les droits de la critique, se retrouvaient en face du fait, et du fait déjà altéré; dès lors leur raison, pour comprendre la charité, n'avait guère à sa disposition que la science, seule un peu avancée, de la nature infra-humaine, et nécessairement cette science opposait une sorte de démenti à une forme supérieure de l'évolution. Ainsi, pour avoir, fort incomplètement d'ailleurs, consulté le monde animal en vue d'ordonner le monde humain, la science semblait à son tour renier l'humanité comme la théologie l'avait méconnue. De part et d'autre c'est son hétéronomie que la conscience morale laissait proclamer.

Nulle part on ne saisit mieux ces deux déplacements

inverses du centre de gravité de la morale tantôt vers la métaphysique, tantôt vers la « physique », qui la compromettent presque également. Nulle part aussi, par suite, n'apparaît plus évidente la possibilité et la nécessité, pour retrouver l'équilibre de la morale, pour consolider la conscience tout en rectifiant la pratique, de retablir la spécificité du point de vue moral, de replacer l'axe de la moralité en son vrai centre : la société humaine. Ainsi serait restaurée du même coup la positivité de la morale et l'autonomie de la conscience.

I

Puisque c'est là ce qui nous importe avant tout dans le différend entre la charité et la sélection (aussi bien n'est-ce pas une ébauche d'un traité pratique sur l'Assistance qu'on peut attendre ici), on nous permettra de mettre tout d'abord en lumière le double mécanisme dont nous venons de parler : celui par lequel le religion absorbe, puis altère la charité, celui par lequel la science a au contraire prétendu la rejeter. Par là même sera mis en évidence le postulat très simple, mais capital, qui détermine l'attitude que nous appelons positive en morale. C'est si l'on veut un truisme. Mais il ne faut pas avoir peur des truismes : notre ignorance seule met une distance entre l'évidence et la vérité, et une intelligence parfaite ne devrait, en dehors de l'absurde et de l'impensable, trouver que de l'évidence. Ce postulat, c'est que la moralité est une chose proprement et purement humaine, progressivement constituée dans l'humanité, en vertu d'une finalité plus ou moins inconsciente.

Il l'a bien fallu. L'humanité n'a point eu de maître extérieur pour lui enseigner ses devoirs; et ses règles de

vie, l'expérience de la vie a seule pu les lui faire connaître, c'est-à-dire les imposer à sa volonté, plutôt encore
que les découvrir à son intelligence. Et cette vérité subsiste pour celui-là même qui admet une révélation, car,
en tout état de cause, une telle révélation n'eût pu être
comprise si l'esprit humain eût été complètement étranger
aux idées qu'elle proposait, et surtout elle eût été impuissante à faire accepter une règle de vie sans rapport avec
les nécessités de la vie, à faire aimer un idéal qui n'eût
pas été en harmonie avec des aspirations déjà ressen-
ties de l'humanité. Un enseignement venu du dehors
resterait donc forcément lettre morte, et si l'homme
individu paraît avoir des maîtres extérieurs qui sont les
autres hommes, la race humaine ne peut rien apprendre
que par elle-même, et par son expérience propre, dans
le domaine moral comme dans le domaine de la science.
Comment peut-il être encore nécessaire d'appuyer sur
des vérités aussi claires?

Mais cette moralité qui se forme ainsi spontanément au
contact même des conditions de l'existence, et en particulier de l'existence sociale, n'est pas un produit de l'intelligence pure, de la réflexion; elle ne dérive pas d'une
théorie, mais d'une adaptation plus ou moins instinctive.
Dès lors, au moment où l'homme commence à s'observer lui-même et à réfléchir sur ce qu'il fait, il trouve
déjà toute faite et fixée en lui cette moralité spontanée
sous la forme d'une *conscience* plus ou moins rudimentaire, mais déjà forte et distincte; il la trouve aussi consacrée au dehors par des règles et des traditions d'ordre
social auxquelles il ne peut se soustraire. Qu'arrive-t-il
dès lors? Si l'homme est curieux de comprendre la nature qui l'enveloppe, il ne l'est pas moins, quoique plus
tardivement, de se comprendre lui-même. Il cherchera

une justification en même temps qu'une explication des principes de conduite qu'il sent s'imposer à lui du dedans et que la société lui impose du dehors. En essayant d'interpréter le fait moral, si clair à l'intuition et si obscur à l'intelligence, il s'exposera à le transformer et même à le fausser; il le fausse en effet et il est vraiment étrange de voir combien il faut de temps à notre espèce pour remettre les choses au point, pour retrouver le fait moral dans sa réalité positive sous les interprétations aventureuses et arbitraires qui ont fini par la masquer et même par la transfigurer.

De même, en effet, que l'homme des premiers âges, ignorant de la nature, trompe sa curiosité plus impatiente que scrupuleuse en divinisant les forces et les phénomènes du monde physique, de même, en présence du mystère intérieur de la conscience morale, il use d'un semblable expédient; son imagination divinise la conscience et l'autorité sociale qui la sanctionne. La moralité se trouve--elle ainsi idéalisée? On ne peut guère le prétendre; car la divinité imaginée reflète naturellement toutes les imperfections de l'humanité même et l'autorité absolue qu'on lui prête n'est pas pour diminuer l'irrationalité ou la dureté des exigences que dès lors on lui attribue. La morale se détache de la vie; des obligations toutes théologiques, indifférentes à la conduite réelle des hommes, étrangères ou même opposées aux conditions réelles de l'existence, se superposent aux devoirs véritables et arrivent même à les primer. L'individu, la société même ont perdu leur autonomie morale; ils ne se sentent plus maîtres de leur destinée. Le symbole matérialisé de leur vie morale a d'ailleurs quelque chose d'immobile et de figé qui en arrête le développement normal; la conscience, ainsi enchaînée aux conceptions du passé, est condamnée à rester en retard sur la vie, tandis que son vrai rôle serait de la devancer en fixant son regard sur l'idéal.

Sans doute la notion même de la divinité s'épure comme les notions morales elles-mêmes. Mais la moralité, rectifiée peut-être ainsi par la force des choses, quant à son contenu, n'en reste pas moins altérée dans son essence. La conscience continue à perdre de vue la réalité sociale dont elle est le produit, la vie collective dont elle est l'instrument et la raison d'être. Elle a pris l'habitude d'entrer directement en commerce avec Dieu; et à mesure que Dieu s'est éloigné et s'est idéalisé, le sens moral est devenu *intérieur, subjectif, individuel;* il méconnaît ainsi ses origines, et manque à se destination.

L'idée de la charité n'a pas échappé à ces fluctuations. Mais leur histoire est plus spéciale et plus récente. Il semble que la charité ait été découverte le jour où la *crainte* de Dieu, commencement de la sagesse, a été remplacée par *l'amour* de Dieu; le premier sentiment n'était que la traduction théologique de la soumission de l'individu à la contrainte sociale; le second est au contraire l'expression de l'intégration réelle et intime de l'individu à l'être social dont il ne veut plus se séparer et qui lui apparaît comme identique à sa vie même. Aussi le commandement « Aimer Dieu » se traduit-il aussitôt par le second qui est identiqe au premier : « Aimez-vous les uns les autres », et qui est la « règle d'or » de la charité.

En quel sens est-elle nouvelle? Si l'on n'en considère que le contenu, il est singulier qu'on n'ait pas consenti plus souvent à voir combien la chose est ancienne et contemporaine de toute moralité. Il n'est pas jusque dans l'animalité même que le principe sympathique n'apparaisse déjà comme une condition du maintien des groupements, et où inversement l'association ne produise déjà la sympathie comme un effet naturel. A plus forte raison s'est-il manifesté sous des formes multiples dans la société humaine qui n'aurait pu sans cela ni progresser ni même se maintenir. On peut même affirmer que les vertus de dévoûment, plus passionnées, plus ardentes sont à beaucoup d'égards plus primitives que les vertus de justice, plus calmes et plus intellectuelles (1). Les affections familiales, l'amitié, les devoirs d'hospitalité, l'amour de la patrie sont en un sens des aspects de cette « charité » dont les origines n'ont pas de date. Le courage dans le sacrifice de soi, la bienfaisance, la bonté même, ont été de tout temps honorés par les sociétés les plus barbares. Et tous ces sentiments étaient efficaces, ils ont même en leurs martyrs : ils ont inspiré des dévouements, des actes d'abnégation dont l'éclat et la valeur morale n'ont absolument rien à envier à ceux qu'a pu animer la charité chrétienne.

Qu'est-ce donc que celle-ci apportait de nouveau? A peu près ceci :

D'abord aux affections limitées, aux sympathies de groupe, elle substituait un sentiment universel allant à l'homme en général et non plus aux membres de la famille, aux concitoyens; à l'humanité et non plus à une collectivité particulière. Le progrès accompli, ou du moins consacré par le christianisme a moins consisté à susciter l'amour du prochain, — il existait déjà sous des formes spécifiques — qu'à donner une plus large et plus pénétrante réponse à la question : « Qui est notre prochain? » Il importait alors de rompre les barrières que la société antique maintenait entre l'étranger et le citoyen, entre l'esclave et l'homme libre, entre le riche et le pauvre. Progrès sans doute, et que le sentiment moral

(1) Cf. T. I, p, 201, n. 1.

en général avait déjà commencé à réaliser; mais qui n'allait pas non plus sans l'inconvénient de remplacer des obligations précises par des devoirs beaucoup plus vagues et plus élastiques. Aussi peut-on constater qu'en fait le Christianisme n'a guère réussi à supprimer ces oppositions de classes ou de castes et que, faute de revêtir directement le caractère d'une doctrine sociale, il en a même facilité le maintien, en le conciliant trop aisément avec une charité toute sentimentale.

En second lieu en effet, la charité chrétienne formulait un principe général de moralité jusqu'alors diffus et dispersé dans toutes sortes de vertus particulières, souvent presque instinctives; et par là sans doute il contribuait à mettre la conscience morale en plus parfaite possession d'elle-même. Mais aussi isolait-elle, non sans inconvénient, le sentiment moral de ses objets normaux. Les moralistes anciens n'avaient guère séparé la *bonté* de la *bienfaisance* et n'avaient jamais perdu de vue l'activité pratique correspondant à cette forme du sentiment moral. Désormais les effets désirables du sentiment charitable passent au second plan; c'est en lui-même qu'en réside le prix. « Quand je donnerais tout mon bien aux pauvres, *si je n'ai la charité*, je ne suis que l'airain sonore et la cymbale bruyante ».

On voit donc que s'il prenait conscience de lui-même dans la charité chrétienne, l'amour du prochain subissait du même coup une série de déviations.

D'abord tandis qu'il était jusqu'alors entièrement tourné vers le dehors, vers son objet et pour ainsi dire tout entier en action, il prend désormais un caractère tout intérieur; il devient vertu de sentiment, élément de perfection *personnelle* et *subjective*. C'est un état d'âme auquel on attribue une valeur intrinsèque absolue, en perdant de vue ses applications, et les résultats pratiques qu'on pouvait en attendre. « *Ama et fac quod vis* ».

Par suite c'est sous une forme éminemment *négative* qu'apparaît surtout cette vertu : c'est la vertu du renoncement, du sacrifice, qu'on élève au sommet de la vie morale, sans trop se demander en faveur de qui on renonce, à quel intérêt supérieur on se sacrifie. On ne croit triompher de l'égoïsme qu'en faisant l'apologie du sacrifice pour le sacrifice, faute de comprendre qu'on ne remédie à l'égoïsme qu'en le retournant, que pour ne pas trop s'intéresser à soi-même il faut s'intéresser à quelqu'un ou à quelque chose, et qu'on ne s'oublie qu'en s'absorbant dans un objet.

Ou bien encore c'est sous une forme *contemplative* que la charité vient à se présenter, parce que cet objet, on a cru pouvoir le découvrir en Dieu même; l'Infini seul a paru capable de remplir le cœur de l'homme, dès qu'on a isolé ainsi sa faculté d'aimer; et c'est en Dieu et pour Dieu qu'on nous demande d'aimer nos semblables, au lieu de les aimer directement en eux-mêmes et pour eux-mêmes. Ce sont là des formules décevantes et dangereuses. Elles me paraissent (et l'on pourrait le montrer par l'histoire même) fausser et stériliser la charité en la détournant de l'action pratique. Je n'ignore pas sans doute que ces formules comportent un sens métaphysique profond et même une interprétation morale satisfaisante (1). Mais la morale est faite pour tous et la foule n'est pas composée de métaphysiciens. Elle ne comprend que ce qu'on lui dit expressément : elle prend les formules à la lettre et les sens cachés ne sont point son affaire. Et si l'on veut quand même lui en dire plus qu'elle

____

(1) V. plus haut, I, 25, note 2.

ne peut comprendre, mieux vaudraient peut-être des abstractions obscures qui du moins ne la tromperaient pas. Mais on ne voit pas ce qu'on peut gagner à sauver, par de subtiles explications, des formules que la masse prendra toujours à contre-sens. Celles dont j'ai parlé tendraient à détourner la charité de son objet véritable et de son œuvre pratique, et à rejeter sur Dieu le soin des résultats; c'est pourquoi je m'en défie.

Quelle sera maintenant l'attitude de la réflexion scientifique en présence de la conscience morale, du moins au premier abord? Son procédé naturel c'est d'assimiler, de faire rentrer l'inconnu dans les cadres du connu. Elle replongera l'homme dans la nature, elle le subordonnera au milieu. De plus elle déterminera les lois de la nature humaine par analogie avec les lois les plus générales de la nature infra-humaine et de l'animalité en particulier. Car l'homme étant, en raison de sa complexité, le dernier objet que la pensée scientifique se propose, ce qu'elle connaît déjà lorsqu'elle en aborde l'étude, ce qu'elle appelle *nature*, c'est tout le domaine de ce qui est au-dessous de l'homme. Cette tendance se voit déjà dans l'antique doctrine d'Aristippe, prouvant par l'exemple de l'animal que le plaisir est le vœu de la nature, et *par conséquent* la règle de la vie. Elle se retrouve sous une autre forme dans les théories modernes que nous avons à examiner ici. C'est donc à une régression que nous amènerait cette première application, incomplète et provisoire, je m'empresse de le dire, de la science à la morale. C'est encore comme tout à l'heure à une véritable hétéronomie qu'elle soumettrait la conduite humaine; ou plutôt, si l'on allait à la limite, ce serait à une véritable *anomie* puisque l'homme n'aurait plus qu'à se laisser conduire par les lois du milieu, les lois de sa propre nature, les lois de la société même sans pouvoir se proposer un idéal de sa façon, une règle conçue par lui-même en vue de fins proprement humaines.

A plus forte raison quand la réflexion purement scientifique vient à rencontrer devant elle une notion morale aussi déformée, nous l'avons vu, que l'a été celle de la charité, la tiendra-t-elle comme suspecte. Elle osera demander des comptes à la vertu; elle réclamera d'elle une justification non plus subjective ou mystique, mais objective, de son excellence ou mieux encore (puisqu'il s'agit de la science), une preuve de sa « vérité », de sa conformité à la nature. Or c'est à une condamnation que cette procédure nouvelle aboutit. On croit trouver que ce n'est pas la bonté, par l'indulgence, par le sacrifice volontaire des forts aux faibles que la nature assure le progrès, mais au contraire par des moyens brutaux, par l'ignorance de tout pitié, par le sacrifice nécessaire et forcé des faibles aux forts. La *lutte pour la vie* aboutissant à la *sélection naturelle* c'est-à-dire à la disparition des êtres les moins bien doués, à la survivance des plus forts et de plus aptes, seuls appelés à la propagation de la race, voilà ce que la morale naturaliste oppose à la charité au nom de la biologie et même de la sociologie.

Ce sont là des idées tombées dans le domaine commun, que nous ne nous attarderons pas à exposer. Nous n'avons à examiner ici que la légitimité des applications morales que l'on en fait et qu'on peut brièvement résumer ainsi :

Positivement : On doit chercher à être fort, à être le plus fort, à mettre le plus d'atouts possible dans son jeu, à s'armer le mieux possible dans la lutte pour la vie. De la nature des armes et de la loyauté du combat, il n'est plus guère question. Le triomphe est la seule justification requise. Travailler à son propre bonheur, voilà donc le premier devoir, puisque, aussi bien, c'est ainsi

qu'on assurerait mieux le bonheur de tous et le progrès
de la race.

Négativement : On doit éviter avec soin d'aider les
faibles et de maintenir artificiellement à la vie les moins
bien doués; on infligerait ainsi à la race une régression;
on imposerait à la société un charge sans compensation,
une perte sèche; on perpétuerait des tares biologiques ou
sociales. « Tous l es arrangements sociaux, dit Spencer, qui empêchent à un haut degré la supériorité de
produire les avantages de la supériorité, ou qui protègent
l'infériorité contre les maux qu'elle produit, tous les
arrangements qui tendent à effacer la différence entre
le supérieur et l'inférieur sont des arrangements diamétralement opposés au progrès de l'organisation et à l'avènement d'une vie plus haute. »

On peut d'abord se demander jusqu'à quel point c'est
vraiment la science qui, d'elle-même, a pris l'initiative de
cette réaction contre la charité chrétienne et même la
philanthropie si fort en honneur au siècle, bien peu chrétien, de Voltaire. Car dans ce genre de problèmes on
peut toujours douter si c'est la transformation des idées
et du savoir, qui a déterminé un changement dans la
conscience, ou si ce n'est pas une transformation des
mœurs et la poussée de quelque besoin pratique, qui
ont déterminé une certaine interprétation morale de la
science. Quant à nous, il nous semble qu'ici la science
a plutôt fourni, à point nommé, des arguments dont
on avait besoin, qu'elle ne les a vraiment suscités. Il
serait facile de rappeler quels intérêts politiques, quels
antagonismes économiques, quelles luttes de classes ont
pu rendre la philanthropie inquiétante ou suspecte, et
faire découvrir le parti avantageux qu'on pouvait tirer, à
ce point de vue, de la doctrine sélectionniste. Suivant
nous la science par elle-même n'a pas plus condamné

la charité que la religion ne l'a proprement découverte. Il importait de le remarquer pour définir avec justesse les rapports de la morale et de la science. En tout état de cause celle-ci ne fournit d'arguments à une certaine morale que si cette dernière lui en demande. La théorie de la sélection a été connue avant qu'on ne songeât à en tirer argument contre telle ou telle conception morale; et elle ne peut devenir un argument dans ce sens, que parce qu'on a pris d'avance un certain parti, par exemple celui de traiter l'humanité comme une espèce animale qu'il s'agit de perfectionner simplement au point de vue biologiqe. Or prendre un parti de ce genre, c'est adopter une attitude morale, c'est choisir une fin que la biologie par elle-même n'impose nullement. Stuart-Mill, par exemple, du spectacle des brutalités de la nature animale, de l'universel entre-dévorement des êtres vivants, concluait simplement que l'homme n'a pas à imiter la nature et que la nature n'est pas chargée de fournir à l'homme un modèle de moralité. A plus forte raison les conclusions morales que l'on prétendrait tirer de tel ou tel fait biologique (car il faut être ici très réservé dans l'emploi du mot *loi*), apparaissent bien caduques, si l'on remarque combien il est facile de trouver des faits allant au sens contraire, et, par exemple d'opposer comme on l'a fait maintes fois (1), à la lutte pour la vie, l'association pour la vie.

De cette double analyse on voit la commune conclusion : c'est que la conscience morale peut reprendre sa liberté et rester ferme dans son autonomie. La charité n'est point une invention gratuite et mystique d'une religion qui n'a pu, humaine elle-même, qu'emprunter, in-

____

(1) V. en particulier C. Fages, *Lutte ou accord pour la vie*, *Rev. socialiste*, déc. 1898. Plus récemment avec une grande abondance, dans le livre intitulé l'*Entre-aide*. Kropotkine a repris ce thème.

terprèter et orienter dans un certain sens un fait moral spontanément produit par la vie sociale dans l'humanité, et qu'il suffira de retrouver dans sa vraie nature; et la charité n'est pas non plus d'emblée condamnée par une science qui n'a ni la mission ni le pouvoir de nous fournir toute faite une règle de conduite.

La charité nous apparaît donc, en fait, sauf à être interprétée et rectifiée, comme une partie intégrante de notre nature morale spontanément développée. Nous avons d'ailleurs le sentiment intime qu'aucun effort de volonté, ni aucune lumière scientifique n'en pourraient avoir raison; les plus endurcis hésiteraient, les plus convaincus se reprendraient à douter, si on leur proposait certaines applications de leur théorie. Imagine-t-on qu'on en puisse revenir à jeter au barathre les enfants mal constitués ou à rétablir l'épouvantable système de séquestration des lépreux? ou bien (car du laisser-aller anarchique de la sélection naturelle, on passerait aisément à la tyrannie de la sélection artificielle), consentirait-on à réaliser, au nom des théories modernes, ce que l'antiquité même n'a connu que comme un rêve d'utopiste : l'État, maître de faire ou d'empêcher les mariages selon l'intérêt présumé de la race, et disposant du bétail humain sans égard pour la liberté ou pour les sentiments de l'individu? Ne sont-ce pas alors la plupart des institutions sociales qu'il faudrait bouleverser ou supprimer puisque de ce point de vue elles paraîtraient un mal social, comme le montrait récemment un des plus vigoureux adversaires de ces théories (1), à commencer par l'institution même de la justice, protectrice attitrée des faibles contre les puissants, de la justice, première forme de la coopération des « inférieurs » pour s'assurer la supériorité, pre-

' (1) Ch. Gide : *Si les institutions sociales sont un mal social, Rev. d'économie politique*, janvier 1899.

mière œuvre d'amour et de charité, en définitive, contre les rigueurs de la concurrence !

Aussi bien les sociologues naturalistes eux-mêmes paraissent hésiter sur les conséquences pratiques à tirer de la loi de sélection. Comme nous l'avons déjà fait remarquer (1) les uns, en présence de l'opposition entre la charité et la sélection, concluent à la condamnation de la première au profit de la seconde. Mais d'autres, remarquant que la charité aussi est un produit de l'évolution, admettent que la philanthropie est un mal inévitable qu'il faut se résigner à voir se développer, et en concluent simplement que le bien social ou le bien de la race est un critérium moral conventionnel et arbitraire, imaginé après coup par la réflexion, tandis que l'homme, par une sorte de fatalité, serait condamné à travailler sans cesse contre lui-même et à vouloir sa propre déchéance!

Cette divergence même des conclusions a de quoi nous rassurer. Si en effet la philanthropie se développe ainsi nécessairement, il est vraiment impossible d'admettre qu'elle soit, au fond et d'une manière générale, en opposition avec les intérêts de l'humanité. *Au nom même de la théorie de la sélection*, nous devrions admettre qu'une disposition mentale qui aurait été foncièrement malfaisante se serait éliminée d'elle-même et aurait dû disparaître; ou bien c'est que la sélection naturelle n'a rien d'infaillible, et alors nous ne voyons pas pourquoi nous aurions confiance en elle partout ailleurs, quand nous la prendrions en faute sur un point aussi capital. Nous entrevoyons donc que la charité, comme force de résistance à certaines formes de sélection, doit être elle-même une forme de sélection. Elle aussi est en un certain sens naturelle et n'aurait guère pu se maintenir ni se déve-

____

(1) *L'Utilitarisme et ses nouveaux critiques*, T. I, p. 211.

lopper, d'une manière si générale et si nécessaire, au cas où elle n'eût été pour l'humanité qu'une forme de lent suicide. Le naturaliste du moins n'a pas le droit, à ce point de vue, de la renier.

Remarquons ici en quelle bonne posture se trouve pour invoquer le témoignage de la conscience morale, celui qui adopte en morale un point de vue positif. Si la conscience est un don primitif ou une révélation surnaturelle, l'autorité qu'on lui accorde dans la direction de la vie ne peut être que l'objet d'un acte de foi injustifiable. Si, au contraire, la conscience est elle-même un produit de la vie, si elle s'est formée spontanément au contact même des conditions de l'existence, elle en résume forcément les exigences les plus fondamentales. Sans doute, elle n'est pas infaillible pour cela dans le détail, mais elle ne saurait non plus être erronée dans son ensemble et dans ses principes les plus généraux. Les adversaires de l'empirisme en morale l'accusent de détruire l'autorité de la conscience en en faisant une habitude inconsciemment acquise dont on se déferait dès qu'on s'apercevrait de ces origines. Nous ne pouvons comprendre ce raisonnement (1); dans quel cas en effet la conscience serait-elle moins arbitraire que si elle est naturelle, dans quel cas serait-elle moins trompeuse que si elle est acquise? Faut-il donc qu'elle soit étrangère à la vie pour que j'en fasse le guide de ma vie?

Nous pouvons maintenant aborder le fond du débat.

II

« Il est incontestable, dit M. Durkheim, que nous entretenons dans nos hôpitaux toute une légion de cré-

(1) On peut voir cependant T. I, p. 83, la part que nous faisons à cette idée et quelles distinctions sont ici nécessaires (*ibid.*, note 1). Cf. T. I, p. 197 note.

tins, d'idiots, d'aliénés, d'incurables de toutes sortes, qui
ne sont utilisables d'aucune manière et dont l'existence
est ainsi prolongée grâce aux privations que s'imposent
les travailleurs sains et normaux; il n'y a pas de subtilité
dialectique qui puisse prévaloir contre l'évidence des faits.
On objecte que ces infirmités irrémédiables sont l'exception; mais que de tempéraments simplement débiles sont
mis en état de durer grâce à cette même philanthropie et
cela aux dépens de la santé moyenne et du bien-être collectif! » Spencer admet de son côté que l'altruisme
purement individuel a quelques bons effets qui en compensent suffisamment les mauvais résultats. « Mais,
ajoute-t-il, tous les agents qui entreprennent de protéger
les incapables pris en masse font un mal incontestable;
ils arrêtent ce travail d'élimination naturelle par lequel la
société s'épure continuellement elle-même ». En un mot,
la philanthropie organisée sous la forme d'une sorte d'entreprise, privée ou publique, serait absolument malfaisante, n'ayant plus pour excuse, comme la binfaisance
individuelle, le développement, chez les plus favorisés,
de sentiments sociaux de sympathie.

Les maux de la charité ne seraient pas moindres dans
l'ordre intellectuel et moral. L'instruction répandue partout gratuitement, ou à très bas prix, multiplierait les
déclassés qui répugnent aux travaux productifs, manuels
ou industriels, sans dépasser dans le domaine de l'intelligence le niveau d'une médiocrité parfaitement stérile.
Moralement enfin, c'est un lieu commun que l'assistance
habitue ceux qui en sont l'objet à l'irresponsabilité, à
l'imprévoyance, à la paresse et au vice. Quel embarras
pour le législateur qui voudrait éviter l'infanticide, et
qui hésite à rétablir les tours, à assister les malheureuses
abandonnées par leur séducteur, de peur d'encourager
le désordre des mœurs, ou de faire à des femmes perdues,

comme cela s'est vu, une situation de faveur que puissent envier d'honnêtes mères de famille ! Qui n'a fait vœu de garder la main et la bourse impitoyablement fermées dans la rue, après avoir lu quelque histoire de mendiant mort sur une paillasse bourrée de titres de rente? Et inversement, à côté de ces invraisemblables capitalistes du porche et du parapet, que de pauvres gens ayant à peu près, mais bien juste de quoi vivre, ne découragent pas moins la bienfaisance par leur insouciance et leur prodigalité relative !

Tant que la charité était considérée comme une vertu proprement intérieure et individuelle, tant que, par suite, on y envisageait surtout le mérite du sacrifice plutôt que l'efficacité du secours, la manière de donner et l'application du don importaient peu. La mendicité même, qui plus est, devenait sous la forme du vœu de pauvreté une vertu complémentaire de la charité. Il n'est plus possible, aujourd'hui de se placer à ce point de vue; on demande des comptes à la charité; et si dans son bilan le produit net n'apparaît pas suffisant, elle n'a aucun crédit à espérer.

Mais à tout prendre, que démontrent les observations que je viens de résumer, même si elles sont parfaitement exactes? Simplement ceci, dont personne ne doute, qu'il y a de mauvaises manières d'exercer la charité. Mais cela n'empêcherait pas qu'il n'y en eût de bonnes, et que, dans son véritable principe, la charité ne fût innocente des maladresses qu'on peut commettre en son nom. Avant toutefois de la défendre, nous devons opposer à ses adversaires une demande reconventionnelle : La sélection a-t-elle tous les avantages qu'on lui prête, est-elle un sûr facteur du progrès?

Une observation, même très rapide, de l'histoire du monde animal ou végétal montre avec évidence que toute force n'est pas une garantie de survie. Toutes les espèces gigantesques des âges préhistoriques ont disparu et ont été remplacées par des spécimens plus modestes. A la place des grandes fougères arborescentes de la période houillère, d'humbles plantes cachées sous les bois; disrus le Mastodonte et le Mammouth, et ces dinosauriens plus fantastiques encore que nous a révélés l'Amérique et dont l'un, récemment découvert par M. Reed, au Colorado, aurait atteint 4o mètres de long et 8 de hauteur. Et nombre de grandes et fortes espèces se sont récemment éteintes ou sont en voie d'extinction : tels l'Æpyornis de Madagascar et le Dinornis de Nouvelle-Zélande, la baleine ou le lion. Ces faits nous montrent qu'à certains égards, *la force est une faiblesse.* La nécessité pour ces êtres puissants d'une nourriture abondante, l'isolement où, par suite, ils sont condamnés d'ordinaire à vivre, et qui les prive des avantages de l'association, leur faible fécondité sont autant d'inconvénients liés à leur force même. Et inversement *la faiblesse peut être une force,* et la fable du lion et du moucheron peut exprimer un fait biologique souvent vérifié autant qu'une allégorie morale. L'insaisissable microbe terrasse l'homme.

M. de Quatrefages rapporte que devant une invasion du gros rat de Russie, le rat gris succomba, tandis que la souris dut à sa petitesse même d'échapper à son puissant ennemi qui ne pouvait l'atteindre dans ses retraites exiguës.

Les organismes inférieurs doivent à leur simplicité même d'offrir une moindre prise aux atteintes mortelles. Que l'on compare, pour s'en convaincre les écarts de température que peut subir un microbe, la faculté de résurrection du rotifère desséché, à la fragilité de la vie chez les animaux supérieurs et chez l'homme !

Ainsi rien n'est plus ambigu que ces idées de supériorité et d'infériorité, de force ou de faiblesse, dont abusent sans assez les définir les partisans de la sélection. Ce qui constitue un *avantage* dans la lutte pour la vie est très loin de constituer toujours pour un être donné une *supériorité* intrinsèque. Perfection et adaptation ne coïncident pas d'une façon constante. Darwin nous montre, par exemple, que la plupart des espèces de scarabées de l'île Madère sont presque dépourvues d'ailes, et il attribue ce fait à ce que les scarabées volants entraînés par les vents violents de la région ont dû être jetés à la mer et périr. Les moins bien doués sous le rapport du vol ont donc seuls dû survivre et propager l'espèce (1). Le parasitisme en particulier est une forme, et une forme souvent compliquée d'adaptation. Il est, en un certain sens, très avantageux pour un animal de n'avoir aucun effort à faire pour chercher sa nourriture, ni presque pour la digérer, et de vivre aux dépens de l'animal dont il est l'hôte. Mais partout le parasitisme est accompagné de régression. Les organes devenus inutiles se simplifient ou disparaissent et tous les êtres parasitiques, dans le monde végétal ou dans le monde animal, sont des êtres incomplets.

Ainsi la sélection avec la lutte pour la vie a eu, en bien des cas, un effet tout contraire au progrès de la structure et des fonctions.

A plus forte raison pourra-t-il en être de même dans l'humanité où la sélection est constamment traversée par toutes sortes de conditions absolument étrangères ou même contraires à la véritable supériorité de l'être humain (2). Les plus importantes de ces conditions sont les

(1) Cf. D. Decamps, *Revue Socialiste*, mai 1898, p. 572-599.
(2) Nous avons vu (T. I, 213) toutefois que même au point de vue physique la vitalité générale ne s'est pas affaiblie par la conservation artificielle des organismes les plus débiles, puisque la mortalité *à tous les âges* s'est abaissée sensiblement depuis les dates relativement récentes que nos statistiques nous permettent

conditions économiques. Les gens riches ne sont pas nécessairement les plus beaux spécimens de nature humaine, ni au point de vue physique, ni intellectuellement. Même au point de vue des services matériels rendus à la société il s'en faut bien, quoi que puissent en penser les apologistes de la concurrence, que notre organisation économique assure la plus grande richesse aux hommes les plus utiles. Cela n'empêche pas qu'une certaine aisance, sinon une grande fortune, ne soit aujourd'hui une condition fondamentale de la survie des individus, du mariage, de la continuation de la famille. Ceux que la sélection économique favorise ne sont donc pas toujours ceux qui sont socialement ni humainement les meilleurs.

A cette sélection de la concurrence économique peuvent également être imputés les maux d'une trop grande inégalité de fortune, et ces maux, au point de vue de l'intérêt général de la société ne paraissent pas douteux. C'est d'abord la déviation de la production vers des industries de luxe pur et de coûteuses inutilités, le renchérissement par suite des produits les plus indispensables à la vie moyenne, comme l'expérience de tous les jours le montre, en particulier pour les produits agricoles. Et

d'atteindre, et qu'une proportion croissante d'individus paraissent atteindre les limites extrêmes que la nature semble avoir assignées à la vie humaine. L'épuration qui serait due aux épidémies n'est pas moins illusoire. Admettons à la rigueur, ce qui est loin d'être exact, que toujours les plus forts soient respectés par des fléaux comme étaient les anciennes pestes; encore ne subsistent-ils qu'affaiblis et viciés. « Ceux qui survivent à une grave épidémie de choléra, à la petite vérole, à la diphtérie, comme nous le voyons dans les pays non civilisés, ne sont, dit Kropotkine, ni les plus forts, ni les plus sains, ni les plus intelligents. Aucun progrès ne pourrait être basé sur ces survivants, d'autant plus que tous échappent à l'épreuve avec une santé ruinée comme les chevaux transbaïkaliens, comme les équipages des expéditions arctiques ou comme la garnison d'une forteresse qui a été obligée de vivre pendant quelques mois avec des demi-rations; ils sortent de ces expériences la santé ruinée et subissent dans la suite une mortalité tout à fait anormale ». Cité par D. Decamps, *Rev. Socialiste*, juin 1898, p. 719.

ici encore on voit quelle faute c'est d'appliquer à l'humanité une loi biologique à peine vérifiée dans le monde animal. Car chez les animaux d'une même espèce, les besoins sont si limités que la différence des satisfactions qu'ils comportent d'un individu à l'autre est bien insignifiante; entre les hommes cette différence peut être immense; les animaux luttent pour un minimum, où ils s'arrêtent, alors que les besoins de l'homme se prolongent en désirs sans limite pour lesquels ils continuent à lutter. L'extrême inégalité économique est, d'autre part, fort peu favorable à la meilleure utilisation des ressources limitées dont l'homme dispose. Combien, dans notre régime, de biens soustraits, au moins pour un moment, à tout usage et dont personne ne jouit, pas même celui qui les possède ! Combien de richesses immobilisées et soustraites à la circulation, pour garantir à quelques-uns la sécurité d'une courte jouissance ! Combien, par suite d'une insuffisante pratique de l'association, d'utilités séquestrées, de privations sans compensation, de dépenses et d'efforts stériles ! Ce n'est point ici le lieu d'examiner comment on pourrait éviter ces maux, ni même s'il y a un moyen pratique de les éviter; nous voulions seulement faire sentir que la lutte pour la vie, même sous cette forme humaine qui est la concurrence économique, n'a pas toutes les vertus, et qu'elle est loin d'assurer ni le triomphe des meilleurs, ni le plus grand bien de tous.

Pour résoudre d'une manière précise la question posée, il faudrait examiner spécifiquement chaque sorte d'opérations philanthropiques, pour voir si dans son essence la charité est condamnée à être inutile ou nuisible à la société; car c'est ce que suppose la thèse que nous combattons. On s'apercevrait bien vite combien est sommaire la condamnation qu'elle prononce, et combien elle abuse de la généralité sans précision d'une théorie biologique et sociologique, au lieu d'analyser d'une manière concrète les différents cas de la question.

On devra tout d'abord mettre hors de cause les institutions par lesquelles nous avons expressément en vue de mettre en valeur des forces sociales qui risqueraient sans cela de se perdre, de rester stériles ou même de devenir positivement dangereuses : bourses scolaires, écoles d'apprentissage, établissements de sourds-muets et d'aveugles, assistance aux enfants abandonnés ou moralement abandonnés. Evidemment l'application de la philanthropie, même sous cette forme, peut encore être maladroite ; mais le principe n'en saurait être contesté. Ajoutons-y toutes les fondations ou toutes les œuvres destinées à parer à des circonstances accidentelles ou passagères, où pourraient succomber des individualités encore aptes d'ailleurs, une fois le moment difficile passé, à remplir utilement leur rôle social. Voilà notre liste d'exceptions qui va s'allonger singulièrement, car il va falloir y comprendre la plupart des établissements hospitaliers, les maternités, etc., et dans une certaine mesure une multitude de formes d'assistance telles que secours de loyer, fournitures de vivres ou de vêtements, hospitalité nocturne. La charité, la pitié en sont sans doute le principal ressort, mais l'utilité sociale en reste la véritable règle dans l'application.

Dans une troisième catégorie on peut ranger les actes et les œuvres destinés non plus à préserver, contre une perte prématurée, des forces sociales encore utilisables, mais à secourir les individus dont on ne peut plus rien attendre, lorsqu'ils ont épuisé leurs forces dans une vie sociale active et méritante. Ici, à la pitié, peut s'ajouter l'estime et la reconnaissance, à la charité un souci de justice, sans que pourtant la règle de l'utilité sociale soit nécessairement méconnue. Qui peut dire en effet jusqu'à

quel point, en offrant une retraite à la vieillesse honnête
et indigente, la société, qui pourtant n'en espère plus
rien, ne prévient pas des désespoirs d'un exemple fâcheux et des mendicités déplorables? Qui peut dire combien de tort ne fait pas à la société le spectacle démora-
lisant d'une vie loyale et laborieuse aboutissant, par suite
de circonstances inéluctables, à une détresse imméritée?
Ce qu'on peut envisager avec M. Fouillée comme « justice réparative », ne peut-on pas aussi, sous un autre
rapport, le considérer comme une *charité préventive?*
N'y a-t-il pas là encore, un moyen indirect de sauver un
certain nombre d'énergies sociales (1)?

On ne pourrait se lasser d'insister, au sujet de ces premières formes de l'assistance, sur ce qu'a de vague l'idée
de sélection appliquée à la société humaine. C'est que ce
qui fait la valeur humaine et sociale d'un individu n'est
pas la force brutale qui lui permet de triompher. Le génie
peut être pauvre et malade. Victor Hugo naissant eût
été, à Sparte, jeté au Barathre. D'Alembert aurait dû
périr sur les marches de Saint-Jean-le-Rond. Et il en est
de même pour les peuples. Peut-on affirmer que l'humanité ait beaucoup gagné au triomphe des Barbares sur
Rome, à la prise d'Alexandrie par les Arabes, ou de Cons-
tantinople par les Turcs, à la victoire des canons Krupp
et du militarisme prussien? Ce retour de la science positive au « jugement de Dieu » ne serait pas sans étonner.
Inversement ce qui fait la force de l'individu dans la
société n'est pas non plus toujours ce qui est le plus
conforme au bien social. « Le laissez-faire absolu n'amé-
nerait pas les bons résultats qu'en espère la sociologie...
L'héritier d'un grand nom jouira de son opulence et fera

____

(1) Au reste, cette forme d'assistance tend à se restreindre, au
fur et à mesure que l'assurance et le mutualisme se développent.
Car à la place de l'assistance proprement dite, on a alors une
sorte de self-assistance individuelle ou collective.

souche, fût-il mal constitué et malingre, et si un Hercule ou un Apollon veut lui enlever ses écus ou sa femme, pour appliquer la loi spencérienne de la sélection et de la survie des mieux doués, il sera envoyé sur l'échafaud (1) ». On ne saurait vraiment admettre que la société humaine se résignât à s'appliquer à elle-même les règles d'une sélection anti-humaine. Quand nous savons dévier la sélection pour produire, dans l'intérêt de notre nourriture, des bœufs empâtés de chairs et de graisse, des oies au foie hypertrophié et des porcs incapables de se porter sur leurs jambes, quand pour l'agrément ou la fécondité de nos jardins nous créons des fleurs monstrueuses et tordons les arbres en espaliers symétriques, quand enfin nous dérangeons la nature entière pour la soumettre aux fins humaines, nous abandonnerions au contraire l'homme à la nature brute pour qu'elle en fasse ce qu'il lui plairait et nous lui demanderions docilement de déterminer les destinées de notre race! Quelle contradiction!

On nous parle sans cesse de la « conservation artificielle » des plus faibles; mais le premier qui a imaginé l'arc ou la massue pour se défendre contre les bêtes féroces, ou qui s'est protégé du froid par un vêtement, s'est aussi conservé artificiellement : naturellement il était le plus faible. Où est la vraie *nature*, où est la vraie *force*, où est la vraie *supériorité?* Voilà ce qu'il faudrait nous dire pour donner un sens à des idées soi-disant scientifiques, et en réalité très vagues de « sélection naturelle », de triomphe des plus « forts », « d'avantages naturels de la supériorité ». Puisqu'on se plaît à faire rentrer l'homme dans la nature, il faudrait s'habituer à regarder comme naturelles aussi les forces proprement humaines.

(1) De Laveleye. *Le gouvernement dans la démocratie*, I, 38, Paris, F. Alcan. Cf. *Socialisme contemporain*, 5e édit., p. 384.

Toutes les institutions et tous les actes sociaux qui contribuent à sauver ce qu'il y a d'humain dans l'homme, contre ce qu'il y a d'inhumain dans la nature, ou même dans l'humanité, l'intelligence contre la force brutale, la bonne volonté contre la malchance, le génie contre la misère, tout cela, c'est aussi de la sélection.

Resterait donc à examiner le cas des dégénérés, des infirmes, des êtres irrémédiablement inutiles et improproductifs. Quoique les œuvres d'assistance qui y correspondent soient assez restreintes comparativement à celles que nous avons précédemment justifiées, comme c'est là que l'objection a le plus de force et paraît la plus décisive, il faut bien examiner ce cas à notre point de vue.

Tout d'abord on peut prétendre que presque toujours c'est la société qui se protège elle-même contre les dégénérés, bien plus qu'elle ne les protège contre eux-mêmes à ses dépens. Quand nous internons les fous, les névropathes, c'est surtout pour nous mettre nous-mêmes à l'abri de leurs imprévisibles et dangereux caprices. Les hôpitaux où l'on recueille les tuberculeux diminuent les chances de contagion; ce n'était pas dans l'intérêt des lépreux qu'étaient autrefois organisées les léproseries (1). Il importe de distinguer l'*incurabilité individuelle* et l'*incurabilité sociale*. Un lépreux peut être incurable, même aujourd'hui; et pourtant la lèpre comme mal endémique a complètement disparu dans les sociétés civili-

____

(1) On m'objectera peut-être qu'aussi les léproseries n'étaient guère « charitables ». Mais cela n'en valait pas mieux au point de vue où nous nous plaçons ici. Car d'un côté le foyer de la contagion devenait plus pestilentiel et plus dangereux par la négligence et le manque de soins; d'autre part les malades atteints et leur famille étaient d'autant plus portés à dissimuler le mal, pour le plus grand péril de leur entourage. La lèpre aurait plus vite disparu sans doute, si à l'isolement, qui était rationnel, se fussent ajoutés les soins. Ici ce n'est donc pas la pitié, c'est le manque de pitié qui a entretenu le mal. On pourrait faire des observations analogues sur l'ancien et le nouveau régime appliqué aux aliénés.

sées, grâce à une certaine hygiène et à une suffisante
assistance préventive. Ce n'est pas la sélection brutale,
mais une charité intelligente qui a abouti à la supres-
sion du fléau. Il doit sans doute en être de même des
autres fléaux qui déciment les sociétés contemporaines.

Il est donc vraiment trop simpliste de nous proposer
d'abandonner tous les malheureux à leurs chances naturelles de mort. Sans doute ils finiront par succomber;
mais ils commenceront par faire un bien plus grand
nombre de victimes s'il sont mêlés aux gens sains que
s'ils en sont séparés. On voit ici déjà combien est illusoire la solution du « laissez faire, laissez passer » en
pareille matière, et combien le résultat qu'on en obtiendrait serait éloigné de celui qu'on vise.

D'ailleurs, si les institutions publiques ou les œuvres
organisées par l'association privée abandonnent ces dés-
hérités, autant dire qu'ils sont adressés à la charité des
individus, qui est précisément la plus coûteuse, la moins
bien informée, la plus aveugle, finalement la plus dangereuse de toutes. Par une singulière déviation de sa
thèse sélectionniste, ou plutôt par suite d'un conflit assez
piquant entre cette thèse et son individualisme qui a
horreur de toute « machinery » gouvernementale ou
administrative, c'est cette charité individuelle que
Spencer préfère (1); c'est pourtant l'individu surtout qui
fait ici obstacle à la sélection. Ainsi en comprenant les
cas de ce genre dans le ressort de l'assistance organisée,
privée ou publique, non seulement on limiterait les inconvénients sociaux de ces misères, mais on diminuerait du
même coup les inconvénients de l'assistance diffuse et
incohérente à laquelle elles auraient recours, et l'on sait
trop avec quel succès (2). Pour être vraiment conséquent

(1) *Ethics*, vol. II, part VI, ch. 7.
(2) Cf. Fouillée, *La propriété sociale et la démocratie*, p. 91,377
(F. Alcan).

dans le système de l'abandon, il faudrait y joindre une contrainte agissant dans le même sens; il faudrait que la société intervînt par exemple pour interdire aux familles de prendre à leur charge leurs membres dégénérés ou infirmes. En d'autres termes, au lieu d'intervenir pour organiser et améliorer l'assistance, il faudrait qu'elle intervînt pour l'empêcher, tant il est vrai que le laisser-faire est une solution plus verbale que réelle. Mais, outre que personne n'ose aller jusque-là, les inconvénients de cette manière de faire l'emporteraient infiniment sur ses avantages. La liberté individuelle en souffrirait plus que du régime opposé. De plus, il faudrait en venir à violenter des sentiments de sympathie et de solidarité familiale dont le maintien est on ne peut plus nécessaire à la vie sociale (1). Enfin, avec ces inconvénients indirects et généraux du système de l'abandon, il faut faire entrer en ligne de compte les avantages du système inverse. Qui peut affirmer que le trouble et l'affaiblissement résultant pour une famille de l'entretien d'un dégénéré ne fait pas finalement perdre à la société beaucoup plus que ne saurait lui coûter cet entretien obtenu par voie d'assistance organisée et collective?

Ainsi, même au point de vue du « niveau de la vie », il est loin d'être si évident que l'assistance, jusque dans ces cas désespérés, ne soit pas le meilleur calcul. Mais nous pouvons aller plus loin et nous rapprocher sensiblement du point de vue ordinaire de la charité. Car une fois qu'on a bien circonscrit le champ de l'assistance, il ne semble pas y avoir de raison plausible pour ne pas comprendre à l'actif du bonheur social le soulagement même éprouvé par les malheureux qui en reçoivent

(1) On ne peut dire qu'elle le fasse aujourd'hui, quoiqu'elle intervienne, par exemple, pour enlever, dans certains cas le fou à sa famille ; car elle intervient pour offrir l'assistance et non pour l'empêcher ; elle ne s'oppose qu'à une certaine manière de l'exercer.

les bienfaits. Assurément, tant qu'il s'agit de misères que l'individu s'est infligées à lui-même par la mauvaise conduite, la paresse ou même un excès d'imprévoyance, les adoucissements qu'on pourrait être tenté d'y apporter sont d'un mauvais exemple et constituent finalement une injustice plus ou moins condamnable. Mais personne ne propose, comme Spencer semble à chaque instant le supposer, de protéger les criminels et les paresseux, qu'il range, sous la vague rubrique d'incapables, à côté des simples maheureux affligés soit par la nature, soit même par les vices de l'organisation sociale, d'une infortune qu'on ne saurait leur reprocher. Dès qu'on a exclu de l'assistance (et tout le monde est d'accord là-dessus, quelque délicat qu'il soit d'y parvenir en pratique) le vice et l'oisiveté volontaire, il nous paraît impossible de ne pas trouver un accroissement de bonheur moyen dans l'adoucissement apporté à certains maux. La plus grande prospérité économique d'un peuple ne se mesure pas au nombre des millionnaires ou des milliardaires qu'il renferme, si par ailleurs le paupérisme sévit davantage. La plus grande vitalité d'une nation ne consisterait pas à renfermer le plus grand nombre de centenaires si ce problématique avantage devait être acheté par une mortalité relativement forte aux âges inférieurs. Il faut mesurer la plus grande aisance moyenne, la plus grande durée moyenne de la vie. De même, pour le bonheur général, il est impossible de ne pas compter les souffrances comme quantités négatives . On me répondra, il est vrai, que la vie moyenne finirait par être prolongée sans l'être aux dépens de la longévité, et la race entière par devenir plus robuste, que l'aisance moyenne serait accrue grâce à la disparition des incapables, si l'on appliquait sans réserve le système de la sélection et de l'abandon. Mais, outre l'impossibilité déjà constatée d'appliquer rigoureusement ce système, il n'est pas certain que ce régime hypothétique produise les résultats qu'on en attend. Empêcherait-il mieux les incapables de faire souche, et le système de l'assistance bien entendue ne l'empêche-t-il pas au contraire dans une large mesure et d'autant mieux qu'il est mieux organisé? Et quant à l'aisance, on sait que ce n'est pas l'incapacité qui crée le paupérisme autant que le paupérisme crée l'incapacité, que l'existence des fortunes démesurées coïncide avec celle des misères extrêmes; qu'en d'autres termes, ni les unes ni les autres ne sont dues à des causes proprement naturelles, mais à des causes d'ordre social.

D'un autre côté, s'il est nombre de maux que la sélection la plus radicale ne supprimerait pas, il est certains avantages qu'elle ne développerait pas. « Il paraît certain, dit un anthropologiste qui est pourtant un sélectionniste (1), que la mortalité précoce des gros cerveaux est plus grande, et d'autre part, comme les classes élevées et intelligentes sont en voie d'extinction permanente, il n'y a pas beaucoup de chances d'aboutir par la sélection naturelle à la multiplication des gros cerveaux et au relèvement de la moyenne. » Le même anthropologiste écrit pourtant : « Il est probable que si, dans l'espèce humaine, la fonction de reproduire était réservée par privilège exclusif aux individus d'élite de la race supérieure, au bout d'un siècle ou deux, on coudoierait les hommes de génie dans la rue, et que les équivalents de nos plus illustres savants seraient utilisés aux travaux de terrassement. » Mais justement, comme on le sait, les hommes de génie sont d'ordinaire de mauvais reproducteurs et leurs rejetons, quand ils en ont, sont souvent des gens assez médiocres. La fécondité des hommes les plus remar

____

(1) Vacher de Lapouge, *Revue intern. de sociologie*, mars 1895, p. 185.

quables, des hommes les plus utiles dans la société, n'est
point en raison des aptitudes qui font leur supériorité.
Certains hommes de talent ou de génie absorbés par le
travail intellectuel rappellent assez le sage dont parle
Renan « οὗ τὸ σπέρμα εἰς τὴν κεφαλὴν ἀνέβη » et ne propagent
point leur race ou n'ont que des rejetons débiles.
Raphaël, Pascal, Mozart, ont tout juste atteint l'âge
mûr. Descartes n'a eu qu'une fille, morte en bas
âge. Newton, Leibniz, qui ont vécu vieux, sont
morts sans avoir fait souche, sans l'avoir voulu, d'au-
cuns disent plus encore. Fontenelle disait de Malebranche
qu'il était appelé au célibat religieux également « par la
nature et par la grâce ». Compter sur la sélection pour
élever le niveau de la vie paraît donc décidément une
singulière illusion pour une sociologie « scientifique »;
c'est en dépit de ses prétentions à la positivité, être dupe
de l'abstraction et de la séduction d'une formule générale;
c'est encore oublier que l'idée de la sélection ne détermine pas par elle-même le sens dans lequel opérera la
sélection, parce que tout dépend des bases qu'on lui
donne; c'est méconnaître enfin les conditions propres de la
sélection humaine.

Au total, si une charité maladroite peut faire quelque
mal à la société humaine, une sélection aveugle en ferait
incontestablement beaucoup plus encore. N'entrevoyons-
nous pas dès lors que la charité, du moins la charité bien
exercée, pourrait être en grande partie une œuvre de sélection rectifiée, humanisée, s'efforçant de défendre
l'homme contre la nature brute, l'intelligence contre la
maladie, la bonne volonté contre l'accident, le travail
utile contre la pauvreté; une œuvre de sélection positive
travaillant à élever le niveau de la nature humaine, et
s'opposant à la sélection toute négative qui procède, et
quelquefois sans succès, par voie de sacrifices, et aux prix

d'hécatombes? Au fond, notre profonde ignorance nous interdit d'admettre de tels sacrifices sans essayer d'y échapper. Tel enfant débile se fortifie et atteindra une extrême vieillesse. Tel jeune homme a paru médiocre qui révélera du talent et quelquefois du génie dans l'âge mûr. Napoléon étudiant passait pour un incapable; Darwin fit le désespoir de son père par son peu d'assiduité au travail et remarque lui-même que l'événement qui détermina sa carrière scientifique, son voyage à bord du *Beagle*, dépendit de quelques circonstances tout à fait insignifiantes. Il nous faudrait une science que nous n'avons pas, et qui est peut-être irréalisable, pour autoriser de notre part le désespoir, le pessimisme, l'abandon de nous-mêmes et des autres. Quelle maladie est incurable? Quelle race est définitivement condamnée à la dégénérescence? Quelle espèce humaine inférieure n'est susceptible de renfermer un germe inconnu d'originalité, quelque principe caché de régénération, qui ne demande pour se manifester que des circonstances favorables? Dans le domaine de la vie nous sommes trop impuissants à créer pour ne pas tâcher de conserver.

Dans la lutte pour la vie il y a deux choses : La concurrence vitale proprement dite entre des êtres plus ou moins semblables et qui, vivant sur le même fonds, tendent à s'éliminer mutuellement; puis l'effort pour améliorer les conditions même de la vie, pour résister aux difficultés qu'oppose le milieu, effort qui amène au contraire les êtres à s'associer et à s'aider mutuellement, au plus grand profit de tous. Nous avons vu que le premier de ces faits n'avait, quant au progrès, qu'une valeur bien incertaine et bien inégale; du second, au contraire, qui est un des points de départ de l'action et du sentiment charitables, nous voyons bien nettement les incontestables bénéfices. Les animaux mêmes les éprouvent. C'est à cet ordre d'idées qu'il faut tout d'abord rattacher la charité humaine.

Et de même il y a deux choses dans l'adaptation : d'abord l'adaptation passive des êtres au milieu, avec toutes les souffrances et les morts qu'elle implique, adaptation d'ailleurs à la fois très lente et très limitée, et à laquelle un nombre relativement restreint d'individus peut atteindre; puis l'adaptation active, par laquelle l'être s'efforce de modifier le milieu à son profit, d'écarter de lui les forces destructives qui le menacent, adaptation relativement rapide et susceptible d'être facilement généralisée, soit parmi les individus d'une même génération, soit d'une génération à l'autre. C'est cette forme d'adaptation, artificielle, inventive, sociale et éminemment collective, ou au moins communicable, qui domine dans l'humanité et qui fait sa force.

Si, en effet, nous nous demandons comment le progrès s'y produit, trois réponses sont possibles. Ou bien le progrès est dû à l'élimination sélective des plus faibles et la *transmission des caractères innés* des survivants; mais cette sélection, nous l'avons vu, est tout à fait irrégulière et cette transmission, de l'aveu des biologistes les plus récents, très incertaine et en tout cas très limitée. Ou bien on comptera sur l'éducation et la *transmission héréditaire* des caractères *acquis;* mais l'éducation n'a encore qu'un pouvoir assez restreint pour modifier le fond même de la nature et surtout l'hérédité de ses acquisitions est tout à fait précaire. Ou bien, enfin, on comptera sur la *transmission extérieure et sociale,* et sur la *participation directe* et également toute sociale des avantages obtenus par les efforts individuels ou collectifs; et il semble bien que ce soit finalement le facteur le plus sûr et le plus considérable du progrès humain. Comparez ce qui peut se transmettre par voie purement biologique de la science d'un Cassini ou de l'art d'un Bach (pour prendre les exemples les plus favorables à l'hérédité) dans leurs descendants, à ce qui peut s'en communiquer socialement par l'étude de leurs œuvres et l'illumination diffuse due à leur génie! Ce qui se transmet et ce qui se partage, ce sont surtout les bienfaits des œuvres, inventions artistiques, inventions scientifiques et industrielles, institutions politiques ou sociales. Qu'est-ce à dire, sinon que le progrès vient de ce que la foule des médiocres jouit et bénéficie constamment, et presque sans délai, quelquefois même sans exception, de l'effort et de la supériorité des mieux doués? Or, qu'est-ce que cette loi, sinon la loi de la charité, non sans doute dans le sens moral et sentimental du mot, mais enfin la loi de charité quant à la réalité du fait! Et dès lors quel mal y aurait-il à l'appliquer d'une manière voulue et consciente, à la faire passer dans le cœur même des hommes?

Mais, objecte-t-on, toutes les œuvres philanthropiques coûtent, et les sacrifices qu'elles exigent doivent être comptés à leur passif et n'en compensent peut-être pas les avantages incertains.

Remarquons d'abord que l'on établit souvent fort mal ce bilan; on raisonne d'une façon toute matérialiste et pas assez psychologique en se représentant comme des valeurs égales les privations subies et les avantages reçus. Il est de règle, au contraire, que celui qui donne perd beaucoup moins, dans un bienfait bien ordonné, que ne gagne celui qui reçoit. La petite somme dont se prive l'homme aisé ne change pas sensiblement son train de vie, et bien employée, elle est quelquefois le salut pour le misérable aux prises avec la pressante nécessité. Je vais plus loin : l'abandon par les plus fortunés d'une partie de leur superflu est quelquefois un bien pour eux-mêmes; je ne veux pas parler seulement de leur perfectionnement moral, de leur caractère rendu plus indépendant, et des joies qu'ils trouvent dans les œuvres mêmes auxquelles ils se consacrent. Mais je veux dire qu'à partir d'un certain point le superflu devient nuisible à celui-là même qui veut en jouir. Ne sait-on pas, par exemple, qu'une nourriture recherchée et surabondante, l'habitude de n'aller qu'en voiture, la fréquence des veillées mondaines ruinent constamment la santé des gens riches?

On craint que la charité n'encourage l'insouciance, la paresse et le vice. Mais ne voit-on pas que si le superflu de l'homme opulent ne se dépense en œuvres de bienfaisance sociale, il ira souvent entretenir des vices fastueux, des industries artificielles, des arts futiles, de malhonnêtes parasites? L'aumône la plus maladroite ne fera jamais autant de mal que la prodigalité sans discernement, et j'aime encore mieux voir le riche secourir une misère peu méritante, que de le voir tolérer sciemment les grapillages éhontés d'une domesticité oisive ou les escroqueries reconnues d'un fournisseur sans vergogne.

Et puis, dans le bilan de la charité, on ne me paraît pas non plus compter à son prix le maintien même des sentiments sympathiques qui sont le fondement de toute vie sociale, de toute force et de tout progrès, et c'est par là que se justifient le mieux les œuvres de pure humanité. Quelle perte finale, si pour éviter une perte immédiate et partielle, on développe les sentiments contraires, si l'on encourage l'égoïsme étroit du *struggle for life !* Encore une fois si, économiquement, s'enrichir n'est pas toujours rendre service, si la concurrence conduit souvent à la fraude et à la camelote, moralement, parvenir n'est pas davantage une signe de supériorité, triompher n'est pas se perfectionner, et je crains que la « morale de la concurrence » ne nous fournisse aussi que des caractères de camelote. La culture des sentiments désintéressés, l'entretien du dévouement, valent bien des sacrifices et, au point de vue de la société, peut-il y avoir une œuvre plus utile, un placement plus avantageux?

IV

Essayons de formuler brièvement les conclusions de ce débat.

Considérée en elle-même, indépendamment des règles et des conditions de son action, la charité est un simple sentiment, et à ce titre, elle est indispensable. La plupart du temps *elle est le mobile de la justice elle-même.* Nous ne saurions *vouloir* la justice, qui par nature, s'étend à tous, si nous n'avions l'amour de nos semblables· Le droit strict serait l'immobilité; tout progrès dans l'organisation d'une plus parfaite justice sociale exige donc quelque sacrifice de la part de ceux qui bénéficient du droit présent pour établir un droit plus équitable. La *société* n'est peut-être que juste en secourant bien des misères dont elle est l'auteur anonyme et en réparant les conséquences de ses imperfections et de ses iniquités passées. Sans doute, dans l'avènement d'un nouveau droit, il faut faire la part des revendications intéressées de ceux qui en seront les bénéficiaires. Mais *l'individu* reste vraiment charitable lorsqu'il se fait volontairement l'instrument de cette justice sociale, et accepte quelque sacrifice personnel pour soulager un mal dont il n'est pas personnellement responsable.

Mais, par là même, on voit que la charité ne se suffit pas à elle-même; réduite à l'état de pur sentiment, de vertu toute subjective, elle est exposée à toutes sortes de déviations. Elle a donc besoin d'une règle, et cette règle est une règle sociale : c'est la règle de l'utilité générale et de la justice elle-même. C'est pourquoi il n'y a entre la justice et la charité aucun conflit réel. Elle ne se partagent pas, comme on le croit généralement, le domaine de la morale. Car la Charité exprimant l'amour de l'homme par l'homme, exprime en un certain sens toute la moralité, mais seulement quant à son ressort intérieur. Et la Justice exprime aussi la moralité dans toute son étendue, en tant qu'elle définit la règle à suivre et les résultats à obtenir. Que si maintenant la charité reste insouciante des résultats pratiques et des effets réels de son action, c'est vraiment alors qu'elle me paraît être « l'airain sonore et la cymbale retentissante » dont parle l'Apôtre. Sans doute, donner sans aimer, n'est rien moralement; mais faire, par sensiblerie aveugle ou religiosité pure le mal de ceux qu'on prétend aimer, faire du bien à quelques-uns aux dépens de tous, se sacrifier sans profit pour personne, voilà qui est socialement pire encore.

La charité est donc bien délicate à exercer, puisque c'est en tous que nous devons aimer chacun; elle est difficile à développer, puisque l'amour du prochain semble perdre en vivacité ce qu'il gagne en étendue et perdre en sûreté ce qu'il gagne en énergie. La force du mobile charitable semble presque en raison inverse de la sagesse de la règle. L'assistance anonyme, froide, administrative, de l'Etat ou d'une association, paraît bien peu séduisante tandis que l'exercice individuel de la charité paraît médiocrement efficace, exposé à toutes sortes d'erreurs et d'égarements. Mais cette difficulté toute psychologique n'a rien d'insoluble : c'est affaire d'éducation et d'habitude. Qui prétendrait que l'intérêt d'une œuvre soit incapable de susciter autant d'énergies, de dévouement, que l'intérêt d'une personne? Qui oserait affirmer que les grandes causes impersonnelles du bien collectif et de l'idéal social, quand surtout elles prennent la forme concrète d'institutions à établir, de droits nouveaux à conquérir, soient moins capables d'émouvoir les âmes vraiment élevées, que les sympathies et les compassions tout individuelles?

Nous sommes donc convaincus que la charité peut et doit devenir de plus en plus sociale. Sociale dans ses *objets* d'abord et dans ses *motifs*, puisque, dans le bien que nous voulons faire à quelques-uns, il faut toujours conserver le souci du bien de tous, puisqu'enfin le sentiment qui s'apitoie sur une misère particulière n'est que le commencement et le stimulant, mais non pas le terme ni la véritable perfection de la charité. Sociale ensuite dans ses *procédés*, puisque dans la charité bien organisée, il s'agira moins de procurer des satisfactions ou de dispenser d'un effort, que de réaliser les conditions où l'effort individuel est possible et n'est pas condamné à la stérilité, de fournir aux bonnes volontés un point d'appui, une première base d'opération sans lesquels il n'y a que découragement et abandon de soi, de restaurer enfin ou de créer des énergies (assistance par le travail), mais non de se substituer à elles et de les déshabituer de l'initiative. Sociale enfin par ses *moyens d'action*, puisque l'assistance organisée, soit sous forme d'œuvres privées, soit même dans une certaine mesure sous formes d'institutions publiques est, en principe, plus puissante et moins onéreuse, mieux informée, et par conséquent plus équilibrée, plus proportionnée aux vrais besoins, plus équitablement répartie dans toute la masse sociale que ne peuvent être les secours purement individuels.

C'est par là que la charité évitera les erreurs d'un subjectivisme plus ou moins mystique; mais c'est par là aussi qu'elle pourra repousser l'assaut d'un naturalisme inhumain.

Ce qu'il importe de voir, en tout cas, c'est que la charité doit pouvoir se justifier par ses résultats sociaux et humains, ou qu'alors il faudra oser, avec Spencer ou Nietzsche, la condamner comme une erreur sentimentale. Mais prétendre que l'évolution justifie le *principe* de la charité, parce qu'on voit la philantropie se développer nécessairement au cours de l'histoire et maintenir en même temps que l'évolution condamne la charité en raison de ses résultats, parce qu'elle entrave la sélection, c'est une position singulièrement inconsistante (1). C'est par là que le problème que nous venons d'étudier nous éclaire sur la méthode d'une morale positive. Loin d'être réduite en présence de la nature ou de l'histoire même à une attitude d'hétéronomie, elle leur demande sans doute des informations, mais elle reste libre de ses décisions, qui restent consciemment fondées sur la finalité de l'action humaine.

Ainsi, comme les théologiens disent que Dieu s'aime lui-même d'un amour infini, la vraie charité a donc pour limite idéale l'amour éclairé de l'humanité par l'humanité. Les sacrifices qu'elle commande, pour définitifs, et par conséquent méritoires, qu'ils puissent être de la part de l'individu, ne doivent apparaître que comme provisoires pour la société humaine. Moralement et pour la conscience de l'individu, la charité n'est peut-être que le dévouement au progrès de la justice, que l'anticipation voulue et spontanée, de la part des plus favorisés, d'un idéal supérieur de mutualité sociale, l'approximation d'une société limite, où le sacrifice et la lutte auraient l'un et l'autre disparu pour faire place à une coopération fraternelle.

(1) Cf. *L'Utilitarisme et ses nouveaux critiques*, T. I, p. 211.

III

LE LUXE (1)

Les économistes, sans méconnaître le problème du luxe, ne l'ont guère résolu qu'en le supprimant, c'est-à-dire en effaçant autant qu'ils le pouvaient toute différence scientifiquement définissable entre le luxe, l'utile et le nécessaire. Dans une large mesure, on peut penser qu'ils en avaient le droit, non seulement parce qu'en effet toute distinction absolument précise est ici impossible, mais surtout parce qu'elle est moins d'ordre économique que d'ordre moral. Au point de vue d'une économie qui traite les besoins et le travail producteur comme de simples forces naturelles, tout ce qui, dans une société donnée se produit, se produit nécessairement en vertu du jeu de ces forces. Il y a lieu d'expliquer cette production plutôt que de la juger; et le terme de luxe, employé pour caractériser certaines consommations, semble, non sans raison, renfermer un élément d'appréciation normative, plutôt que désigner une caractéristique objective.

La question est donc surtout morale, mais à ce point de vue il est impossible de l'éviter. Elle se pose non seulement dans la sphère de l'activité individuelle, mais aussi dans la sphère de la vie collective. Seulement, et

____

(1) On complètera utilement cette étude par la discussion à laquelle a donné lieu, à une date postérieure, notre exposition sur le même sujet devant la *Société française de philosophie* (*Bulletin* de juin 1902). Nous y avons ici repris quelques indications.

surtout parce que les idées du luxe qu'on peut se faire à ces deux points de vue ne coïncident pas entre elles, la solution en reste singulièrement obscure. Nous avons d'ailleurs le sentiment que nos consommations individuelles influent si peu sur l'ensemble des productions et des consommations, que notre responsabilité s'efface; nous renonçons vite à chercher sur ce point une règle de conduite, et nous nous contentons d'un équilibre tout empirique entre la coutume, nos désirs et nos facultés.

Notre demeure sociale n'est pas faite par nous, et, contraints de l'habiter telle qu'elle est, comme un locataire passager dont le bail incertain peut expirer bientôt, nous n'avons ni le pouvoir, ni parfois même le droit, ni surtout, avouons-le, le courage d'y entreprendre autre chose que de petites améliorations dans l'aménagement. Le gros œuvre échappe le plus souvent à notre contrôle; et peut-être n'y faut-il toucher qu'avec quelque prudence;, car nous avons bien de la peine à savoir si nous ne compromettrions pas la stabilité d'un édifice si complexe et dont l'équilibre est si délicat.

Ce n'est donc pas seulement notre faiblesse qui nous excuse, mais aussi notre ignorance et l'incertitude où nous sommes des répercussions de notre conduite.

Il était relativement aisé aux moralistes d'autrefois d'aborder et même de résoudre la question du luxe. Ils se plaçaient généralement en effet à un point de vue tout individuel et tout subjectif. Les uns, comme les cyniques ou les stoïciens, ne considéraient, dans la multiplicité des besoins et le raffinement des satisfactions, que l'asservissement de l'âme à des biens extérieurs et incertains, l'amollissement du courage, les dangers courus par l'intelligence et la rectitude du jugement. D'autres, au nom de la religion, pour des raisons plus mystiques, condamnaient le plaisir en lui-même, érigeaient en vertus la

pénitence, la pauvreté et jusqu'à l'insouciance du lende-
main. On posait, comme une affaire de doctrine, la question de savoir « si un riche peut faire son salut ». D'un
côté comme de l'autre, on ne s'occupait que de la valeur
morale de l'individu; une conception abstraite de la perfection humaine, une croyance théologique sur la vie
future, la volonté de Dieu ou le néant des biens tempo-
rels, tranchaient la question. Par un appel à des principes transcendants et sans rapport direct avec les conditions pratiques de l'existence humaine, on était dispensé
de l'examen si délicat des faits complexes de la vie sociale,
et de la discussion des résultats incertains et éloignés que
la conduite individuelle peut produire dans la vie collective. Il est toujours plus aisé de déduire une morale d'un
postulat arbitraire que de l'adapter aux réalités.

Aussi les prédications fondées sur de purs principes
n'ont pu avoir raison des tendances naturelles de
l'homme. Dès lors les économistes se sont aujourd'hui
emparés de la question du luxe, qui s'est trouvée presque
abandonnée des moralistes; et ceux-là ne la reprennent
guère, nous l'avons dit, que pour la faire presque disparaître. La religion s'est faite moins rigoureuse et s'est
accommodée au siècle; la philosophie morale s'est faite
volontiers plus théorique, et, trop longtemps, suivant
nous, a renoncé au rôle qu'elle pouvait ambitionner de
jouer dans l'éducation pratique de la conscience.

Plusieurs causes ont contribué à faire négliger par la
morale le problème du luxe. C'est d'une part que nous
nous abandonnons volontiers à une notion trop for-
maliste et trop simpliste du devoir. Nous le résumons en
quelques règles simples et très arrêtées, en un décalogue
plus ou moins étroit. Cela flatte à la fois notre paresse
d'esprit et notre faiblesse de caractère; car nous aurons à
bon compte la conscience tranquille pourvu que nous

n'ayons pas expressément violé la formule du précepte. Une telle morale est à la fois trop rigide et trop élastique. Car d'un côté elle tend à trop définir la moralité par la matérialité de certains actes accomplis ou évités, mais, de l'autre, elle laisse par cela même la conduite flotter dans une excessive indétermination dès que l'on cesse de considérer les cas relativement exceptionnels et gros où le précepte s'applique à la lettre.

Cette étroite conception morale méconnaît la complexité de la vie, l'infinie subtilité du devoir réel, les multiples et lointaines répercussions de toute notre activité; elle nous cache cette vérité essentielle, que le devoir social pénètre en réalité fort avant dans toute notre conduite privée, et ne laisse peut-être, en principe, aucun de nos actes en dehors de son contrôle. Comment, dans un pareil état d'esprit, pourrions-nous reconnaître que nos dépenses ne sauraient être moralement indifférentes, et qu'il existe, quant à la richesse, des devoirs que ne formule pas le seul précepte familier à notre conscience : le bien d'autrui tu ne prendras?

Une autre cause qui aboutit plus directement encore au même résultat, c'est le développement d'une notion absolue et individualiste de la propriété. La morale dira bien son mot sur l'acquisition de la richese; mais une fois satisfaite sur ce point, il semble qu'elle n'ait pas grand'chose à dire de l'usage que nous en faisons. Si le code définit la propriété le droit d'user et d'abuser, on peut dire que cette définition n'est pas seulement l'expression d'une convention juridique plus ou moins nécessaire, mais qu'elle traduit dans une large mesure une conviction intime de la conscience morale du temps présent, telle que l'a formée en chacun de nous le régime juridique et économique où nous vivons. La richesse une fois acquise, nous sommes volontiers persuadés que notre intérêt et notre plaisir seuls en règlent l'usage, dans la mesure du moins où nous ne portons pas une atteinte expresse aux intérêts qui nous sont directement confiés.

Nous pensons qu'il y aurait grande utilité à apporter, dans les efforts tentés de toutes parts pour vivifier et réorganiser notre éducation morale, la préoccupation de rapprocher le sentiment moral de la réalité, d'établir un contact plus intime entre la morale et l'économie sociale, de faire pénétrer l'idée du devoir, sous une forme aussi concrète que possible, dans toutes les régions de notre vie extérieure et pratique, et de faire cesser ainsi le double contresens dont nous venons de parler. La vraie moralité pratique ne réside ni dans une sentimentalité vague qu'on décorerait du nom de vie intérieure, ni dans le respect purement littéral d'une formule toute matérielle. Elle réside dans une activité réelle et efficace, consciemment dirigée par une vivante notion des fins collectives. C'est la pensée qui nous a amené à examiner ici la question spéciale du luxe. Plus précisément encore nous voudrions faire ressortir, à cette occasion, que le problème moral ne se pose pas seulement pour chaque conscience en chaque circonstance, mais qu'il embrasse la vie collective dans son ensemble et qu'il est des difficultés morales, insolubles au premier de ces points de vue, qui commencent à comporter une solution relativement sûre, sinon très précise, ni surtout aisée à mettre en œuvre, dès qu'on les pose sous cette forme : *Quel ordre social voulons-nous produire ou développer?*

I

La première difficulté que l'on rencontre quand on veut juger le luxe, est celle de le définir. En présence de ce problème tout le monde est dès l'abord frappé de la relativité du luxe. Ce qui est luxe à une époque ne l'est plus à une autre, ce qui est luxe pour une personne ne l'est pas pour une autre. C'est une vérité si évidente que nous ne jugeons pas utile de nous y arrêter, ni de citer des exemples qui pourraient sans doute être instructifs ou piquants, mais que chacun trouvera sans peine (1). Seulement, de cette relativité il ne faut pas conclure à l'impossibilité d'une définition. Il doit toujours être possible de fixer une idée, quelque délicate et incertaine qu'elle soit; nos concepts doivent toujours être précis, et le peuvent, quelque confuses que soient les choses. Supposez que nous n'ayons pas un thermomètre pour mesurer avec précision la température du corps; il n'en resterait pas moins vrai et utile à savoir que la fièvre s'apprécie à la température. De même nous devons pouvoir déterminer le critérium du luxe, quelque difficulté qu'il puisse y avoir à appliquer ce critérium aux faits concrets. C'est ce que l'on me paraît d'ordinaire avoir insuffisamment compris.

1. — On définit quelquefois le luxe comme un genre de dépense *improductive*. Si par dépense improductive on entend toute consommation qui n'est pas directement destinée à reproduire la richesse, comme la consommation du charbon dans une machine, il est clair qu'il y a beaucoup de dépenses improductives qui ne sont pas de luxe. Par exemple, sans parler des capitaux engloutis dans des entreprises malheureuses, l'entretien d'une armée, d'une police, d'une magistrature, est souvent considéré comme une dépense inproductive en elle-même, quoique nécessaire à la production. A plus forte raison en est-il de même des dépenses servant à l'entretien de

(1) Cf. P. Leroy-Beaulieu. *Revue des Deux Mondes*, 1894, VI, p. 73.

personnes qui ne contribuent pas même indirectement à la production, comme un rentier, un retraité. Ce ne sont pourtant pas là des consommations de luxe. Il faudra donc, parmi les consommations improductives, distinguer les consommations de luxe par un caractère particulier. On les définira donc comme étant celles qui ne sont pas utiles à l'entretien d'une personne (1). Mais ici commencera la difficulté; car les consommations d'un homme qui ne boirait que du champagne, ne mangerait que des cailles truffées ou des mauviettes, seraient bien des consommations utiles à son entretien. Le luxe et le nécessaire seraient ici intimement confondus. Il y a plus: sans pousser jusqu'à cette hypothèse fantaisiste, il peut y avoir pour une personne donnée des dépenses utiles à son entretien, et qui pourtant seraient pour elle un luxe; par exemple, c'est encore un luxe pour la plupart d'entre nous d'avoir chez soi une salle de bains, quoique ce soit là une commodité précieuse, et favorable à la bonne santé; seulement nous ne pourrions l'obtenir qu'au préjudice de satisfactions plus urgentes encore.

Nous sommes donc amenés à remplacer, dans la définition, l'idée d'utilité par celle de nécessité.

Définira-t-on alors, comme on y est le plus immédiatement et le plus généralement porté, l'idée du luxe par les idées de *superflu* et de *strict nécessaire?* Mais ce sont là des idées absolument vagues. De quoi ne peut-on véritablement se passer? Diogène jetait son écuelle. On peut aller plus loin encore; le fakir qui s'hypnotise, avale sa langue, arrête sa respiration et se met enfin dans cet état de léthargie où il peut être impunément enterré pendant des semaines, prêt cependant à ressusciter moyennant certaines précautions, est arrivé à se passer de tout,

(1) Levasseur, *Précis d'Econ. pol.*, 407.

même de nourriture et d'air respirable. Mais il est clair que dans ces conditions, ce qui lui reste de vie latente est sans usage et par suite constitue encore un superflu. Si l'on s'engage dans cette voie, qui est celle du pessimisme, on arrive naturellement à cette conclusion, que la vie même est de trop. Inversement, si vous admettez que quelque chose soit nécessaire, c'est que vous commencez par supposer et par accepter le vouloir-vivre; alors vous devez conclure au développement des besoins. La morale de la restriction des besoins ne saurait donc être admise en principe, ni d'une façon absolue, car ce serait alors simplement la morale du suicide. Elle n'est vraie que par rapport aux besoins qu'on aura pu déjà déclarer illégitimes ou intempestifs, et la question est précisément de savoir à quoi on les reconnaîtra tels, et au nom de quoi on les jugera tels. Mais les économistes ont bien raison en gros de reconnaître dans le développement des besoins à la fois un effet et une condition du progrès. M. Levasseur, par exemple, dans l'*Ouvrier Américain*, remarque que l'ouvrier américain a un *standard of life* sensiblement supérieur à celui de l'ouvrier européen, et loin d'y trouver un mal, il voit là un signe d'un état social supérieur et aussi un fait en corrélation avec une plus grande productivité du travail. Il est même à la fois inévitable et indispensable que le développement des besoins anticipe sur celui de notre pouvoir de les satisfaire pour que l'activité humaine reste en mouvement et que nos facultés de production s'accroissent.

Si l'idée du superflu est tout à fait insuffisante pour définir le luxe, suffira-t-il de la combiner avec celle de *cherté*, comme le veut M. de Laveleye? Mais qu'est-ce qui est cher, ou pour mieux dire *trop* cher? Un produit peut être trop cher de plusieurs façons :

1° D'une part un objet peut être trop cher par rapport

à la satisfaction qu'il procure. Mais si un produit de luxe trouve acheteur à un prix très élevé, c'est qu'en définitive il n'est pas trop cher pour un certain nombre de personnes qui se le disputent; souvent même cette cherté vient beaucoup plus de la concurrence des acheteurs entre eux que du travail que l'objet a coûté à produire (1). Suivant la juste remarque de M. Leroy-Beaulieu, une bouteille de Clos-Vougeot à sept ou huit francs n'a pas coûté beaucoup plus de travail qu'une bouteille de vin ordinaire à quinze sous. Elle doit donc sa valeur vénale presque uniquement à la concurrence des gourmets en présence d'une offre restreinte. A quoi jugerons-nous donc qu'un prix déterminé par l'abondance relative de la demande vis à vis de l'offre est un prix excessif? Rien n'est donc plus vague que cette notion de cherté, et en particulier de cherté excessive. Elle suppose évidemment, ici, un jugement porté non pas seulement sur l'intensité des besoins, mais sur leur valeur intrinsèque relative et l'opportunité qu'il peut y avoir à les satisfaire.

2° Un objet peut être trop cher en ce sens qu'il est surfait, et que ce qu'il coûte n'est pas en rapport avec le travail qu'il a exigé. Mais, d'abord, l'acheteur d'un produit de luxe ne tient pas plus à être exploité que n'importe quel acheteur. Quoique en général, celui qui fait une dépense de luxe soit plutôt mauvais marchandeur, la vraie question n'est pas de savoir si l'objet de luxe a coûté beaucoup de travail, mais si ce travail vaut la peine qu'on le paye, mérite qu'on le provoque et qu'on l'entretienne. Or ce n'est pas évidemment l'acheteur d'un tel produit que nous laissons seul juge de la question. Par le fait même de son achat, il la résout dans le sens de l'affirmative, quoiqu'il ne se rende pas, à vrai dire,

____

(1) Cf. *Justice et Socialisme*, II, 17.

toujours bien compte de la chose, et nous posons cependat la question de savoir s'il n'a pas tort. C'est donc que, en dehors de la valeur de fait et purement économique d'un produit ou d'un travail, nous jugeons qu'il a une valeur proprement sociale, dont il s'agirait de trouver le critère.

Ainsi quand nous jugeons qu'une consommation, dans un cas donné, est un luxe, et que nous blâmons ce luxe, c'est toujours que nous supposons une distinction entre la valeur en fait et la valeur en droit des consommations. C'est, plus précisément, que nous nous croyons en état *d'apprécier la valeur des satisfactions indépendamment du plaisir obtenu par ceux mêmes qui les recherchent, et la valeur du travail indépendamment de l'effort même qu'il demande à celui qui l'accomplit.* Nous supposons implicitement, sans l'avoir bien nettement présente à l'esprit, une base d'appréciation objective, ou supra-individuelle, d'où il résulterait que certains besoins, même réellement éprouvés, ne devraient pas être satisfaits, et que certains travaux, même quand on peut les payer ne devraient pas être accomplis ni provoqués.

2. — Sans pousser plus loin l'examen des définitions insuffisantes ou inexactes du luxe, essayons de découvrir ce qui caractérise le luxe comme tel. Une première remarque nous guidera. Ce qui obscurcit singulièrement tous les jugements que l'on porte sur le luxe, et l'idée même que l'on s'en fait, c'est que le point de vue où l'on se place est mal déterminé, et change souvent d'un instant à l'autre. Non seulement ce qui est un luxe pour un homme donné ou dans un état social donné ne l'est pas pour un autre homme ou dans une autre société, mais en réalité le terme de luxe implique deux idées distinctes, quoique souvent emmêlées l'une dans l'autre. Si le luxe est relatif, il implique une comparaison. Et nous allons

voir que les termes qui entrent dans cette comparaison ne sont pas toujours de même sorte, lorsqu'on parle du luxe. Demandons-nous donc quels sont les termes que l'on compare pour qualifier une consommation comme un luxe.

On peut comparer, et intuitivement on compare en effet, tantôt les diverses satisfactions d'une même personne donnée, tantôt l'ensemble des satisfactions de personnes diverses, et l'on arrive par là à deux idées très différentes du luxe.

Si d'abord on compare les divers besoins ou satisfactions d'une même personne, on se place à un point de vue qu'on pourrait appeler biologique (1). A ce point de vue, on admet tacitement ou expressément une hiérarchie des besoins allant de ceux dont la satisfaction est le plus immédiatement indispensable au maintien de la vie physique, à ceux qui correspondent au développement le plus complet de nos facultés les plus élevées. On appellera luxe dans ce cas *l'interversion dans l'ordre de ces satisfactions*, le sacrifice d'un besoin de premier rang à un besoin de second rang. Sans doute il est extrêmement difficile dans le détail de déterminer cette hiérarchie; cependant on sent bien qu'en gros elle existe, et l'on voit clairement qu'on la méconnaît, si, par exem-

<hr>

(1) Dans la brillante discussion dont il a honoré notre exposé (*Bulletin* de la Société Française de Philosophie, juin 1902), M. Tarde nous a objecté qu' « il n'y a pas de luxe biologique. *Rien de trop* est la devise de la vie ». Il y a ici une confusion. M. Tarde a peut-être raison s'il veut seulement dire par là que « les dépenses de luxe répondent toujours à des besoins d'origine sociale ». Quels sont d'ailleurs les besoins humains qui ne sont pas sociaux de quelque manière? En employant, faute de mieux, le terme de biologique nous entendons indiquer, non l'origine des besoins, mais le fait qu'ici, le terme de luxe est employé pour caractériser un rapport entre les besoins et les satisfactions d'un seul et même individu. Ce qui justifie le mieux l'emploi de ce terme, c'est qu'en effet il existe un conditionnement biologique naturel des fonctions. Le cerveau fonctionne mal et les produits supérieurs de notre activité sont compromis, si la nourriture et l'exercice sont insuffisants ou excessifs, etc.

ple, n'ayant qu'une nourriture insuffisante ou malsaine, on dépense pour fumer ou même pour cultiver un art de pur agrément les ressources qui permettraient d'améliorer l'alimentation. En tout cas, la difficulté d'appliquer cette règle n'empêche pas de reconnaître là un sens distinct et spécial du terme de luxe. Le luxe, dans ce premier sens, tend à s'opposer au simple confortable avec lequel on le confond d'ordinaire. Et moralement le problème serait alors de savoir quelle serait la répercussion du déséquilibre des satisfactions individuelles sur la société ou même sur la race humaine.

Si maintenant nous comparons entre elles les satisfactions des différentes personnes, nous obtiendrons un résultat tout différent. Supposons, pour faciliter l'analyse, que la hiérarchie dont il vient d'être question soit aussi parfaitement que possible respectée par tous les membres d'une société, mais qu'en même temps il existe entre ces hommes, comme dans la réalité, une grande inégalité, soit des fortunes, soit même simplement des facultés de travail et de production. Dans cette hypothèse il n'y aurait plus de luxe au sens individuel et biologique du mot, car chacun satisferait l'ensemble de ses besoins dans l'ordre voulu, selon ses ressources, obtenant ainsi le développement maximum de sa personne physique et morale; mais il y aurait encore du luxe au sens social du mot. Serait en effet un luxe, à ce point devue, *toute satisfaction qui serait inaccessible au revenu moyen* raisonnablement administré, selon l'hypothèse, d'une personne dans la société considérée. Un tel luxe n'est plus en opposition avec le confortable, mais au contraire, il peut consister, pour une très grande part, en un confortable supérieur. Nous sommes donc en présence d'une idée toute différente de la précédente et d'un critérium très distinct du critérium biologique, quoique sans cesse combinée avec

lui dans la pratique. Le problème qui se pose alors, et qui
est connexe à celui de l'inégalité des fortunes, sera
de savoir quel est l'effet social de cette inégalité des satisfactions, quelle est la répercussion que peuvent avoir
sur le bien-être social général le développement de
besoins et de satisfactions exceptionnels, même si ce développement est très fondé au point de vue des individus
qui en jouissent. Ce qui serait parfaitement légitime par
rapport au bien de l'individu, ne devient-il pas, du fait
de certaines conséquences souvent fort indirectes, en partie fâcheux et illégitime socialement? Et c'est de beaucoup la question la plus difficile.

II

La première question, celle du luxe au sens biologique
du mot, de l'interversion dans la hiérarchie normale des
besoins, se présente, en effet, comme beaucoup plus simple.

1. — En fait, tout d'abord, quelque difficulté qu'il y
ait à déterminer cette hiérarchie, qui est d'ailleurs assez
variable avec les temps et les races, il est impossible de
nier qu'il en existe une et que tous les besoins ne sont
pas sur le même plan. L'organisation de l'impôt dans
tous les pays est une manifestation économique plus ou
moins accentuée de la reconnaissance de cette vérité.
Après avoir pesé, comme la Gabelle, sur des consommations de première nécessité, l'impôt indirect s'est porté
de plus en plus sur les produits jugés moins immédiatement nécessaires à la vie et constituant à un degré quelconque un superflu. Au moyen, soit de monopoles, soit
de droits de douane, soit de taxes ordinaires, c'est le
tabac, l'alcool, le thé, le café, le sucre, ce sont les che-

vaux et les voitures, les chiens, les billards et les bicyclettes qui sont frappés, à peu près dans tous les pays, et ainsi une bonne part des impôts de consommation offre un caractère somptuaire; non sans doute qu'ils visent expressément à réprimer le luxe, mais du moins en ce sens qu'ils le distinguent pourtant du nécessaire, et semblent présumer par conséquent que dans une économie individuelle bien réglée, les besoins ainsi frappés doivent être en moyenne les derniers satisfaits. A plus forte raison la conception de l'impôt progressif ou dégressif repose-t-elle sur une idée du même genre.

Si donc, en fait, la réalité d'une telle hiérarchie ne semble pas contestable, en droit on n'hésitera guère à condamner dans la vie individuelle la fantaisie ou l'imprudence qui sacrifie le confortable au plaisir, la sécurité de la vie à l'intensité des satisfactions momentanées, l'ampleur de l'existence à quelques raffinements capables de séduire les sens, l'imagination, la vanité, ou même l'intelligence.

Pourtant, quoique dans les cas extrêmes on aperçoive bien les maux qu'entraîne, pour l'individu comme pour la société, le défaut d'équilibre, de proportion et d'ordre dans les satisfactions, il faut se garder, même ici, d'une sévérité hâtive et excessive. Elle pourrait nous amener trop logiquement à regretter que les poètes aient paru avant les ingénieurs et que les temples aient précédé les maisons de rapport. Il a sans doute été bon pour l'humanité, en même temps qu'inévitable, qu'il y ait eu dans le développement de ses besoins une certaine irrégularité et une certaine fantaisie, apparentes au moins. Une positivité comme celle dont nous faisons volontiers aujourd'hui la mesure et la règle de la valeur des besoins, ne pouvait guère se développer de bonne heure, puisque aussi bien les moyens mêmes de la satisfaire n'exis-

taient pas encore. Et l'humanité y a peut-être gagné
une floraison plus précoce de sentiments héroïques ou
délicats, une certaine habitude du désintéressement et un
certain goût de la beauté qu'un souci prématuré du bien-
être eût étouffés et qui n'auraient pu sans doute germer
plus tard, dans une humanité plus savante et plus indus-
trieuse, plus soucieuse enfin d'améliorer pratiquement
les conditions de l'existence matérielle. On ne saurait
sans doute ériger en règle absolue cette insouciance primitive, mais on n'ose davantage la regretter en fait. Je
n'aurais pas le courage de blâmer le veillard de Tarente,
qui n'était d'ailleurs probablement qu'un vieux pirate
cilicien déporté, de n'avoir pas arraché de son jardin les
lis et les verveines pour étendre ses carrés de légumes.
L'imagination représente peut-être, parmi les facultés de
l'esprit, le luxe par excellence, et cependant elle s'est
développée la première, et il n'a pu en être autrement.
La science aussi a commencé par être un véritable luxe
aussi bien que le sont à notre point de vue la religion et
l'art primitifs; et l'esprit grec se complaisait aux spéculations géométriques et aux subtilités de la dialectique,
tandis que l'on continuait à moudre le blé à bras d'hommes et à quêter son feu chez le voisin. Mais, comme le
dit Condorcet, « le matelot qu'une exacte observation
de longitude préserve du naufrage doit la vie à une théorie conçue deux mille ans auparavant par des hommes de
génie, qui avaient en vue de simples spéculations géométriques (1) ».

Il n'est pas jusqu'à l'industrie dont les premières tentatives proprement scientifiques n'aient eu souvent pour
objet des mécanismes ingénieux, comme la fontaine de
Héron, plus comparables à des jouets intéressants qu'à

____

(1) Cité par A. Comte. *Cours de Phil. pos.*, 3ᵉ éd. I, 53

des machines vraiment utiles. De nos jours même l'industrie a des fantaisies un peu plus grosses, mais du même genre. Je vois un éminent penseur, M. Secrétan (1), désigner la Tour Eiffel comme un spécimen de luxe bête et de travail sans valeur. On peut croire qu'en effet il aurait mieux valu construire un pont; et pourtant, c'est peut-être cette étrange expérience, qui, indépendamment de quelques services directs possibles, déterminera d'autres constructions utiles, qu'on n'eût pas osé entreprendre auparavant.

Ainsi, dans l'ensemble de l'humanité, il est bien difficile de déterminer ce qui a été, ou ce qui eût été le plus utile. A bien des égards, la hiérarchie que nous établissons aujourd'hui dans nos besoins, et d'après laquelle nous sommes trop tentés de juger le passé, et même l'avenir, a quelque chose de fort contingent. Ce qui, peut-être simplement en vertu d'une habitude acquise, nous apparaît comme l'utile et même le nécessaire, pourrait bien n'être souvent que le superflu; et inversement, suivant le mot de Voltaire un peu librement interprété, ce que nous qualifions de superflu pourrait bien avoir pour l'avenir humain une valeur autrement importante. « On n'imagine pas, nous dit par exemple M. Richet (2), à quel point notre alimentation est affaire de luxe. Que l'on compare la nourriture d'un bourgeois de Paris aisé à celle d'un paysan français du xvii° siècle ou d'un moujick contemporain, et l'on verra que, dans la nourriture d'un bourgeois, tout ou presque tout est affaire de luxe. Le pain blanc, la viande, les légumes frais, le vin, le café, ce sont des aliments dont il pourrait se passer sans être exposé à mourir de faim· Mais il est habitué à ce

(1) *Études sociales*, p. 282.
(2) *Revue Rose*, 12 mars 1892.

luxe et cette alimentation si recherchée lui est devenue indispensable. »

M. Richet définit vraiment le luxe d'une manière un peu étroite, s'il qualifie ainsi tout ce qui n'est pas indispensable pour nous empêcher de mourir de faim, mais on sent néanmoins ici que nos besoins sont en grande partie un produit historique et social assez variable, qu'il faut se garder d'ériger en règle absolue. D'autre part, on voit inversement que l'histoire, et l'ordre dans lequel l'humanité a vu ses besoins se développer, ne sauraient non plus nous renseigner d'une manière rigoureuse sur leur hiérarchie véritable.

Ces réserves faites, si la valeur respective des besoins peut changer notablement avec les conditions du milieu physique ou social, il reste pourtant que pour un milieu donné, pour un état de civilisation donné, elle comporte une certaine règle d'appréciation, elle est déterminée par une certaine idée du maximum de vie. On voit très bien par exemple qu'un ancien eût sacrifié beaucoup en sacrifiant la poésie et l'art de la parole, parce que la science était alors rudimentaire et incertaine; tandis qu'aujourd'hui la même règle implique de la part d'un moderne un conduite bien opposée; il doit faire passer l'œuvre de l'imagination et de la rhétorique au second plan, celle de la science au premier.

C'est un lieu commun de la morale qu'il y a progrès pour la conduite individuelle dans la mesure même où l'agent subordonne plus complètement le détail de la vie au bien de la vie totale. Et cela peut s'entendre de deux manières, soit que l'on considère la systématisation de toutes les fonctions diverses de notre être, et leur harmonie en une organisation aussi complète que possible; soit qu'il s'agisse d'embrasser aussi la durée de notre existence et d'en régler le plan avec la plus lointaine prévoyance, de manière à subordonner chaque moment à la totalité. Ne pas laisser s'hypertrophier un besoin particulier aux dépens de l'être entier, ne pas sacrifier un avenir plus ou moins étendu à un présent fugitif, voilà la double règle d'une conduite vraiment raisonnable pour un être qui est à la fois organisé en lui-même et destiné à faire partie d'une organisation plus vaste, la société.

Aussi le vrai progrès du sauvage au civilisé, de l'homme inculte et inconscient à l'homme réfléchi, réside-t-il dans le progrès de cette double coordination. L'épargne et l'assurance, par exemple, c'est-à-dire l'organisation économique de la prévoyance, caractérisent à ce point de vue spécial les civilisations les plus avancées. Inversement, on remarquera que le luxe, au sens biologique du mot, est quelque chose de très naturel et de très primitif. Dès que sont satisfaits les besoins les plus pressants, ceux que sans cela la nature même transformerait bien vite en un danger ou en un supplice, le sauvage songe immédiatement à l'ornement ou à la gloire, aux parures ou aux belles armes. Paresseux pour tout ce qui tient au bien-être, sans exigences en fait de vêtements, de logement, de commodité, il dépensera une somme d'efforts énorme pour des verroteries, du tabac, de l'alcool. Dans l'histoire même de la civilisation, nous trouvons nombre de faits qui confirment la même idée. « Versailles était magnifique, nous dit M. Rambaud, mais sentait mauvais ». Visitez ces galeries étincelantes de glaces et de dorures, ces salles ornées de meubles de prix et d'objets d'art. Essayez de reconstituer par la pensée cette cour luxueuse, s'il en fut, dans le décor de ce palais somptueux. Si votre imagination est celle d'un fidèle historien, au milieu de la foule brillante des courtisans chamarrés de broderies, tout bouillonnés de dentelles et de rubans, elle devra vous représenter un grand seigneur, le roi peut-être, naïvement assis sur certain fauteuil dont la commodité impose aujourd'hui plus de discrétion.

Mais restons plus près de nous. Nous pouvons voir qu'une sage ordonnance des satisfactions n'est pas ce qui caractérise les classes les moins fortunées, où elle semblerait le plus nécessaire. M. Gide remarque avec raison qu'il y a malheureusement un luxe du pauvre. Examinez le budget de l'ouvrier ou du petit employé; vous verrez que si le logement et la nourriture en absorbent, pour des raisons sociales malheureuses, une part relativement énorme, les accessoires de la vie, souvent nuisibles même, y tiennent une place tout à fait disproportionnée : le cabaret ou le café, la pipe ou le cigare, le feuilleton ou le roman, et même le jeu et le théâtre. Les besoins intermédiaires, la propreté du corps, des vêtements et de la maison, la commodité des meubles, le chauffage, les livres simples et instructifs se trouvent presque sacrifiés aux satisfactions extrêmes de la série.

M. Marcellin Pellet observe (1) que dans la classe pauvre de Naples le jeu de lotto passe avant tout et que la diminution des recettes de l'impôt du lotto, à l'époque où il écrivait, était considérée comme un symptôme particulièrement grave de la crise que traversait alors l'Italie. A la même époque, au milieu d'une crise qui jetait sur le pavé de Vienne une multitude d'ouvriers sans travail, la municipalité dut arrêter les distributions de pain parce que les victimes du chômage allaient chez les marchands de vin vendre leur part pour un petit verre, et échanger le pain de vie contre l'eau de mort. Observez dans la rue quels sont les acheteurs ordinaires de ces primeurs séduisantes pour la vue ou l'odorat, qu'avril fait apparaître aux étalages des épiceries. Ce sont sans doute en

____

(1) *Le lotto en Italie, Rev. Bleue*, 26 mars 1892.

majorité des personnes riches, ou plutôt leurs domestiques; mais ce sont aussi en grand nombre de toutes modestes ménagères, qui ont peine à joindre les deux bouts. Le locataire du premier recule encore à se payer des fraises que déjà son concierge s'en est régalé. Dans bien des mariages populaires, les fêtes de la noce absorbent une bonne partie de la dot de la mariée.

On assure que les ouvriers horlogers de Besançon, assez grassement payés, et qui pourraient se faire une situation satisfaisante, en profitent souvent pour ne travailler que deux ou trois jours par semaine, et dépensent les autres jours ce qu'ils ont gagné, vont au thâtre, se nourrissent délicatement, achètent des diamants, sauf à les mettre plus tard au mont-de-piété; et les pauvres pêcheurs de Bretagne, moins fortunés, moins raffinés aussi dans leur luxe, n'ont pas une vie beaucoup mieux ordonnée. Vienne une bonne pêche, ils feront bombance, ils fêteront joyeusement le Pardon, mais bientôt ce seront les privations et la misère (1).

Du reste, ce qui arrive aux individus se voit dans la vie des collectivités, et l'on constate encore sous ce rapport que la notion du confortable, et l'utilitarisme légitime que ce terme résume, sont choses très tardives dans l'humanité. Les hommes bâtissent des temples somptueux

(1) Ceci était écrit vers 1901. Combien ces remarques ne seraient-elles pas mieux justifiées encore aujourd'hui (1920)! Dans une classe qui n'a encore qu'une très faible éducation économique et même morale, qui n'a jamais eu l'occasion d'apprendre l'épargne ni la prévoyance, qu'on n'a jamais instruite à s'inquiéter du bien public, mais seulement à cultiver un égoïsme corporatif de plus en plus étroit, qui n'a pas eu le loisir ni la curiosité d'acquérir des goûts un peu relevés en fait de distractions ou de culture, l'énorme et subit relèvement des salaires, la réduction des heures de travail n'ont guère abouti qu'à surexciter toutes les formes du mauvais luxe de sensualité ou de vanité; la bonne chère, le cinéma, la toilette, absorbent tout ce qui pourrait servir à garantir la sécurité de la famille et peut-être à faciliter son accroissement normal. Il faut dire qu'à l'autre bout, la classe des nouveaux riches ne donne guère l'exemple d'une meilleure conduite.

à leurs divinités, alors qu'ils se contentent encore d'habitations qui nous sembleraient des masures. Ils s'imposent de coûteux sacrifices en l'honneur de leurs dieux, quand ils auraient à peine assez de toutes leurs ressources pour suffire à leurs propres besoins. Nos villes ont des théâtres avant d'avoir une bonne voirie et une bonne police. Nous bâtissons fiévreusement une Exposition pour le plaisir de quelques mois, mais Paris manque d'eau potable et de moyens de transports; bienheureux encore que les nécessités de la fête aient entraîné la création d'un métropolitain et de meilleurs quais, comme une pétillante et inutile limonade fait passer une médecine salutaire.

2. — Il est aisé de voir quelles sont les deux principales causes qui provoquent cette irrégularité dans l'ordonnance des satisfactions, ce besoin d'avoir le plus avant le moins. Elles ont été remarquées par tous ceux qui ont écrit sur la question. C'est la sensualité et l'ostentation; l'une tout intérieure et essentiellement individuelle, l'autre extérieure et de nature sociale.

La sensualité n'est guère plus facile à définir exactement au premier abord que le luxe lui-même. Ainsi, aimer à être assis sur un fauteuil rembourré plutôt que sur un banc de bois, c'est bien de la sensualité. Et pourtant, si le moraliste se montrait sévère pour ce genre de sensualité, il s'engagerait dans une voie qu'il ne pourrait suivre longtemps. Car il serait amené à condamner le bien-être même, indice d'une vie normale et bien équilibrée. Pour parler d'une façon plus précise et d'un point de vue plus élevé, il est visible que le bon état du corps et la satisfaction des organes est une condition de l'exercice des facultés supérieures. Je travaille mal dans une position par trop incommode, qui m'empêche *d'oublier mon corps.* L'artiste et le savant ne peuvent pas déployer toutes les forces de leur génie, s'ils sont réduits à lutter quotidiennement contre la misère et à s'inquiéter du pot-au-feu.

On dira peut-être que dans bien des cas la misère semble avoir été un stimulant utile des facultés les plus élevées, tandis qu'elles se sont endormies dans l'aisance, comme je risque de m'endormir aussi dans un trop bon fauteuil. Mais cette remarque n'est guère concluante, car il y aurait là, comme disent les logiciens, un sophisme d'observation incomplète. On remarque bien tous les génies qui ont été aiguillonnés par la misère, mais on les remarque seulement quand ils sont parvenus à en triompher; on ignorera toujours combien de réels talents ont été réduits à l'impuissance par les nécessités pressantes de la vie.

Il faudrait donc tout d'abord distinguer une sensualité négative, qui vise au simple bien-être et dont l'objet est précisément ce qu'on appelle le confortable, de la sensualité positive, qui vise au plaisir. Tandis que le terme naturel de la première est une sorte d'insensibilité, qui, comme nous le disions, nous permet seule d'oublier un peu notre corps, la seconde surexcite au contraire le désir et implique que la pensée de notre corps prend une place exagérée dans notre conscience. C'est surtout à cette dernière espèce de sensualité que nous pouvons nous attaquer.

Malheureusement, si la fortune et l'oisiveté la favorisent, il faut reconnaître que la pauvreté non seulement ne tend pas à la restreindre, mais tend, pour d'autres raisons, à la provoquer aussi. Là où le plus élémentaire confort est difficilement accessible, et où le corps se rappelle constamment à la pensée par le besoin et par la souffrance, on demande assez naturellement au plaisir une sorte de revanche; un équilibre éminemment instable tend à s'établir sous la forme, d'une compensation de la peine par la jouissance et remplace l'équilibre stable qui serait le simple bien-être. Mais cette apparente compensation est absolument trompeuse· L'alcoolique par exemple, paye deux fois l'excitation artificielle qu'il recherche, d'abord en argent, puis en santé et en force. Elle est prélevée à la fois sur son travail passé et sur son travail à venir.

C'est ici surtout qu'il est aisé de voir que la véritable notion du superflu s'identifie peut-être avec celle du nuisible. Si cette notion du superflu est vague et obscure, c'est peut-être parce qu'elle a la prétention illogique de se tenir à égale distance de deux opposés. Comme notre ignorance place du possible entre le vrai et le faux, comme l'imperfection de nos lois laisse subsister la tolérance entre ce qui est défendu et ce que le droit garantit, de même c'est peut-être parce que nous ne poussons pas assez loin notre observation et notre analyse, que nous concevons l'idée d'un superflu qui ne serait ni utile, ni nuisible, ou qui serait tantôt l'un, tantôt l'autre. La vérité doit être qu'on ne peut reconnaître rigoureusement le superflu qu'au dommage qu'il cause. Seulement, ce dommage peut être direct et en quelque sorte absolu, comme il arrive pour l'alcoolisme, et pour toutes les formes de la sensualité qui seraient mauvaises *alors même qu'elles ne coûteraient rien.* Ou bien ce dommage est simplement indirect et extrinsèque, quand il s'agit de satisfactions dont le seul tort est d'en empêcher d'autres plus essentielles, et d'abaisser par simple contre-coup le niveau de la vie. C'est ce qu'on pourrait soutenir sans grande chance d'erreur de l'usage, même modéré, du tabac. C'est ainsi encore que des satisfactions très légitimes en elles-mêmes, et qui relèvent plutôt du bien-être que de la sensualité, peuvent devenir condamnables dans un cas donné.

Ne quittons pas ce sujet sans remarquer que la sensualité n'est à tout prendre qu'un cas particulier, le plus grave et le plus ordinaire sans doute, mais enfin un cas particulier de l'hypertrophie d'un besoin aux dépens d'un autre. Chaque faculté comporte son luxe. Je ne pense pas sans effroi à ce qui s'imprime de livres dans le monde civilisé, et je crains que de ces montagnes de papier qui montent sans cesse, de ces Pélion et de ces Ossa que nous entassons, et sous le poids desquels nous finissons par être étouffés, il subsiste bien peu de feuillets répondant à un sérieux besoin et vraiment propres à faire faire un progrès à l'humanité. Il est donc bon de songer un peu qu'il y a une véritable intempérance intellectuelle comme il y a une intempérance des sens, et que l'ordre normal des besoins peut être par là encore gravement méconnu. Certes, c'est là une intempérance moins redoutable que l'autre, parce qu'elle n'est pas, comme l'autre, à la portée de tous. Entre la parcimonie d'A. Comte qui paraissait disposé à nous réduire aux cent cinquante volumes de sa bibliothèque positiviste, et le débordement dont nous sommes témoins, il y a pourtant, ce semble, un milieu à garder. On se demande si l'on a vraiment le droit de s'épuiser à éclaircir le mystère du Masque de fer, ou la chronologie des Pharaons, lorsque tant de problèmes scientifiques et sociaux nous obsèdent, d'où dépendent directement le maintien de la vie et le salut de la société. Je ne voudrais pas savoir quelle est la Métrique de Plaute, tant que je pourrai douter où est la justice. Je parle de l'érudition; mais que dirai-je de la fiction et de ces milliers de romans qui nous inondent annuellement? Que de temps mal employé par les auteurs et les lecteurs! On me dira que la nature procède ainsi, qu'elle prodigue

les germes pour assurer un nombre minime d'existences
développées, et qu'ainsi il faut peut-être que l'humanité
répande à profusion sa substance intellectuelle pour arriver à faire éclore une œuvre viable et capable de transmettre elle-même la vie. Mais la nature peut dépenser sans
compter; le temps et la matière ne lui coûtent rien (1);
l'humanité a ses raisons d'en être un peu plus avare; et
nous lui devons des comptes que la nature ne doit à
personne.

Par là nous voyons déjà que la règle selon laquelle
devront s'ordonner nos propres satisfactions n'est pas une
règle purement individuelle; autrement nous ne saurions
guère, au delà des besoins les plus élémentaires, et qui
seuls ont un caractère strictement vital, quelle direction
donner à notre activité. Toutes nos dépenses intellectuelles,
au point de vue de l'individu, se vaudraient. Mais en
réalité notre vie morale a aussi sa mesure. C'est par sa participation seule à la vie collective qu'elle peut s'amplifier,
par elle aussi qu'elle peut s'ordonner.

C'est ainsi que pour une nation l'art n'est un luxe, au
sens fâcheux du mot, que s'il flatte les passions grossières
du peuple, ou la curiosité blasée de quelques raffinés;
mais l'art véritable est supérieur à la fois à cette corruption, qui est au fond une méprisable industrie, et à ce
dilettantisme qui est une vanité; et comme il s'adresse
ainsi à l'homme tout entier et par conséquent aussi à tout

---

(1) Cette idée du *coût*, du *sacrifice* à faire pour obtenir un
certain résultat est essentielle dans l'idée biologique du luxe. C'est
pourquoi, répondrai-je à M. Tarde (*Bulletin de la Soc. Fr. de
Phil*, 2e Année, N° 6), je ne puis voir de *luxe* dans le coloris et
le parfum des fleurs, dans les chants et le « riche » plumage
des oiseaux; c'est par pur anthropomorphisme que nous croyon-
en trouver là. Car ces beautés ne *coûtent* rien à la nature ni à
l'animal, et ne sont pour elle que des moyens subtils d'atteindre
des fins essentielles, sans en sacrifier de plus essentielles encore.
Sexuellement en particulier, l'animal est évidemment moins
prodigue que l'homme.

homme, comme il ne s'isole pas de la vraie réalité humaine tout en songeant toujours à l'humanité idéale, cet art n'est pas proprement un luxe; il répond à un besoin universel·

Tout œuvre qui n'a pas un caractère vraiment humain, qui ne paraît pas avoir sa place naturelle et nécessaire dans le système total de la vie de l'humanité, peut être estimée un luxe nuisible. Nous vivons, dans la mesure même où nous nous sentons incorporés à ce que Comte, passant un peu rapidement à la limite, appelait le Grand-Etre.

C'est bien là que nous trouvons la règle que nous cherchions. Si elle ne paraît pas s'imposer quand il s'agit des fonctions inférieures, elle devient de plus en plus évidente à mesure que nous en considérons de plus élevées. Et en effet elle domine finalement toute la question.

La sensualité nous isole et nous sépare. On a souvent remarqué combien est peu propre à éveiller la sympathie le spectacle de la gloutonnerie, de l'appétit satisfait. Le luxe du gourmet nous paraît déjà plus excusable dans la mesure où il tend quelquefois à un certain partage, et à une satisfaction goûtée en commun; mais il est pourtant, par essence, égoïste, exclusif.

Le bien-être et le confortable ne paraissent pas encore avoir une valeur propre. Ils assurent une vie normale, équilibrée, mais ne déterminent pas l'usage de cette vie. Ils ne sont qu'un moyen et non une fin. Prend-on le confortable pour fin, il tend à acquérir le caractère d'un luxe, et nous le reconnaissons justement à ce qu'il devient alors plus nuisible qu'utile (1). Ce qui devait être un instrument

(1) Nous sommes d'accord, en ce sens, avec M. Tarde, lorsqu'il montre peu de sympathie pour l'idée du *Confort*. « luxe égoïste, dit-il, qui affecte un faux air hygiénique et moral et qui n'est que plus insolemment aristocratique en s'affirmant comme un droit... J'aime le seigneur italien de la Renaissance qui vit

et une garantie devient une charge, et un danger. Tellé la
variété bizarre de ces petits ustensiles de table qu'on
invente soi-disant pour la commodité, telle la multiplicité excessive excessive des domestiques. Nous finissons
par être esclaves de tout le mécanisme de choses et de
personnes que nous agençons autour de nous pour nous
mieux servir. Et je ne puis m'empêcher de soupçonner
que, jusqu'ici, notre industrialisme si vanté paraît malheureusement avoir eu, dans la vie collective, un effet en
grande partie analogue· Les inventions, qui semblaient
devoir accroître dans de fortes proportions le loisir
humain, ont beaucoup plus contribué à multiplier les
besoins; la société industrielle ressemble trop, la comparaison est devenue classique chez les économistes, à un
Sisyphe dont le travail est sans cesse à recommencer (1),
et qui ne gagne rien pour l'avenir aux efforts déjà accomplis.

Enfin la vie intellectuelle par elle-même, nous l'avons
montré, n'est pas non plus exempte d'un faux luxe. C'est
que, si elle s'individualise, elle dégénère en un vain dilettantisme littéraire ou même scientifique. Ceux qui s'y
livrent ressemblent alors à cette aristocratie dégénérée de
courtisans qui ne remplit plus aucune fonction sociale
et qui n'a plus aucune communion avec l'âme du peuple.

C'est donc la vie morale seule qui peut être un but véritable. Et par vie morale nous entendons précisément
non une vie toute intérieure et contemplative, mais la

frugalement pour bâtir de beaux palais et les remplir de chefs-
d'œuvre esthétiques. La satisfaction raffinée de besoins grossiers,
la satisfaction supérieure de besoins inférieurs empêche de naître
les besoins élevés de nature morale, artistique, désintéressée ».
Bulletin, etc., p. 127.

(1) Voir sur ce point·la discussion très serrée de M. Leroy-
Beaulieu dans son chapitre intitulé *Du sisyphisme et du paupérisme* (*Essai sur la répartition des richesses*, ch. xv, Paris,
F. Alcan). M. Leroy-Beaulieu d'ailleurs tend à montrer qu'on exagère cette critique de notre civilisation économique.

volonté manifestée de collaborer à une œuvre généralement humaine, s'il se peut, collective tout au moins. C'est à cette vie morale qu'il convient de mesurer la valeur de toutes nos activités. Tout ce qui tend à la favoriser, voilà le nécessaire et l'utile, tout ce qui en entrave le développement, voilà le luxe blâmable.

Seulement là encore il faut se souvenir de la relativité humaine et de la relativité du luxe. Qui veut faire l'ange fait la bête, et qui se hâte trop vers cette fin supérieure, qui anticipe sans mesure sur la réalisation des conditions capables de l'assurer, qui ne commence pas par en poser les moyens nécessaires, fait aussi du luxe, d'après la définition que nous donnions au début. Et la sagesse pratique, à ce point de vue élevé comme dans l'humble détail de la vie journalière, réside dans un progrès prudemment gradué.

3. — L'ostentation, la seconde des causes principales de l'interversion de nos satisfactions, et qu'il nous faut maintenant considérer, ne nous montre que trop quelle déviation comportent les meilleurs principes. Nous venons de poser, comme limite et comme règle au luxe individuel l'idée d'une sociabilité supérieure, de notre intégration à l'être collectif de la société ou de l'humanité. Mais la sociabilité réelle, avec ses conditions élémentaires et immédiates, oppose elle-même des obstacles à nos efforts vers cet idéal. Admettons-nous cette règle morale que A. Comte énonce : *Vivre pour autrui?* A peine l'avons-nous formulée que nous la voyons tourner à contre-sens. Il y a, en effet, une certaine manière de vivre pour autrui, qui est la plus répandue, et qui est comme la caricature de ce principe. Vivre pour autrui, c'est pour bien des gens flatter l'opinion de ceux qui vous entourent, se régler sur leur jugement, et non sur les besoins véritables de l'inaividu ou de la société, chercher à plaire plutôt qu'à être

utile, solliciter l'admiration des autres plutôt que travailler à mériter leur estime ou leur reconnaissance.

Il est relativement aisé de distinguer et de définir le luxe d'ostentation, et aussi d'en voir le côté faible. C'est celui dont les satisfactions sont de simples satisfactions d'opinion et dont nous cesserions immédiatement de tirer aucune jouissance, si nous en restions seuls témoins. Les objets que recherche ce genre de luxe constituent si peu une amélioration réelle de notre condition, ont si peu de valeur intrinsèque, qu'ils nous seraient plutôt à charge sans les regards qu'ils nous attirent. J'ai ouï parler d'une dame, qui, possédant une parure de perles d'une valeur énorme, s'en était fait fabriquer une toute semblable en perles fausses et qui valait encore plusieurs milliers de francs. Elle ne portait que la fausse. Sa vanité et l'admiration des autres y trouvaient absolument le même compte. Ici la réalité n'est rien, c'est le paraître qui est tout.

On se récrie sur le luxe de Cléopâtre faisant dissoudre dans le vinaigre une perle de 200.000 sesterces. Je vois bien ce que Cléopâtre y a perdu, puisqu'elle l'avait achetée. Mais j'avoue n'avoir jamais pu saisir ce que l'humanité y a bien pu perdre. Elle y a même peut-être gagné, en perdant une occasion de commettre une folie. C'est une leçon de haute philosophie morale (la seule, sans doute) que nous a donnée ce jour-là la belle Égyptienne. Une leçon si retentissante valait bien ses 200.000 sesterces, et c'est le professeur qui les a payés. De quoi se plaindrait-on?

Mais l'ostentation n'est pas toujours aussi inoffensive dans ses destructions. Elle est jalouse et exclusive par essence. Priver les autres d'un bien réel est pour elle un moyen courant d'accroître le plaisir de la possession. Limiter, sans autre motif, la reproduction d'œuvres d'art véritable, est déjà de l'orgueil et de l'égoïsme; mais détruire les planches ou les moules est, à mon sens, un crime public, que la conscience vulgaire commence à réprouver vivement, et qu'une législation, moins pénétrée de l'idée que de tels droits puissent s'acquérir à prix d'argent, finira bien aussi par atteindre. Il y a deux ou trois siècles, il arrivait encore que certains savants, au lieu de mettre leur honneur à publier leurs découvertes, cédaient, au contraire, à la singulière vanité d'en conserver le monopole. Un tel sentiment nous est devenu à peu près inintelligible. On aime à penser qu'il en sera de même dans un autre domaine, et qu'une plus vive conscience des droits de la société et de l'humanité parviendra et suffira à faire disparaître le vandalisme des dilettanti.

Mais l'ostentation cause indirectement d'autres maux encore. On pourrait, en effet, distinguer en face de l'*ostentation active*, qui consiste à vouloir se montrer ou se faire croire riche, et plus riche que les autres, une *ostentation passive*, celle que l'usage et des convenances plus ou moins artificielles imposent souvent, bien malgré lui, à quiconque veut tenir son rang, se mettre en règle avec l'opinion, aussi sévère que mal fondée, le plus souvent, des personnes de sa classe· Ce luxe-là est souvent odieux à ceux mêmes qui le pratiquent, et pourtant ils ne peuvent pas toujours s'y soustraire. Pour quelques femmes dont c'est toute l'occupation et le plaisir de lancer une mode, combien n'en est-il pas qui souffrent vraiment, dans leurs intérêts les plus sérieux, de la nécessité conventionnelle de mettre au rebut une toilette encore fraîche et convenable? M. de Laveleye remarque avec raison qu'il y a eu grand progrès dans la simplicité et, par suite, dans la fixité et l'uniformité de la toilette masculine. Avec le temps, grâce à une culture plus sérieuse de l'esprit et du caractère, non seulement chez la femme elle-même, mais aussi chez l'homme, on peut espérer un progrès semblable dans la toilette féminine. Mais nous sommes loin de compte. Si la toilette des femmes n'était pas, tant s'en faut, moins coûteuse ni moins compliquée aux siècles passés, du moins la mode était peut-être plus durable. Une mère pouvait transmettre ses robes à sa fille; et il y avait moins de travail et d'argent gaspillés. Peut-être surtout l'influence de la mode était-elle moins étendue, et ses ravages bornés à une classe restreinte et riche. Il faut reconnaître que sur ce point comme sur d'autres le progrès social, qui a fait disparaître les classes, n'a pas été tout entier au bénéfice des classes moyennes ou inférieures. L'existence reconnue de certaines divisions dans la société dispensait les gens de bien des dépenses en leur interdisant de sortir de leur sphère. C'est ce qu'on peut voir encore aujourd'hui assez nettement pour la catégorie sociale qui est restée chez nous la plus distincte, celle des paysans. La traditionnelle blouse bleue du campagnard français l'exonère de bien des frais sans bénéfice qui, à revenu égal, s'imposent au citadin. Elle le signale comme paysan, elle ne le signale pas comme pauvre, car elle est commune à tous ceux de sa classe, et cette heureuse uniformité dans la différenciation est tout profit pour lui, tant qu'il aura la sagesse de ne pas rougir de sa condition. L'humilité préserve de l'humiliation. La robe de bure et la ceinture de corde que sa règle impose au moine a épargné à plus d'un la honte d'un habit râpé.

Il importe donc bien de nous rendre compte que souvent, sans faire directement aucun tort à personne, sans dépasser dans notre mise ou nos habitudes extérieures ce que notre fortune nous permet, nous pouvons causer a autrui un dommage réel, quoique indirect, en pesant sur ses dépenses par nos jugements et par notre exemple. C'est exercer inversement une véritable bienfaisance que de donner l'exemple d'une vie simple et de façons d'agir peu dispendieuses. C'est, en bien des cas, une forme délicate de la charité, capable d'équivaloir à bien des dons et à bien des services, et qui pourtant ne nous coûte qu'un peu de courage et un léger sacrifice de vanité·

Un jeune lieutenant d'un corps d'élite, nous raconte-t-on, avait traversé Saint-Pétersbourg en tramway. Ses riches et aristocratiques camarades furent indignés de ce qu'ils appelaient une manque de tenue; ils se réunirent et parlèrent d'exiger la démission du coupable. L'empereur Nicolas II en est informé, prend le tram, en descend ostensiblement à la porte même de la caserne. « Je suis votre colonel, dit-il aux officiers accourus à sa rencontre, et je viens du palais en tramway; vous faut-il ma démission? »

Gardons-nous, d'ailleurs, de faire retomber tout le mal sur les initiateurs de la mode, sur ceux qui se livrent à l'ostentation active. Si nous souffrons de l'ostentation passive, nous y avons bien notre part de responsabilité. Nous encourageons le luxe dont nous nous plaignons, par notre faiblesse à réagir contre les usages que nous réprouvons, sans savoir même nous associer pour avoir contre la société le courage de notre opinion, comme l'ont fait en Angleterre les fondatrices de la ligue pour le costume rationnel (*Rational dress*). Nous nous laissons séduire par les marbres et les dorures d'un magasin, sans songer que tout ce luxe, c'est nous qui le payons dans le prix de notre pain ou de nos vêtements. Les coopératives sont, à cet égard, une excellente école; une de leurs forces, au point de vue économique, est justement d'être dispensées de tout ce luxe tapageur qui constitue une réclame inévitable de la part du commerce ordinaire, et, moralement, de faire sentir à leurs adhérents, par les avantages mêmes qu'ils en retirent, le prix de cette simplicité. Si enfin nous ne conservions trop souvent, pour la richesse, cette sorte de respect et d'admiration déraisonnables que nous a transmis un passé aristocratique, en y superposant la convoitise ou même l'envie qu'a développées la démocratie présente, la vanité du luxe provocateur perdrait toute sa raison d'être, et une grande partie de ce faux éclat disparaîtrait comme a déjà disparu, par exemple, chez les peuples les plus sérieux, l'usage conservé ailleurs par les hommes, de se charger les doigts de pierreries.

Malheureusement la honte de la pauvreté n'est pas moins développée que l'orgueil de la richesse, et l'encourage. On peut en rappeler un exemple bien singulier et bien frappant. Lorsque fut agitée à la Chambre la question de savoir si les fabricants et marchands de margarine seraient autorisés à la colorer pour lui donner l'aspect du beurre, un homme de bon sens pouvait avoir la naïveté de croire qu'il n'y aurait qu'une voix pour repousser une pareille prétention. Quand nous, contribuables, nous payons tout un service d'inspection et d'expertise pour dépister la fraude, il paraissait absurde que, par la bouche de nos représentants, nous proclamions aussi crûment le droit à la fraude. Sait-on pourtant qui se leva, entre autres, pour réclamer en faveur de ses électeurs le droit d'être volés? Ce fut un député socialiste. Il ne voulait pas qu'à l'école l'enfant de l'ouvrier pût rougir de sa tartine de margarine, devant ses camarades plus fortunés ! Mais cet ennemi des exploiteurs voulait bien que le budget du père fût grevé d'une exploitation de plus. Qu'aurait-il dit si l'on eût proposé d'allonger, sans supplément de paye, sa journée de travail? Et cela revenait pourtant au même.

Il y a donc, comme l'indiquait Proudhon, une sorte de paupérisme moral qui s'ajoute au paupérisme matériel. Ce paupérisme moral est fait de nos vanités qui nous coû-

tent par elles-mêmes bien des sacrifices, et de notre faiblesse, qui encourage l'orgueil des autres. Il frappe toutes
les classes, même celles qui ne souffriraient pas de la
vraie pauvreté. Et en ce sens il serait juste de dire avec
le même écrivain que « le plus heureux des hommes
est celui qui sait le mieux être pauvre ».

III

La question de l'ostentation nous a amenés à la deuxième partie de notre question. Il s'agit de savoir maintenant quels sont les effets sociaux, et plus particulièrement les effets économiques des dépenses de luxe que font
les personnes les plus riches, alors même que ces dépenses ne seraient pas disproportionnées avec leur fortune.

1. — Si chacun produisait lui-même tous les objets
dont il éprouve le besoin, il ne se poserait d'autre question que celle du juste équilibre individuel des satisfactions. Il est clair que le plus actif et le plus intelligent
obtiendrait une somme de satisfaction supérieure, et personne n'hésiterait à trouver la chose aussi juste que naturelle.

Mais la division du travail et l'échange modifient entiè-
rarement l'aspect de la question; car tel produit qui, dans
la première hypothèse, exigerait une somme de travail
supérieure à celle dont le plus laborieux pourrait disposer, sera au contraire très facile à produire pour un travail industrialisé et deviendra objet de consommation absolument courante ; d'autres produits au contraire con-
tinueront à exiger presque la même somme de travail,
comme c'est en grande partie le cas pour les produits
agricoles.

Il est impossible de ne pas relever ici la singulière règle

que nous propose M. de Laveleye (1). « Un objet vaut-il
la peine que je prendrais et le temps que j'emploierais
à le confectionner moi-même? Si oui, ce n'est pas du
luxe ». Mais il est visible qu'il n'est presque pas d'objet
d'usage absolument commun qui satisfasse à cette condition. Considérons le moindre tissu, le moindre usten-
sile, et demandons-nous s'il nous serait possible de les
produire avec nos seuls moyens : nous reconnaîtrons qu'il
n'en est pas un que nous puissions raisonnablement entreprendre de nous procurer dans ces conditions. Ainsi le
travail divisé et industrialisé, combiné avec l'échange
et le salariat *non seulement accroît en général la production, mais aussi modifie radicalement l'ordre des facilités
de production*, et par conséquent le caractère luxueux
ou non des produits·

Imaginons, maintenant, un état social dans lequel tous
les revenus individuels seraient sensiblement égaux. A
moins de supposer dans cette société des déviations bien
extrêmes des goûts particuliers, des excès de sensualité
ou d'ostentation que cette égalité même tendrait sans cesse
à réprimer, la production se développerait vraisemblablement sur chaque point d'une façon à peu près proportionnée aux besoins de chacun, tous les produits étant
dans la même mesure demandés par tous et accessibles
à tous. Au sens social du mot, il n'y aurait pas de luxe
dans une semblable société.

Mais considérez au contraire, ce qui est la réalité, une
société où règne une grande inégalité de revenus; deux
conséquences opposées en résulteront, et vous rendront
perplexe. Vous croirez entrevoir d'un côté qu'une portion
plus ou moins considérable du travail social va être atti-
rée vers des productions qu'un petit nombre de person-

(1) *Le Luxe*, p. 29.

nes peuvent seules consommer, et au contraire enlevée à la production des objets que tous, ou que le plus grand nombre exigent comme objets de première nécessité. D'où il suivrait, semble-t-il, que ces derniers devront renchérir. Mais inversement il semble que, par le salariat, l'argent dépensé en consommations de luxe par les plus riches retourne alimenter chez l'ouvrier des besoins plus immédiats et plus simples, et qu'ainsi le luxe même, en fournissant du travail nouveau et rémunérateur, contribue à accroître l'aisance moyenne et à rétablir en quelque mesure l'égalité.

Ainsi, en considérant avec Rousseau que « le luxe est peut-être nécessaire pour donner du pain aux pauvres », on peut se demander si, *étant donné que l'inégalité des fortunes existe, le luxe n'est pas un bien*. Mais en même temps, on peut se demander, toujours avec Rousseau, *si ce n'est pas en partie le luxe qui fait qu'il y a des pauvres* et s'il n'accroît pas, sinon l'inégalité même des fortunes, du moins l'inégalité des satisfactions.

On voit donc que rien n'est plus obscur de prime abord que la question des répercussions sociales du luxe, dès qu'on se place dans l'hypothèse qui correspond à la réalité, dans l'hypothèse de la division du travail, de l'échange, du salariat et de l'inégalité des revenus. Le pour et le contre sont ici constamment à côté l'un de l'autre.

Nous essayerons de déblayer progressivement le terrain de toutes sortes d'assertions hasardeuses, qui n'ont pas manqué dans l'espèce.

2. — Faut-il d'abord rappeler le fameux adage, tant de fois écarté par les économistes, que le luxe fait aller le commerce? Say rapporte que son père, quand il avait bu du champagne, cassait son verre, parce qu'il fallait « que tout le monde vive ». M. Baudrillart nous signale l'opinion d'un M. de Saint-Chamans, qui, supposant qu'un cata-

clysme détruise Paris, déclarait que comme homme et comme Français, il déplorerait l'événement, mais que comme économiste il ne pourrait éviter de s'en réjouir. Il est trop évident que la destruction pure et simple d'une richesse existante (nous disons destruction et non consommation) ne peut être finalement qu'une perte pour l'ensemble de la société : que les salaires payés pour recréer la richesse détruite eussent été plus utilement employés pour payer un travail nouveau et ajouter une richesse à celle qui existait déjà. De même, et pour abandonner ces exemples excessifs, lorsqu'un homme fait une dépense de luxe, on voit bien qu'il paye un travail, mais « ce qu'on ne voit pas », pour parler comme Bastiat, c'est que, s'il avait évité cette dépense, il aurait employé vraisemblablement cette même somme d'une autre manière et encouragé ainsi de ses ressources une autre industrie. A moins de supposer que l'homme riche enfouisse ses revenus dans la terre au fur et à mesure qu'il les perçoit, il faut bien admettre qu'il les emploie soit en consommations, soit en placements et que d'une façon ou de l'autre par conséquent il fait « marcher le commerce ». Le luxe n'a sous ce rapport aucun privilège.

Remarquons pourtant combien est limitée la portée de cette conclusion. Dès qu'au lieu de considérer comme tout à l'heure la pure et simple destruction de richesse nous considérons des productions et des consommations de luxe, la question s'obscurcit. On établit par l'observation qui précède que le luxe n'est pas plus avantageux qu'une autre forme de dépense; mais on n'établit pas qu'il soit plus nuisible. Bastiat, dans son phamphlet intitulé *Epargne et Luxe*, nous montre deux frères, Ariste et Mondor, qui ont hérité de la même fortune. Ariste épargne et accroît son capital; Mondor se ruine en bijoux, en chevaux, en châteaux. Au bout de dix ans, il a tout

dissipé, il ne fait plus travailler personne, il ne fait plus
« marcher aucun commerce », tandis que son frère
continue à susciter et à payer du travail. Bastiat en tire
conclusion contre le luxe et en faveur de l'épargne. A
notre tour, il faut lui montrer qu'il y a quelque chose
qu'il ne voit pas. C'est que le capital de Mondor s'est
simplement déplacé, à supposer, ce qui est l'hypothèse,
qu'il n'y ait pas eu pure destruction. Si ce n'est plus
Mondor ruiné qui fait marcher le commerce, ce sera son
marchand de chevaux, son architecte, ou son bijoutier,
qu'il a enrichis. On n'a donc pas établi que l'épargne eût
provoqué plus de production que le luxe, quoique vraisemblablement elle n'eût pas encouragé le même genre
de productions· Mais la vraie question, qui reste entière,
est précisément de savoir s'il n'y a pas des productions
qui méritent mieux que d'autres d'être encouragées.

Dans le même ordre d'idées, certains, comme Sis-
mondi, se demandent ce qu'il adviendrait si l'on venait
tout à coup à renoncer aux productions de luxe, et ils
voient la ruine de toute une classe de producteurs. On
peut leur répondre avec M. de Laveleye que sans doute il
y aurait une crise momentanée, mais que le capital disponible irait au bout d'un certain temps alimenter une
autre production, et ferait hausser les salaires. Oui, répondrons-nous à notre tour à M. de Laveleye, il ferait
hausser les salaires si le capital seul était ainsi jeté sur
le marché, mais une certaine quantité de travail serait
aussi disponible du même coup et il n'est pas évident
qu'il n'y ait pas compensation. Il faudrait pour cela que
la proportion du travail fût ici relativement faible par
rapport au capital. Cela arrive en effet dans certains cas,
mais M. de Laveleye ne l'établit pas.

Il semble même supposer le contraire, et cela précisément dans un cas où la main-d'œuvre et les salaires par

conséquent ne jouent qu'un faible rôle dans la valeur
de l'objet. Il nous déclare en effet que celui qui boit du
Johannisberg à quarante francs la bouteille consomme
l'équivalent de vingt jours de travail. Cela est tout à fait
inexact. Le prix d'un semblable produit, nous l'avons
déjà montré, ne tient nullement à ce qu'il aurait coûté
quarante fois plus de travail, ou un travail beaucoup plus
difficile qu'une bouteille de vin à un franc; il n'est donc
pas évident que tout produit de luxe corresponde à un
gaspillage de forces humaines et représente du temps
mal employé (1). Cela est vrai d'un certain nombre de
produits, comme les dentelles, mais justement n'est pas
vrai dans le cas présent. Pour la même raison, nous ne
saurions admettre avec M. Secrétan (2) que « celui qui
dîne à trente francs empêche quelqu'un je ne sais où de
manger à quinze sous ». Cette assertion, si spécieuse
dans la netteté de sa forme, ne résiste pas à l'examen.
Sans doute, celui qui dîne à trente francs mange probablement trop et, en même temps qu'il nuit à sa santé,
il gâche en effet une nourriture capable de suffire à trois
ou quatre personnes. Pourtant il serait absurde de soutenir qu'il mange comme quarante, ni surtout que le travail incorporé à sa nourriture eût pu produire de quoi
nourrir quarante convives. La vérité est que les produits
qu'il consomme sont surtout plus rares, plus recherchés
des gourmets ses concurrents, que par cette somme de
trente francs il paye aussi, outre sa nourriture, la répu-

(1) Cf. Leroy-Beaulieu, *Revue des Deux Mondes*, 1849, VI, p 92.
(2) *Études sociales*, 1889, p. 260.
(3) C'est ce qui arrivait pourtant autrefois dans une large
mesure. Les classes riches, au xviie siècle, avaient coutume de se
gorger d'une quantité invraisemblable de nourriture, et Louis XIV
donnait l'exemple. Il y avait bien là une réelle destruction de
richesse, au détriment des moins fortunés. A quoi il faut ajouter
que ce luxe était nuisible à ceux qui en « jouissaient », alors
que la classe moyenne vivait, par force, dans des conditions
autrement favorables. Cf. *La Revue* (des Revues) Déc. 1907 :
Comment on mangeait autrefois.

tation du restaurant, la vanité de s'y montrer, l'élégance du service, etc. J'inclinerais plutôt à croire que celui qui dîne à trente francs permet à pas mal de gens de manger à quinze sous.

Ainsi, il ne faut pas imaginer qu'une même somme représente la même quantité de travail en produits de luxe qu'en produits de première nécessité, parce que la cherté résulte ici le plus souvent, non du travail, mais de la rivalité des acheteurs et de la vanité, parce qu'enfin, dans le travail même, c'est la qualité beaucoup plutôt que la quantité qui élève le coût de production.

C'est en particulier le cas du travail artistique. La quantité supplémentaire de produits utiles qu'on obtiendrait en transformant en agriculteurs ou en terrassiers nos peintres et nos musiciens, pourtant si nombreux, serait évidemment insignifiante, et sans même parler de ce que perdrait dans cette odieuse hypothèse la culture générale du peuple entier, on ne voit guère ce que les plus humbles besoins y gagneraient. C'est même là une des raisons pour lesquelles nous avons pris le parti de laisser entièrement de côté ce luxe supérieur qui est l'art.

Mais il faut aller plus loin : considérons même les produits dont le haut prix est dû en bonne partie à une somme de travail plus ou moins considérable; étoffes de luxe, meubles riches, carrosserie, et même l'or et les pierres précieuses dont l'extraction et la taille absorbent une main-d'œuvre assez importante. On aurait tort d'imaginer que cette main-d'œuvre, répartie sur les productions les plus nécessaires, augmenterait proportionnellement la quantité des produits. Par exemple, ce n'est pas en doublant le nombre des agriculteurs qu'on doublera la quantité de blé recueillie, ni en doublant le nombre des bergers, bouviers, et gardeuses d'oies que vous accroîtrez en proportion la quantité de laine et de viande produite. Sans doute on pourrait défricher quelques terres nouvelles, mais ce sont peut-être les moins bonnes, puisque jusqu'ici elles étaient négligées. Le prix du blé se réglant sur les frais de cette culture désavantagée, le pain ne baissera probablement guère. Ici, l'accroissement de la production, et il sera toujours relativement lent, dépendra beaucoup plutôt de progrès techniques que de la multiplication de la main-d'œuvre. M. P. Leroy-Beaulieu (1) a donc raison de remarquer que le superflu s'accroît avec beaucoup plus de facilité que le nécessaire; et ainsi l'abandon des consommations de luxe n'aurait pas pour résultat un accroissement bien important des produits de première nécessité.

En revanche il ferait très certainement diminuer la somme totale consacrée aux salaires; car ces travaux de luxe sont les plus fortement rémunérés, d'abord parce qu'ils sont commandés justement par les plus riches, sur la libéralité desquels la production spécule toujours plus ou moins, et ensuite parce qu'en effet ils exigent le plus souvent une habileté, une intelligence, enfin un ensemble de facultés mentales ou manuelles qui sont relativement rares. Les travaux qui correspondent aux produits les plus nécessaires sont soumis à des conditions exactement inverses : d'une part ils doivent pouvoir être payés par les plus pauvres comme par les plus riches, et les salaires correspondants tendent par conséquent à s'abaisser à un taux minimum; et, d'autre part, ils ne requièrent en général aucune habileté exceptionnelle et sont à la portée de tous.

Il y a donc quelque chose de vrai encore dans l'argument suivant lequel le luxe fait marcher l'industrie, si l'on veut dire par là que le luxe, suscitant des besoins

____

(1) *Essai sur la répartition des richesses*, p. 424.

nouveaux, paye une somme de travail qui sans cela ne se produirait pas, et surtout paye pour ce travail une somme de salaires vraisemblablement très supérieure à celle que les travailleurs, pris dans leur ensemble, recevraient dans une société sans luxe.

On dit encore souvent que le luxe met les produits au rebut avant l'heure, et aboutit par conséquent à gâcher du travail. Ce n'est encore là qu'une demi-vérité. On voit bien que si une mondaine se croit obligée à abandonner une toilette démodée, son budget personnel en souffre. Mais si elle en fait cadeau à sa femme de chambre, on voit aussi qu'une satisfaction sans cela inaccessible s'est produite à côté. Le luxe des gens qui changent tous les ans leur bicyclette, pour avoir le dernier modèle jette sur le marché une masse d'instruments capables de faire encore très bon usage, et cependant abordables à des bourses très modestes. La construction même de maisons somptueuses a fait baisser dans de sensibles proportions les loyers des maisons bâties à l'ancienne mode. On a remarqué, en effet (1), que, dans les marchés très denses, une très faible différence de qualité crée un écart énorme de prix. Ainsi le luxe fait sans doute monter le prix des objets de première qualité, mais il peut aussi dans bien des cas faire baisser le prix des produits du second ordre·

Cette loi n'est d'ailleurs qu'un aspect particulier d'un fait qu'ont souvent allégué les apologistes du luxe. C'est que le luxe tend à rétablir une certaine égalité des biens. On a été jusqu'à soutenir la thèse de la fonction sociale du prodigue, dont les dépenses folles feraient retourner au peuple l'or qu'a produit le travail du peuple. La thèse est bien risquée au point de vue moral, car il res-

(1) Barone. *Giornale degli Economisti*, 1894, d'après *Revue socialiste*, octobre 1894, p. 467.

terait à savoir si l'or ainsi répandu n'est pas corrupteur, et l'on sait qu'il l'est presque toujours à un haut degré. Mais au point de vue économique il ne semble pas douteux que le luxe, sous quelque forme que ce soit, joue dans la société individualiste une fonction égalitaire. L'épargne à outrance n'aboutirait dans une telle société qu'à une formidable concentration des capitaux entre les mains de ceux qui détiennent déjà les richesses. Quand on songe à ce que sont les revenus d'un Vanderbilt, d'un Astor ou d'un Rockefeller, on reste interdit devant cet afflux d'or qu'aucune dépense ne semble pouvoir tarir. Il semble que l'homme en soit comme submergé; il faut bien qu'il le fasse déborder autour de lui.

2. — Ainsi, tant qu'on se place au point de vue strictement économique, et dans l'hypothèse du régime économique réellement donné, on voit qu'il est extrêmement difficile de condamner le luxe d'une manière vraiment décisive. On peut cependant faire valoir certains arguments applicables au moins à certains cas.

1° D'abord certaines formes de luxe immobilisent et stérilisent une quantité relativement excessive de capital. Celui qui possède plusieurs maisons ou châteaux, dont chacun ne lui sert que quelques mois et peut-être quelques jours par an, détient une possibilité de jouissances dont personne ne profite. Un mécanisme social ainsi monté a évidemment un rendement très faible. Il ressemble à une usine qui aurait deux ou trois fois plus d'immeubles et de machines que sa production n'en peut utiliser. De même, si l'on enlève à la culture des étendues considérables de terre pour les consacrer à des parcs d'agrément ou à des réserves de chasse, il paraît clair qu'on restreint la production des objets de première nécessité, de la nourriture, au profit de satisfactions égoïstes, qui pour l'individu même sont tout à fait à l'arrière-plan, et qui sont surtout sans valeur sociale. On a fait renchérir la vie du pauvre. Le luxe a donc à cet égard des effets très analogues à ceux de l'avarice. Encore l'avarice a-t-elle cet avantage qu'elle se cache, et n'irrite pas les moins fortunés par le spectacle d'une richesse dont ils seraient si heureux de jouir quand elle ne profite à personne. Moralement, l'avarice, que nous n'avons d'ailleurs l'intention de défendre ni au point de vue moral ni au point de vue économique, est peut-être moins féconde en mauvais sentiments que certaines formes ou un certain degré de luxe.

2° Ce qu'on dit du capital, on peut aussi sur certains points l'appliquer au travail. C'est au gaspillage de travail que M. Gide rapporte avec raison les principaux méfaits du luxe. « Le mauvais luxe ou la prodigalité, écrit-il, consiste dans une disproportion entre la quantité de travail social consommé et le degré de satisfaction individuelle obtenue (1) ». La question, remarque-t-il, n'est pas dans la quantité d'argent dépensée pour une satisfaction donnée, mais dans la matière ou le travail consommés. Celui qui se paye le luxe d'une domesticité surabondante, par exemple, immobilise des forces humaines plutôt qu'il ne les emploie. Un valet de pied, qui passe des heures à attendre des visites dans une antichambre, est du capital humain bien mal employé, sans parler de l'exemple immoral d'une oisiveté grassement payée.

En outre, il y a tel travail que nous ne voudrions jamais commander nous-mêmes, de quelque argent que nous puissions disposer pour le payer. Nous souffrons de penser à l'existence des mineurs accroupis dans la noire galerie, nous tremblons pour le couvreur qui s'expose tous les jours à des chutes mortelles. Le sentiment d'une inéluctable nécessité rassure pourtant ici notre conscien-

(1) *Principes d'économie politique*, 6ᵉ édit., p. 671.

ce. Mais qui voudrait envoyer un homme chercher au péril de sa vie les nids d'hirondelles aux creux des rochers abrupts des îles de la Sonde, comme le font les Chinois, pour la simple satisfaction d'une curiosité bizarre de leur palais blasé? Qui voudrait, pour son compte, envoyer au fond de l'Océan le pêcheur de perles malais, le filet à la main, pour les coquilles, le poignard aux dents, pour les requins? Au point de vue économique, des cas de ce genre sont peut-être insignifiants, mais ils sont bien propres à mettre en lumière un côté moral de la question, je veux dire l'inconscience avec laquelle, grâce à la complexité des phénomènes de l'échange, nous assumons des responsabilités lointaines, mais réelles pourtant.

Il faut enfin accorder, malgré les réserves que nous avons dû faire plus haut, que beaucoup de productions de luxe absorbent une quantité notable de travail qu'on pourrait souhaiter de voir employer autrement, et qui serait susceptible d'être transféré à des industries utiles. L'extraction des diamants emploie à Kimberley, et dans des conditions particulièrement dangereuses, une main-d'œuvre considérable, qui suffirait à l'exploitation de bien des mines de fer ou de charbon délaissées. Il n'est pas possible de n'être pas frappé du médiocre rendement humain d'un travail où l'on retire deux grammes d'une pierre sans usage réel pour cinquante mètres cubes de minerai exploité, sans parler bien entendu de la masse de terre qu'il a fallu remuer pour atteindre ce minerai (1). Mais ici on se demande immédiatement si ce travail utile trouverait un débouché alors que dès à présent on voit

_____

(1) En particulier dans les mines expoitées à ciel ouvert, comme elles le furent toutes à l'origine, et où pour maintenir l'inclinaison nécessaire du talus on est obligé d'enlever jusqu'à quinze fois autant de terre stérile qu'on extrait de minerai (v. Chaper, *Revue Rose*, 5 mars 1892, p. 294).

les mines de charbon et de plusieurs métaux amenées à
limiter volontairement leur production pour maintenir
les prix.

IV

Et ici nous touchons peut-être le vrai fond de la question. Pourquoi arrivons-nous si difficilement à une conclusion dès que nous nous plaçons sur le terrain économique, alors que le sens commun semble si peu embarrassé de conclure, au moins dans des cas aussi caractérisés que celui des bijoux? Il y a ici quelque chose comme une antinomie. Car il est difficile de récuser purement et simplement les raisonnements approfondis de l'économiste au profit des intuitions vives sans doute, mais vagues du sens commun; il n'est pas non plus possible de faire taire les scrupules de la conscience morale au nom des scrupules de la science, puisque aussi bien il y a plutôt, en effet, de la part de l'économiste des scrupules et des incertitudes que des décisions bien arrêtées. Il doit y avoir une raison profonde à un désaccord aussi choquant et aussi insoluble. Cette raison, nous croyons la découvrir dans le malentendu suivant. Ce que la conscience juge en réalité et ce qu'elle condamne dans les excès du luxe, c'est moins le luxe lui-même que l'état social dont il est le signe, l'extrême inégalité économique qu'il met en évidence, et les causes souvent bien accidentelles de cette inégalité. L'économie politique, au contraire, prenant cette inégalité et l'ensemble du régime présent pour point de départ et pour hypothèse, constate que, dans un tel était social, le luxe est d'abord inévitable, ce que l'on considère déjà comme une excuse, et que d'ailleurs il est moins malfaisant qu'on ne croit; ou plutôt encore que, dans un tel état social, la renonciation au luxe ne produirait probablement pas grand bien. Le sens commun s'attaque à un symptôme parce que c'est ce qui se voit et ce qui frappe. L'économiste se rend compte que c'est simplement un symptôme, et il établit doctement qu'il ne produit pas la maladie, qu'en supprimant le symptôme on n'aboutirait à aucune amélioration dans l'état du malade. Seulement il n'ose pas aller jusqu'au bout et reconnaître que l'état présent du corps social, tel qu'il le suppose dans sa discussion, n'est vraiment pas un état normal. Si vous avez affaire à un bossu, il lui faut un vêtement de bossu. Le sens commun, qui voit avant tout le vêtement, déclare le vêtement informe et sent vaguement la difformité du corps. L'homme de science observe, analyse, raisonne, et nous montre que le vêtement est très bien fait pour l'homme qui doit le porter et que cet homme ne gagnerait rien à prendre au magasin de confection un habit fait à la forme commune. Voilà comment ils ont raison tous deux et comment la conscience morale, qui semble prononcer un jugement plus superficiel, va en réalité plus au fond des choses. Notre société, avec le luxe, porte peut-être le vêtement qui lui va le mieux, mais il est bien possible que notre société soit bossue.

Il est évident qu'il ne manque pas de choses utiles à produire, ni de besoins à satisfaire. Mais ceux qui éprouvent ces besoins ne sont pas ceux qui pourraient payer les produits. Et ceux qui pourraient le mieux payer les produits en sont dès longtemps pourvus, et n'ont aucunement besoin qu'on en accroisse la quantité. On aurait beau fabriquer deux fois plus de chaussures et de chemises, comme il y a un minimum au-dessous duquel ne peut descendre le prix de revient, vous n'aurez pas pour cela mis les chemises et les chaussures à la portée d'un nombre double de personnes. Et cela est encore bien plus vrai du pain, dont j'ai montré combien il est difficile d'accroître la quantité et de diminuer les frais de production (1). Un surcroît de production, qui ne serait pas accompagné d'un développement correspondant des facultés de consommation, ne se produira donc pas normalement, et quand il se produira par accident, il n'en résultera qu'une inutile pléthore et une crise économique. Pour beaucoup de produits de première nécessité notre industrie approche du minimum du prix de revient, et elle n'approche même de ce minimum qu'aux dépens, en grande partie, de l'accroissement des salaire, et par conséquent en restreignant par un côté les facultés de consommation qu'elle accroît de l'autre. La production s'accroît donc de plus en plus difficilement par en bas, et se trouve naturellement refoulée vers le haut, vers l'industrie de luxe.

Beaucoup de travaux utiles que le capital pourrait alimenter n'ont d'ailleurs pas le caractère d'entreprises immédiatement rémunératrices comme le capital les recherche. Tels les grands travaux publics, qui, utiles à toute une nation, ne sollicitent pas l'intérêt individuel et n'attirent guère les capitaux en quête d'emploi; car ils sont souvent peu rémunérateurs, comme on le voit par les chemins de fer. Ce sont des organes généraux de la vie économique d'une nation, et dont il est désirable

(1) M. Pécaut (*Bulletin précité*, p. 146) s'inspirant sans doute des théories d'O. Effertz, introduit ici une distinction fort utile et que nous avions entrevue sans la discerner nettement. « 1° Il y a un luxe *qui ne consomme pas de travail, mais qui accapare de la terre* (Parcs d'agrément, etc.)... ce luxe est dommageable socialement, sans compensation, car il n'ajoute rien au fond des salaires et diminue le fond des subsistances... 2° Il y a un autre luxe *qui n'accapare pas la terre, mais qui consomme du travail...* Ce luxe devient de plus en plus considérable par rapport au luxe-terre. Il ne coûte pas de subsistances, mais il gaspille des forces humaines dans la production d'objets d'une valeur sociale infime. Or il est vrai, *malheureusement*, que ce luxe ne peut être toujours supprimé sans dommage... Il y a dommage social dans la suppression du luxe *toutes les fois qu'elle entraîne une diminution des salaires non compensée par une baisse de prix dans les denrées de consommation commune.* »

que les services soient fournis, comme celui des postes, presque au prix de revient.

Enfin, tant qu'il y a une classe distincte qui ne vit que du travail à faire, quelle qu'en soit la nature, et une autre classe qui paye ce travail, toute simplification réelle des besoins et de la vie apparaîtra comme préjudiciable à cette classe salariée.

Mais le sens commun et la conscience morale, surtout, raisonnent presque instinctivement comme si tout devait profiter à tous, comme si le surcroît de jouissance des uns était prélevé sur le bonheur des autres, comme si toute invention propre à améliorer la condition de l'homme et sa puissance sur la nature était une conquête impersonnelle de l'humanité, et comme si inversement toute richesse détruite ou immobilisée était perdue pour tous. En d'autres termes, il semble bien que notre sens moral juge ici, dès que le problème lui est posé, au nom d'un idéal très éloigné de la réalité. Pour tout dire en un mot et un peu brutalement, notre sens moral est ici naïvement socialiste. Et presque toutes les fois que les économistes se rapprochent de son jugement, c'est qu'inconsciemment ils adoptent eux-mêmes son point de vue. Lorsque Bastiat raille le père de Say cassant son verre de Champagne, il oublie en partie qu'en effet il y a une classe de salariés qui a besoin qu'il y ait du travail immédiat à accomplir, fut-ce un travail socialement inutile. Et l'on pourrait citer des crises de chômage industriel provenant de ce que les progrès mêmes de l'industrie ont permis de doubler ou de tripler la durée des services d'un produit (1). M. Baudrillart, combattant ceux qui parlent de surproduction, s'écrie : « Qu'est-ce donc qu'elle produit

(1) Ainsi l'industrie des cardes employées dans le peignage des substances textiles a été singulièrement réduite par la substitution aux fils de fer des fils d'acier, qui font un usage environ neuf fois plus long.

de trop, cette France bienheureuse? Ce n'est pas l'ensemble des choses utiles ou agréables à la vie quand il y a tant de pauvres... Est-ce la laine quand il y a tant de gens qui ont froid? Est-ce le blé quand il y a tant de gens qui manquent de pain?... » Mais il oublie ce que nous rappellions tout à l'heure : que la multiplication de ces produits n'en assurerait nullement la consommation par ceux qui en manquent, et il semble supposer que les pauvres n'auraient qu'à les prendre « au tas », si seulement ces produits existaient en quantité suffisante. M. Baudrillart a raisonné ici comme un pur communiste.

En résumé, le luxe est parfois un bien relatif et en tout cas n'est d'ordinaire qu'un faible mal, si l'on accepte les imperfections mêmes que comporte la société présente et c'est pourquoi l'économiste hésite à le condamner; mais il apparaît comme un mal réel, si l'on se place, pour en juger, dans l'hypothèse d'une société normale, où l'égalité et la solidarité seraient plus parfaites.

Quelles sont donc les conclusions que le moraliste paraît en état de formuler?

Il me semble qu'il y en a deux séries superposées et correspondant à peu près aux deux parties de cette étude.

D'une part, pour tout ce qui concerne le luxe au sens biologique du mot, nous avons pu arriver à une condamnation relativement certaine et précise du déséquilibre et de l'interversion des satisfactions dans l'individu. Les formes les plus caractérisées de la sensualité et de l'ostentation sont des maux, presque sans restriction; et la morale, qui dès longtemps s'est crue en droit de les condamner pour des raisons plus ou moins sentimentales ou même illusoires, les condamnera encore au nom des raisons plus positives que nous préférons invoquer.

Mais dès que nous passons au sens proprement social du mot luxe, nous devenons plus hésitants, parce que

nous ne savons s'il faut raisonner par rapport à la société
présente ou par rapport à une société plus parfaite. La
morale toutefois ne saurait nous laisser sans règle générale même pour cet ordre de questions. Et, en effet, dès
que le problème est formulé comme nous avons essayé
de le formuler, notre devoir apparaît encore, quoique
sous une autre forme. Il est plus indirect mais il n'est
pas moins certain; il est moins précis, mais il n'est pas
moins impérieux; il est moins immédiat et moins spécial, mais il n'en est que plus considérable et plus propre
à stimuler notre initiative morale. Il sera de travailler constamment à nous approcher de cet état social où le luxe
ne pourrait se produire tant qu'il y aurait place pour la
misère, où la justice ne se mesurerait plus à l'âpre revendication du droit individuel de propriété, mais aux
exigences générales du bien collectif, où s'établirait une
réelle solidarité des hommes pour lutter en commun contre les maux communs, au lieu de lutter les uns contre
les autres, où enfin, tous ayant coopéré à l'œuvre sociale,
tous aussi jouiraient d'une part plus équitable dans les
conquêtes accomplies par l'humanité sur la nature.

IV.

LE SUICIDE

La question du suicide, comme celle de la véracité, semble marquer un point critique en morale. Par la manière dont on l'envisage et dont on la tranche, il semble impossible de ne pas prendre parti sur les principes mêmes et la portée générale de la moralité.

Plus particulièrement, celui qui cherche à constituer une morale positive ne peut guère se dispenser de l'aborder. De même, en effet, que la question de la véracité le met directement aux prises avec une morale de raison pure, de même celle du suicide le met nécessairement en présence des systèmes de morale transcendants ou religieux, et il deviendra nécessaire de savoir si les raisons de cet ordre, à peu près seules invoquées pour condamner le suicide, étant par hypothèse abandonnées, cette condamnation tombe, ou si au contraire il est possible de la maintenir pour des motifs d'ordre purement positif et social.

On peut entreprendre cette recherche avec quelque confiance, car il n'existe peut-être aucun chapitre de la morale pratique où les motifs invoqués à l'appui d'une prescription donnent plus nettement l'impression d'être des pièces rapportées, des raisons imaginées après coup pour expliquer, vaille que vaille, un sentiment général et fort, et pour le fortifier dans la conscience. Il semble donc que la condamnation du suicide ait des *causes* réelles, plus ou moins obscures, en même temps que des *motifs* plus ou moins vivement sentis qu'il appartiendrait à une morale positive de dégager et de mettre peut-être à profit pour remplacer les prétextes plus ou moins illusoires qui les ont recouverts. Sans doute ces prétextes ont pu, grâce à la foi dont ils étaient l'objet, contribuer réellement à développer et à fixer le sentiment de répulsion pour le suicide. Comme ils corroboraient en le précisant le sentiment général de crainte inspiré par la mort et par ce qui peut la suivre, il serait téméraire de nier qu'ils aient pu avoir dans ce sens un rôle efficace. Le christianisme, par la force de son affirmation de l'au-delà, par la netteté et la persévérance avec lesquelles il a proscrit le suicide et sanctionné sa condamnation, a incontestablement contribué, malgré l'évidente faiblesse des raisons invoquées, à fixer sur ce point la conscience des peuples qui le professent. Mais il reste toujours, ici comme sur d'autres points, à savoir pourquoi le christianisme a adopté cette attitude alors qu'il n'eût pas manqué, au point de vue de la doctrine du moins, de raisons aussi fortes pour adopter l'attitude tout opposée. Les croyances religieuses ne peuvent guère être ici, non plus qu'ailleurs, une cause fondamentale et première. Elles requièrent une explication plutôt qu'elles n'en fournissent une.

La question s'impose d'autant plus que l'affaiblissement de ces croyances nous laisse aujourd'hui sans réponse, même verbale, à un problème que la vie pose souvent d'une manière aiguë. La disparition presque universelle des sanctions civiles et l'extrême atténuation des sanctions spirituelles, dont les autorités religieuses préfèrent, par crainte du scandale, éviter une application plus nuisible qu'utile à leur crédit, laissent plus de liberté à la conscience morale dans son jugement, si même elles n'attestent son incertitude et son indulgence.

A cela s'ajoute l'effet de l'individualisme grandissant. De plus en plus s'accentue et se généralise la conviction morale que la personne s'appartient à elle-même et que toute mainmise absolue sur elle est illégitime. Sans doute cet individualisme du droit n'exclut pas le sentiment de la solidarité et des obligations résultant de la participation de l'individu à la vie sociale. Mais cette limitation de sa liberté est de plus en plus généralement conçue comme le résultat d'une sorte d'échange de services ou même d'un contrat ou d'un quasi-contrat ; et ainsi elle n'apparaît pas, en principe du moins, comme une négation de l'autonomie de la personne. De quelque théorie qu'elle se réclame, sous quelque forme philosophique qu'elle s'exprime, l'évolution par laquelle l'idée du *droit de la personne à quelque chose* tend à remplacer celle d'un *droit d'une personne sur une autre*, est incontestable et caractérise bien la transformation moderne de la conscience juridique. Comment, dès lors, concevoir une autorité qui imposerait à l'individu la conservation d'une existence qu'il n'a pas demandée ? Comment, si la mainmise sur sa vie est la négation même de son droit, cette mainmise pourrait-elle s'exercer légitimement pour la contraindre à vivre ? Si la personne s'appartient, comment lui défendre de se détruire ? Il y a dans la condamnation à vivre, autant que dans la condamnation à mort, quelque chose d'absolu à quoi répugne la relativité et le caractère conditionnel du droit. *Si* l'homme vit, puisqu'il ne peut se suffire à lui-même, on conçoit qu'il puisse être astreint à vivre d'une certaine manière; car il y a une relation constante, une interaction continue, un incessant échange entre cette vie et le milieu (social en particulier) où elle se développe : le milieu pose donc ses conditions. Mais comment tirer, de considérations de ce genre, le devoir même de vivre, le devoir de s'engager dans ces relations d'où semblent être déduits tous les devoirs? Comment le milieu poserait-il ses conditions à celui qui en sort ? On est arrivé à affirmer le *Droit à la mort* (1) comme une conséquence de l'individualisme juridique dont nous venons de parler, et, si paradoxale que soit une semblable revendication, il ne semble pas facile, dans l'état présent des esprits libres, de la tenir pour vaine et non avenue. La thèse du droit à la vie, qui est plus courante, est assurément de nature à agréer davantage; elle n'est peut-être pas aussi aisée à défendre.

Malgré toutes ces influences, il semble que la condamnation du suicide par la conscience commune, quoique peut-être affaiblie, persiste généralement. Les familles où un suicide s'est produit le cachent autant que possible et essayent de donner le change à l'opinion publique. C'est donc qu'on le considère non comme un simple malheur, mais comme une sorte de honte; sans doute pas tout à fait comme un crime, car en l'absence de toute sanction l'idée de crime ne peut guère se maintenir, mais comme une tare qui rejaillit sur les proches. Les témoins d'un suicide s'efforcent de l'empêcher, sans éprouver le moindre scrupule au sujet de l'atteinte qu'ils portent à la liberté du désespéré. On n'hésiterait même pas à considérer comme moralement coupable d'une sorte de complicité d'homicide celui qui assisterait indifférent et inerte à une tentative de suicide (2). Enfin toutes sor-

---

(1) M. E. Ferri, *Revue des Revues*, avril 1895.

(2) Le suicide n'étant pas considéré comme un crime par la loi française, la complicité de suicide n'est pas non plus poursuivie. Mais certaines législations étrangères la punissent (Espagne, Brésil, Hongrie, Angleterre, etc.). Dans le premier cas la logique

tes de précautions sont prises pour prévenir le suicide, quand on a quelque motif de le prévoir; par exemple on enlèvera aux prisonniers les couteaux et autres instruments avec lesquels ils pourraient attenter à leur vie; on arrondira les angles des cellules, etc.

Il y a dans ces derniers faits ceci de remarquable et que nous aurons à retenir, que si la réprobation morale du suicide manque bien souvent d'énergie, au moins n'y a-t-il pas d'hésitation sur la conduite à tenir à son égard. Le devoir de ceux qui peuvent y faire obstacle reste très nettement affirmé, et au moins sous cet aspect peut-être le plus essentiel, la question de la légitimité du suicide est tranchée dans le même sens aujourd'hui qu'elle l'était aux siècles de foi, dans le sens où toute la philosophie morale moderne l'a résolue également avec le christianisme, à l'aide d'arguments dont la médiocrité même atteste la force de la conviction qu'ils prétendent justifier.

Il reste donc à savoir si ce double sentiment de réprobation et d'obligation peut être considéré comme un résidu des croyances religieuses, comme une simple survivance; ou si au contraire, il peut continuer à se justifier à un point de vue exclusivement positif.

I

Essayons d'abord de nous rendre compte de la nature du suicide et de la portée de cet étrange phénomène. Il

juridique est tout abstraite : pas de complice là où il n'y a pas de coupable. Dans le second cas le droit est bien plus près de la vérité sociale et psychologique : celui qui se tue accomplit un suicide, mais celui qui favorise ou facilite la mort *d'un autre*, commet, pour autant, un homicide. N'est-ce pas une indication que c'est bien comme homicide, mais non spécifiquement comme suicide, que le suicide est réputé criminel?

ne peut manquer de jeter une certaine lumière sur la signification de la vie humaine et de la moralité.

Un fait nous frappera tout d'abord et a frappé tous ceux qui ont étudié le suicide, c'est que c'est un phénomène exclusivement humain, et dans l'humanité un phénomène relativement tardif.

Dans l'animalité, les cas d'apparent suicide se ramènent pour la plupart à des phénomènes de réaction violente, où les réflexes d'ordinaire utiles au maintien de la vie, dépassent la mesure et provoquent plus ou moins directement la mort. Ce sont là des faits apparentés aux faits d'*autotomie* dans lesquels on voit un animal captif s'amputer d'un membre pour s'échapper : c'est donc tout l'opposé d'un véritable suicide. A plus forte raison est-il impossible d'assimiler au suicide les cas nombreux où la satisfaction normale de l'instinct, en particulier de l'instinct de reproduction, est, comme chez tant d'insectes, fatalement suivi de mort. Même lorsque le frelon, aussitôt que la reine l'a accueilli au haut des airs, rentre docilement à la ruche où les ouvrières vont l'immoler, il n'est guère possible de voir là autre chose qu'un mécanisme instinctif plus compliqué, une combinaison d'instinct individuel et d'instinct social, mais qui ne diffère pas essentiellement du cas précédent.

C'est donc dans l'humanité que nous voyons apparaître la mort volontaire, ne serait-ce que pour cette raison que l'homme seul, on l'a soutenu avec vraisemblance, connaît et prévoit distinctement la mort.

Mais encore une distinction s'impose-t-elle ici. La mort « volontaire » peut être simplement acceptée, ou elle peut être directement voulue, et il nous semble que c'est dans ce second cas seulement qu'il y a proprement suicide. Or, si l'on admet cette distinction, on verra que le suicide véritable est un fait relativement tardif dans

l'évolution humaine elle-même. Car dans la plupart des cas
les soi-disant « suicides » primitifs ont un caractère *obligatoire* : la mort est voulue par la société plutôt que par
le prétendu suicidé, qui n'est guère là que l'instrument,
l'exécuteur d'une volonté étrangère. N'est-ce pas le cas,
par exemple, des vieillards obligés, chez certains sauva-
ges, à se tuer lorsqu'ils sont devenus infirmes? Ils se sacri-
fient alors eux-mêmes, comme ailleurs, chez les Dayaks
de Bornéo, par exemple, ils sont sacrifiés par leurs enfants;
mais s'il n'y a pas suicide dans ce second cas, y a-t-il
suicide dans le premier, sinon au point de vue des apparences extérieures? Les veuves, les esclaves qui se tuent
obligatoirement sur la tombe ou le bûcher du mari ou
du maître acceptent sans doute aussi la mort, et parfois
avec une sorte d'enthousiasme religieux. Ils n'ont pourtant pas à délibérer sur leur mort et c'est la volonté sociale impérative qui se substitue à la leur et la dispense
d'intervenir d'une manière positive (1). Il est clair que
dans la mesure où la pression de la contrainte extérieure
détermine nos actes, dans cette mesure même ils cessent
d'être vraiment nôtres.

Dira-t-on que distinguer ainsi entre les morts volon-
taires c'est faire entrer en ligne de compte pour définir
un phénomène social, des motifs subjectifs, des éléments
tirés de la conscience des individus et que de telles considérations doivent rester étrangères à la science? Il s'agit
pourtant simplement de savoir ce qu'on veut dire exactement quand on parle de mort *volontaire*. On est bien
obligé, en tout cas, de faire entrer dans la définition du

---

(1) M. Lasch (Cf. *Année sociologique*, III, 480) montre dans
le suicide primitif un prolongement du sacrifice humain. Cette
interprétation demanderait un examen précis et par espèces. Elle
nous semble, en gros, dans la vraie direction et l'on sentirait
alors la distance qui sépare ces suicides obligatoires des suicides
véritables.

suicide l'idée que la mort est *sciemment* encourue par l'individu. N'est-ce pas déjà faire entrer dans la définition un élément subjectif : la connaissance que l'individu possède de certaines conséquences de ses actes, la prévision et l'acceptation de ces conséquences? Nous ne faisons ici que préciser davantage cette considération nécessaire. On arrive d'ailleurs, si l'on s'y refuse, à confondre avec le suicide le dévouement qui va jusqu'à l'acceptation de la mort (1). Or non seulement cette confusion renverse toutes les notions morales courantes, mais elle méconnaît, nous le verrons, la vraie nature du suicide (2). C'est comme si, dans la définition du crime, on ne voulait tenir compte que de la conformité ou de la non-conformité de certains faits avec la volonté sociale, sans tenir compte de la révolte consciente du criminel contre cette volonté; on en viendrait à confondre de purs accidents avec des crimes.

Ce qui nous semble caractériser le suicide proprement dit, c'est donc tout d'abord que la mort est voulue d'une manière spontanée, sans que le sujet y soit contraint du dehors. Mais c'est aussi que la mort est en elle-même l'objet de cette volonté, qu'elle est voulue en tant que mort et non comme une condition ou un moyen d'une fin toute différente : peu importe, après cela, que celui

(1) C'est ce que fait expressément, on le sait, M. Durkheim, dans son étude si précise et si riche d'informations, si approfondie dans ses discussions sur *Le Suicide*. Paris, F. Alcan; en particulier, p. 45. Si l'on ne dit pas d'un homme qui abrège sciemment sa vie par l'alcoolisme ou la débauche qu'il commet un suicide égoïste, pourquoi dirait-on d'un homme qui se dévoue, à la guerre ou dans une épidémie, qu'il commet un suicide altruiste?

(2) Il faut d'ailleurs se résigner en pareille matière à n'avoir pas de définition absolue et unique; il suffit qu'on puisse déterminer ce qui constitue la caractéristique essentielle du fait défini. Il est clair que tout autour de ce point central les faits se classent par dégradations insensibles. Il est vain de vouloir dire absolument que tel martyre volontaire est un suicide ou n'en est pas un. Mais on peut déterminer *à quel point de vue* on dira que c'en est un ou non.

qui se tue voie dans la mort un simple anéantissement de la personne, comme c'est le cas le plus ordinaire aujourd'hui, ou qu'il y voie une simple transformation de son mode d'existence, comme devait l'imaginer un chrétien primitif, comme l'épigramme connue de Callimaque le laisse entendre au sujet de Cléombrote d'Ambracie (1).

C'est cette volonté de mort qu'il s'agit de bien comprendre, et alors peut-être expliquera-t-on pourquoi elle est particulièremnt humaine et même liée à des formes élevées de l'existence humaine; on pourra entrevoir du même coup le rapport qu'il y a entre elle et cet autre phénomène humain : la moralité.

Il ne suffirait pas évidemment de répondre que l'instinct de conservation va s'affaiblissant, et, que, comme les autres, il est plus ou moins dissous par la réflexion. Ce ne serait d'abord que reculer la solution, en exprimant le fait lui-même sous une autre forme : car pourquoi l'instinct de conservation s'affaiblit-il? Quelle est la force positive qui intervient pour lui faire équilibre ou le surmonter? Mais on se demande même si cette manière toute négative de formuler le fait serait bien exacte : car on ne voit. pas qu'en général l'homme tienne moins à la vie que l'animal, ni le civilisé que le sauvage. A bien des égards ce serait plutôt le contraire. Le peu de prix qu'attachent à la vie, non exceptionnellement, mais en masse, certains peuples primitifs étonne en général les Européens. Cela est pourtant assez naturel, car le prix de la

____

(1) « Adieu, Soleil, dit Cléombrote d'Ambracie, et du haut d'un mur élevé il s'élança chez Hadès : ce n'était pas qu'aucun mal lui fît souhaiter la mort, mais il lui avait suffi de lire le livre « de l'Ame » de Platon (le Phédon). » Cf. Bouglé, *Ann. Sociol.*, X, p. 143 : « Si [le criminel] veut esquiver ces tourments futurs, il n'a qu'une ressource : se plier volontairement aux épreuves que lui prescrivent les Brahmanes. Ainsi s'introduit dans le code de Manou l'énumération d'une série de pénitences... Le pécheur repentant devra parfois se mutiler, il ira même jusqu'à se suicider pour son salut. »

vie s'accroît avec la complexité et l'étendue des fins qu'on peut y poursuivre, l'intensité et la hauteur des ambitions qui peuvent s'y développer.

Mais c'est là précisément ce qui va nous fournir la réponse cherchée : c'est que *pour l'homme la vie n'est plus qu'un moyen.* Quelle que soit la nature des fins auxquelles on la consacre, elle perd tout son prix, si ces fins paraissent hors d'atteinte, si un certain idéal qu'on s'était assigné, idéal de fortune, d'amour, de pouvoir, de science, semble nous être définitivement fermé. Comme le remarque Aristote, l'homme ne cherche pas seulement à vivre, mais à « bien vivre ».

Ainsi tandis que l'animal vit simplement sans que sa vie ait d'autre but qu'elle-même, son maintien et sa propagation, l'homme, et cela dans la mesure très variable où il s'éloigne de l'animalité, cherche à sa vie un usage en dehors d'elle-même, et la fait passer du rang de fin au rang de moyen. C'est pourquoi il la rejette, quand elle paraît devenue inutile. Le vieillard du fabuliste exprime bien imparfaitement la nature humaine quand il s'écrie : « Qu'on me rende impotent, cul-de-jatte, goutteux, manchot, pourvu qu'en somme, je vive, c'est assez ». Non, ce n'est pas assez : il faut que cette vie ait un emploi. Notre but seul soutient notre volonté de vivre : elle tombe s'il s'évanouit. Et c'est pourquoi tandis que l'animal vit pour vivre, l'homme seul meurt pour mourir.

Ce que le suicide nous révèle, c'est donc avant tout cette finalité de la vie humaine. Cette finalité se présente sous deux aspects principaux : d'une part le but de la vie se projette, sous la forme d'une *représentation*, en avant, dans le temps, et en dehors de nous, dans l'espace. Par suite, d'autre part, chaque moment s'intègre et se subor-

donne à l'ensemble de la durée conçue, et la vie individuelle au tout dont elle fait partie.

Or cette aptitude à considérer quelque chose en dehors
de soi comme le but de l'activité et, par suite, en fin de
compte, à estimer cet objet plus précieux que la vie
même, puisque le prix de la vie en est dérivé, ce pouvoir,
je dirais presque cette obligation, qui s'ensuit, d'organiser la vie au lieu de la vivre au fur et à mesure qu'elle se
déroule, ce n'est pas sans doute la moralité tout entière,
dans toute sa compréhension; mais n'est-ce pas cependant une des conditions essentielles de la moralité, une
des racines de sa « noble tige » ? (1)

Plus particulièrement encore, si notre liberté morale
résulte de notre pouvoir d'opposer le non au oui, de protester contre le réel, de susciter contre les thèses brutes
de l'instinct l'hypothèse d'un contraire, et d'en faire l'essai (2), comment ne pas voir dans le suicide la forme-
limite de cette faculté de négation, la négation de l'instinct le plus fondamental, de celui auquel paraissent sus-
pendus tous les autres? Quand à l'instinct de la vie se
substitue l'idée d'une *certaine* vie, la négation suprême de
la vie elle-même devient possible.

Ainsi nous arrivons à cette constatation que le suicide
est directement lié à l'existence de la moralité humaine et
qu'il n'est possible que parce que l'homme est capable de
moralité. Il est l'envers et comme la rançon de la moralité. S'il est condamnable — nous l'ignorons encore —
ce n'est point comme un mal absolu, mais seulement

(1) De Bonald (Moulinié, p. 273), dans un langage différent,
indiquait déjà une idée analogue; notre corps, pense-t-il, ne pourrait par lui-même nous inspirer l'idée de la mort volontaire;
cette volonté de mort, dans le suicide ou le sacrifice, serait donc
la preuve de l'existence autonome de l'âme.
(2) V. *En quête d'une mor. posit.* III, § 1, T. I. p. 146.

comme une déviation d'une force infiniment précieuse
en elle-même.

On s'explique alors à la fois la parenté et la différence
qui existent entre le suicide et le sacrifice volontaire de
la vie par dévouement. Leur parenté d'abord ne consiste
pas seulement dans l'apparence toute extérieure d'une
acceptation consciente de la mort. Elle réside en ce que
l'un et l'autre, l'un positivement, l'autre négativement
attestent la « finalité » de l'activité humaine, le besoin
qu'éprouve l'homme, pour persister dans le vouloir-vivre
et lui donner toute sa force, de trouver de cette vie un
emploi qui lui paraisse valoir la peine de la *dépenser*,
dût-il même, exceptionnellement, la dépenser en une
seule fois.

L'homme n'est pas *avare* de sa vie, il ne se contente
pas de la posséder pour la posséder, en contemplant son
trésor. S'il faut la sacrifier d'un coup à une fin supérieure, il est capable de le faire; si elle ne peut lui procurer ce qu'il en attend, il la rejette. On a souvent invoqué
le caractère paradoxal du sacrifice, comme une preuve
de ce qu'il y a de surnaturel dans l'homme et dans la
moralité. On n'a pas pris garde que, d'une manière différente, le suicide, même le plus égoïste, fournirait cette
preuve au même titre.

Mais on voit en même temps pourquoi il est impossible de confondre le dévouement et le suicide. Celui qui
se dévoue ne cherche pas la mort pour elle-même, il ne
fait dans la mort que prolonger sa vie même, car il la
fait servir à la même œuvre. Pour lui mourir, c'est agir
encore. On ne peut pas plus dire qu'il y a suicide de sa part,
que de la part de l'homme qui s'use lentement, au travail.
Un Bara, un d'Assas ne veut pas mourir, il veut sauver
les siens, continuer la défense ou achever la victoire. La
mort n'est qu'une condition accidentellement imposée par

les circonstances. Le suicidé est celui qui a renoncé à son but, qui cesse définitivement d'agir, et qui a désespéré de la vie. La mort n'est pas pour lui le dernier usage qu'il fasse de sa vie, l'effort suprême pour faire aboutir une œuvre commencée; c'est l'abandon final (1).

Il y a ambiguïté à dire que l'on se tue parce que l'on se détache de soi-même (2); car ce qui empêche qu'on ne se tue, c'est qu'on s'est attaché non à soi-même, mais à la poursuite de quelque fin, et qu'on y réussit; et ce qui fait aussi qu'on se tue, c'est qu'on désespère du succès. Le détachement de soi est donc, en un certain sens, plutôt une condition qui éloigne du suicide, et ce que le suicide révèle, c'est la plupart du temps l'absurdité de l'égoïsme, le contre-sens qu'il y a à considérer le bonheur personnel comme une fin, alors que le bonheur est immanent à toute activité qui réussit.

C'est pourquoi aussi l'idée de Guyau, quand il propose à ceux qui sont las de la vie de substituer un utile dévouement à un suicide stérile, appelle quelques réserves. Sans doute, c'est une belle et large idée qui tend à concilier le devoir social et le droit de la personne sur elle-même, l'un et l'autre poussés à leur extrême limite. On utiliserait ainsi dans sa direction normale la force morale réelle que nous avons vu être impliquée dans le suicide. Malheureusement une telle solution, sans être impossible, est nécessairement et par nature tout à fait exceptionnelle. Elle supposerait chez celui qui l'adopterait un brus-

---

(1) Il n'y a donc pas en ce sens de suicide proprement altruiste, quoiqu'on puisse aussi se tuer parce qu'on désespère de réussir dans une œuvre ayant ce caractère. Il n'y a d'altruiste ou d'égoïste que les sentiments dont la violente inhibition détermine le suicide. Mais le suicide lui-même est négatif de toute action, aussi bien égoïste qu'altruiste. D'ailleurs parler de *suicide altruiste* comme le fait M. Durkheim, n'est-ce pas de nouveau faire intervenir la considération de l'état d'esprit du sujet, ce qu'on refuse de faire pour distinguer le suicide du dévouement?
(2) Durkheim, *op. cit.*, p. 416.

que changement de la *finalité* de la vie, et c'est la difficulté de ce même changement qui le mène à souhaiter la
mort. Si nous pouvions substituer ainsi à l'idéal qui nous
échappe un idéal nouveau, oublier ce qui faisait pour
nous le prix de la vie en nous absorbant dans la poursuite d'un nouvel objet, nous cesserions de vouloir la
mort. Nous reprendrions intérêt à l'existence. Ce serait
là, comme l'indiquait Rousseau, un remède au suicide
plutôt qu'un équivalent plus fécond du suicide. Mais de
même qu'une grande tristesse, ou simplement une con-
trariété un peu vive, nous empêche de tourner notre pensée vers les sujets de joie les plus réels que nous pourrions avoir, il est bien rare qu'un désespoir qui nous
conduit au seuil du suicide nous laisse la liberté de songer aux dévouements utiles, si ce n'est peut-être dans le
cas où une conviction morale ou religieuse intime nous
interdit de porter matériellement la main sur nous-
mêmes.

II

Nous croyons savoir quelle est la nature intime et
générale du suicide. Peut-être sommes-nous en état de le
juger, ou, mieux encore, d'apprécier le véritable caractère et de critiquer le sens de la réprobation sociale qui
l'atteint en général dans notre civilisation.

Cette réprobation est un phénomène tardif (1). Il l'est
d'abord par ce seul fait que le suicide est lui-même tardif, mais aussi parce que des coutumes qui, comme nous
l'avons vu, ordonnaient souvent une sorte de suicide, ne
laissaient guère de place à l'idée d'interdire une mort proprement volontaire et de la considérer comme criminelle. Les législations anciennes ne condamnaient le

(1) V. Lasch, d'après l'*Année sociologique*, IV, 462.

suicide — plusieurs le faisaient — qu'à un point de vue de droit civil, par exemple quand il était un moyen de se soustraire à une dette ou au service militaire. Mises à part quelques réserves de Platon et même de certains stoïciens (qui ne redoutaient là qu'un abus de leur propre doctrine) (1) le suicide paraît avoir été dans l'antiquitté considéré comme un acte au moins moralement indifférent, et parfois admirable (2). On peut donc dire que la condamnation du suicide, chez les peuples européens n'est devenue un fait général que grâce à l'apparition du christianisme. Il importe de savoir, par conséquent, comment et pourquoi le christianisme a condamné le suicide.

Il n'est pas facile de préciser la manière dont cette doctrine est arrivée à se former, et à s'affirmer aussi énergiquement, d'autant que la question ne semble nulle part ni résolue ni même posée par l'Ancien ni par le Nouveau Testament. La doctrine est déjà nettement arrêtée chez Augustin chez qui l'on voit apparaître les arguments devenus courants contre le suicide (3). Le principal c'est que le suicide est un homicide et que

(1) *Phédon*, 62 B. Platon, il est vrai, déclare emprunter aux mystères (ὁ ἐν ἀπορρήτοις λεγόμενος λόγος) l'argument du soldat qui ne doit pas quitter son poste. La condamnation du suicide aurait donc été ancienne et traditionnelle dans certains milieux, mais seulement dans des milieux très restreints. On voit en même temps qu'elle était déjà en relation avec des doctrines mystiques, justement parce que c'étaient ces doctrines mêmes qui risquaient d'inspirer le désir de la mort.

(2) V. quelques textes sur ce point chez Schopenhauer, *Parerga et paral.*, *Sur la religion*, trad. Die Dietrich, p. 189, Paris, F. Alcan.

(3) *Cité de Dieu*, XX-XXVII. Il critique Caton et lui préfère Régulus. Il blâme même le suicide de Lucrèce qu'il considère comme relevant moins de la vertu vraie que du point d'honneur, *pudoris infirmitas*. Ce dernier trait est intéressant en ce que le cas était fréquent de vierges chrétiennes qui échappaient au lupanar par la mort volontaire (Cf. Eusèbe, *Hist. Ecclés.*, VIII, 12). Elles étaient en général fort honorées; saint Chrysostome a fait le panégyrique de plusieurs d'entre elles. Cf. saint Ambroise, *de Virginitate* III. 7 et *Lettre* XXXVII (Apologie de Pélagie).

l'homicide est interdit par le Décalogue. Ce n'est pas le moment d'examiner ce que vaut l'argument en lui-même, car ce qu'il y a d'intéressant ici, c'est de comprendre comment on a pu avoir cette idée nouvelle d'étendre au suicide la condamnation de l'homicide. Cette extension, qui est très loin d'aller de soi en effet, prouve simplement que, le suicide étant condamné, on avait besoin d'appuyer cette condamnation de quelque raison plausible; cette raison, on essayait naturellement de la tirer de la doctrine, et d'une vérité morale incontestée. Mais quelles causes conduisaient donc à proscrire le suicide et à chercher de telles raisons? La question s'impose d'autant plus que, à beaucoup d'égards, le christianisme semblait pousser au suicide, loin d'en détourner.

Or, c'est précisément cela même qui nous paraît expliquer le mieux l'interdiction nouvelle : Si le christianisme a été amené à proscrire le suicide d'une manière expresse, c'est qu'une bonne partie de ses doctrines y aurait conduit tout droit des fidèles plus ardents que subtils (1). Or une religion qui était déjà populaire et qui allait devenir officielle ne pouvait sans danger s'exposer au discrédit que n'aurait pas manqué de lui attirer une pareille application de ses enseignements. En outre, il était dangereux pour elle, dans sa période de lutte et de conquête, de perdre un trop grand nombre de ses soldats. Dans l'argument courant renouvelé de Platon, qui compare l'homme sur la terre à un soldat qui doit rester à son poste, il ne faut pas voir une simple métaphore, mais la traduction très directe de ce sentiment.

(1) C'était d'ailleurs déjà la situation où se trouvait Platon. Socrate représente dans le *Phédon*, la mort comme désirable de toute manière. Il se trouve donc obligé de répondre à Cébès, qui, tout naturellement, s'étonne que dès lors il ne soit pas permis de se tuer; et il faut avouer que sa réponse est rapide et faible. Cf. l'épigramme de Callimaque citée plus haut, p. 149.

Que le christianisme pût sans contre-sens trop manifeste, conduire beaucoup d'esprits simples au seuil du
suicide, c'est ce qu'on ne peut guère contester. « Celui
qui hait son âme dans ce monde, écrit Jean (1), la gardera pour la vie éternelle. » Chrysostome compose une
homélie sur les délices de la vie future. Augustin développe à plusieurs reprises ce thème du désir de la mort,
de l'aspiration à l'autre vie, des joies assurées au Para-
dis (2). C'est là un courant d'idées continu, où nous ne
marquons que quelques moments (3).

Comment des affirmations aussi réitérées, aussi ardentes, aussi précises, aussi autorisées, n'auraient-elles pas
produit les effets qu'on attribuait déjà aux conjectures si
flottantes du *Phédon?*

Et les faits répondaient parfois aux impulsions que
la doctrine fournissait. De très bonne heure les martyres
volontairement provoqués se multiplièrent (4); les héré-
tiques Donatistes, surnommés par leurs adversaires
Circoncellions, qui furent si nombreux et si puissants en
Afrique au iv⁰ siècle, et se maintinrent au delà même de
la conquête Vandale, passent pour avoir pratiqué le
suicide, comme substitut au martyre qui se faisait
attendre.

Des analogies évidentes sont enfin là pour confirmer
ces indications. Le Christianisme encourageait sous toutes
ses formes la mort au monde, la virginité, le monachisme; et son enseignement aboutissait également sur
ces points à des abus. On voit Jean Chrysostome obligé

(1) Jean XII, 25.
(2) Augustin, *Meditationes*, XXV; *Manuale*, VI et suivants.
(3) Cf. Polyeucte, II, vi :
    Néarque : Vous trouverez la mort...
       Il ne commande point que l'on s'y précipite.
  Polyeucte : Plus elle est volontaire et plus elle mérite.
(4) Cf. Tertullien, cité par Letourneau, *Evol. de la Morale,*
p. 423.

dè défendre le monachisme contre les attaques que ses
excès avaient provoquées, non seulement de la part
d'adversaires païens, mais de la part d'adversaires chrétiens. Le monde laïque et officiel voyait d'un mauvais
œil le développement de l'ascèse, mais plus d'un chrétien aussi trouvait mauvaise et offensante une conception
et une pratique qui accréditaient l'idée d'une vertu mona-
cale différente de la vertu accessible au commun des
chrétiens, et de qualité supérieure (1). Le cas d'Origène
n'est que trop notoire, et l'on sait qu'il a eu des imi-
tateurs modernes dans la secte russe des Skoptsy. Saint
Augustin examine aussi le fait des chrétiens qui veulent
se tuer pour fuir par la mort le péché (et il s'agit surtout du péché de la chair) (2) et la faiblesse de son argumentation sur ce point montre combien le bon sens avait
ici de peine à échapper à la logique de la doctrine. Le
christianisme a donc condamné le suicide comme il a
condamné le martyre volontaire ou la mutilation
sexuelle, parce qu'il risquait de les provoquer.

Ainsi de quelques raisons théologiques qu'elle s'enve-
loppât, la condamnation chrétienne du suicide n'était
rien autre chose que la revanche de la morale courante
contre la morale théologique, et du bon sens social contre
la doctrine de l'au-delà. On a d'ailleurs des preuves que
la société païenne était en effet très hostile à toutes ces
formes chrétiennes de désertion sociale, de suicide réel ou
moral. Pourquoi maintenant cette revanche s'est-elle trouvée possible, et pourquoi la proscription énergique du suicide est-elle venue faire équilibre aux impulsions d'une
doctrine qui faisait rayonner aux regards de ses fidèles
les espérances de la vie céleste, en même temps qu'elle

---

(1) V. A. Puech, *Saint Jean Chrysostome et son temps,* en particulier p. 133 et 261.
(2) *De Civitate Dei,* **XXV.**

restreignait les joies de la vie présente et défendait de les goûter sans arrière-pensée? Pourquoi le pessimisme chrétien n'a-t-il pas eu à cet égard les mêmes effets qu'a eus fréquemment le pessimisme bouddhique? C'est que le christianisme se développait dans une société politique fortement organisée; il aspirait lui-même, contrairement aux tendances évidentes du fondateur, à devenir une force sociale et à s'organiser politiquement; il s'était enfin laissé, dans l'esprit de ses interprètes grecs et latins, si intimement pénétrer par l'idée de la Cité, que cette idée mettait son empreinte jusque sur les représentations qu'ils imaginaient du « royaume des cieux (1) ». Ainsi, dans le christianisme même, tout comme au temps d'Hégésias Πεισιθάνατος, c'est la conscience sociale normale, bien loin que ce soit la doctrine nouvelle, qui a condamné le suicide; et, hors du christianisme, elle l'a condamné avec une vigueur particulière précisément parce que, pour la première fois peut-être, elle se trouvait en présence non d'une doctrine secrète et ésotérique, mais d'une doctrine populaire qui risquait de l'encourager.

III

Mais si ces conclusions sont exactes, la question que nous posions reste en suspens; il reste toujours à comprendre pourquoi à cette époque la conscience sociale commune a condamné le suicide, et si elle aurait encore aujourd'hui des raisons suffisantes de le faire. Nous avons vu qu'à certains égards on pourrait être porté à en douter. Examinons cependant les choses de plus près.

(1) Qu'on pense au titre même du livre de saint Augustin; on trouvera également dans le livre déjà cité de A. Puech, p. 208, le développement d'une idée toute « sociomorphique » du Ciel, chez Chrysostome.

Ce qui tout d'abord obscurcit la question, c'est que, suivant la direction indiquée par le christianisme, on persiste à se demander seulement si, à un point de vue tout individuel, le suicide est *coupable :* l'idée du *péché* domine la discussion. On s'évertue à démontrer que le suicide est lâche, qu'il est une manifestation d'égoïsme, d'un amour désordonné de jouissances ou de luxe, etc. Tout cela peut être vrai dans certains cas, mais devient visiblement faux dans d'autres. En tout cas il n'en résulterait qu'une condamnation morale, bien vague et bien faible, surtout, quand elle vient, comme dans la conscience moderne, se heurter à l'affirmation si forte de l'autonomie de la personne et à cette conviction grandissante du « droit au bonheur » qui est incontestablement un des ressorts du progrès social, voire même un des éléments de notre idée de la justice. Se placer, dans une telle question, au point de vue individuel, c'est donc non seulement rendre impossible toute solution précise, mais compromettre la solution traditionnelle à laquelle on prétend aboutir. Aussi voit-on qu'en fait, comme nous l'avons dit, le blâme moral attaché au suicide s'affaiblit, tandis que, pris en lui-même, le suicide continue à être combattu par tous les moyens dont on dispose.

Dans le blâme infligé par une société, il y a toujours deux aspects à considérer : d'une part la réaction naturelle des intérêts ou des convictions qui se défendent; d'autre part la pression éducative exercée sur le coupable (actuel ou possible) pour l'amener à s'amender. Or dans le cas du suicide ce second élément fait presque entièrement défaut. D'abord parce que la réprobation morale est presque toujours émoussée par la pitié; comment se montrer bien sévère pour celui que l'on commence par plaindre? Ensuite et surtout parce que l'on ne peut attendre de cette réprobation aucune réforme de la volonté chez un homme qui s'en va et qui croit échapper pour toujours à la censure sociale. Dans tous les autres cas, le souvenir du blâme pèsera sur les décisions ultérieures de l'individu; ici, plus rien de semblable. Ce qui d'ailleurs complète le sentiment d'une faute morale, c'est le besoin de punir, et ce besoin ne peut ici se satisfaire (1). Dès lors, puisque tout sentiment s'avive dans ses manifestations et s'éteint quand elles disparaissent, comment continuer à censurer celui qu'on est impuissant à punir?

Laissons donc de côté la personne du suicidé pour considérer le fait même du suicide et voir si ce fait peut paraître normal et satisfaisant pour la société; cessons de nous demander si le suicide est un mal *moral*, au sens étroit de ce mot, pour nous demander simplement si c'est un mal. Ce déplacement si simple de la question, qui la fait passer du plan de la subjectivité à celui de la société, rend la solution aussi claire et aussi évidente qu'elle était tout à l'heure incertaine et embarrassée. Personne, et pas même un pur pessimiste (2), n'imaginera que la société puisse en règle générale se réjouir des suicides qui se produisent dans son sein, ni souhaiter qu'ils se multiplient : on n'en verrait pas la raison. Nous ne devons pas cependant nous contenter de cette intuition, encore qu'elle puisse paraître claire et satisfaisante, et nous devons l'analyser.

(1) Les sanctions purement spirituelles sont devenues inefficaces et d'ailleurs elles peuvent difficilement aujourd'hui rentrer dans le droit commun parce qu'il n'appartiendrait pas à l'Etat laïque de les appliquer. Quant aux sanctions civiles qui ont été ou sont même encore édictées par certaines législations, elles choquent la plupart du temps, non seulement nos sentiments de sympathie, mais aussi notre conception de la justice, car elles frappent non le prétendu coupable, mais les survivants. Aussi tombent-elles partout en désuétude.

(2) Cf. Schopenhauer, *Le monde comme volonté*, etc. Liv. IV, § 69 (trad. fr. I, 149, Paris, F. Alcan). *Parerga, Sur la religion*, trad. Dietrich, p. 192.

Dirons-nous d'abord que la société a un intérêt direct à empêcher les suicides? Il serait impossible de le démontrer, et difficile même de le prétendre. Sans doute on pourrait alléguer nombre de cas où une crise qui pouvait être passagère, voire un chagrin futile, a abouti à cet acte irrémédiable, et privé la société d'énergies plus ou moins utiles dans le présent ou dans l'avenir. Mais il semble pourtant que, en moyenne, il y ait plutôt élimination d'êtres faibles, de caractères médiocrement trempés, de volontés mal adaptées aux exigences de la vie sociale. Si les suicides sont regrettables, on hésite à dire que les suicides, en général, le soient beaucoup. Mais on voit cependant des raisons indirectes qui expliquent que la société ne puisse pas, sans résistance, laisser le suicide se propager.

Tout d'abord cette absolue possession de soi dont le suicide serait l'affirmation de la part de l'individu, la société ne peut la lui reconnaître. On peut soutenir que la collectivité outrepasse elle-même son droit en obligeant l'individu à vivre, et cela, nous le verrons, parce qu'un tel droit suppose, de sa part à elle, l'accomplissement de devoirs correspondants qu'elle est loin de remplir. Elle n'en est pas moins obligée de protester contre le suicide, si elle veut sauvegarder le principe fondamental de la discipline sociale; et à cet égard le sentiment dont le christianisme, — peut-être assez illogiquement — s'est fait le défenseur, est sans doute en progrès sur l'individualisme stoïque. En sa personne, c'est seulement l'homme abstrait que le sage stoïcien respecte; mais il prétend à la pleine possession de sa propre existence comme individu. Le christianisme, quoique — ou peut-être parce que — suspect lui-même de soustraire ses adeptes à la vie normale de la cité, est venu opposer à cette prétention excessive un veto utile, et, en se faisant l'interprète des droits de Dieu, s'est trouvé maintenir, dans son principe, le droit de la société. De fait n'y a-t-il pas bien des cas (les criminels, les gros financiers qui provoquent un krach, etc.) où le suicide est un moyen de se soustraire à l'obligation de rendre ses comptes à la société? Le sentiment public est fondé quand il proteste alors; sa protestation témoigne du besoin qu'il éprouve de voir résoudre expressément une question juridique que le coupable avait soulevée et que sa mort ne tranche point.

En second lieu, la société a également un intérêt manifeste à ne pas laisser se développer le sentiment du mépris de la vie humaine, et en ce sens, le christianisme a vu juste encore, quand il a assimilé le suicide et l'hosuicide. Mais ceci même implique la substitution du point de vue social au point de vue moral subjectif. Personne ne songerait sérieusement à juger ni à traiter l'auteur d'une tentative de suicide manquée comme un assassin. Psychologiquement ou moralement ils ne se ressemblent point; et l'on a été induit en erreur quand, de cette assimilation, on a été amené à conclure que le suicide et le meurtre devaient suivre une marche parallèle (1). Mais cette assimilation qui n'est vraie ni au point de vue psychologique, ni au point de vue moral, ni au point de vue démographique, reste vraie à un point de vue qu'on pourrait appeler celui de l'éducation sociale : il s'agit de maintenir et de fortifier le sentiment fondamental du prix infini de la vie humaine. Le suicide comme l'homicide y portent presque également atteinte et c'est parce que ce sentiment s'est développé et constitue une des bases de notre moralité, que la société, en principe, ne peut pas plus admettre l'un que l'autre (2).

(1) Lacassagne, critiqué par Durkheim, *op. cit.*, p. 388.
(2) Ce point a été bien vu par M. Durkheim et il nous paraît inutile d'y insister davantage.

Enfin, et pour être plus subtile, cette raison n'est pourtant pas la moins réelle, si le suicide semble insupportable à la société, c'est peut-être parce qu'il constitue un reproche à son adresse. Elle condamne le suicide, parce que le suicide la condamne. « Le zèle extraordinairement vif des religions monothéistes contre le suicide, dit Schopenhauer (1), semble reposer sur une raison cachée. Celle-ci ne serait-elle pas que l'abandon volontaire de la vie est un mauvais compliment pour celui qui a dit : πάντα καλὰ λίαν ? Ce serait donc, cas si fréquent, l'optimisme obligatoire de ces religions qui attaque le suicide, pour ne pas être attaqué par lui ». Cette « raison cachée » est bien en effet celle que Calvin formulait : le suicide offense Dieu, parce qu'il marque un défaut de confiance dans sa providence et sa bonté; c'est un manque de foi. Mais ici, comme sur tant d'autres points, nous pouvons transporter à la société ce que les théologiens nous disent de la Divinité. Le désespoir du suicidé lui fait injure. Elle sent que c'est elle surtout qui constitue ce monde qu'il semble, par son acte, déclarer mauvais et inhabitable. Cet « optimisme obligatoire des religions monothéistes », d'où en serait donc venue l'idée si ce n'est d'un optimisme social que toute société doit en effet professer, si elle veut vivre, et qu'elle doit par conséquent s'efforcer d'inspirer à ses membres?

Mais en replaçant au plan social la conception théologique, nous lui rendons sa relativité. Si la société répugne à accepter le suicide, ce n'est pas seulement parce qu'elle en est offensée. Elle en est du même coup instruite; elle sent ses imperfections. Son optimisme n'est pas nécessairement celui de l'orgueil satisfait, qu'on prête à Dieu, et qu'imitent — ou suggèrent — les sociétés auto-

----

(1) *Op. cit.*, p. 192.

ritaires et immobilisées. Ce peut être l'optimisme de l'effort et du progrès, et cet optimisme implique l'aveu du mal présent (1). En empêchant autant qu'il est en elle le suicide, ce ne sont donc pas seulement ses droits que la société proclame, ce sont aussi ses obligations. Car idéalement, dans une société normale, il ne devrait pas y avoir place pour le désespoir. L'individu y trouverait un usage adéquat de ses activités; il y trouverait assez de régularité pour n'être pas abandonné à ses fantaisies, assez de moyens d'action pour se rendre utile, assez de réconfort contre les souffrances qui l'empêcheraient de remplir sa fonction. Alors, la « finalité » de son existence étant assurée dans la mesure du possible, il gardera le goût de la vie, et, du même coup, il cessera de craindre la mort (2); il saura laisser venir le terme imposé par la nature et, sa tâche accomplie, mourra simplement d'avoir vécu.

Mais tout en avouant ses obligations, la société nous demande crédit. Elle nous demande de ne pas opposer nos impatiences à ses inévitables lenteurs, de ne pas objecter la brièveté de nos existences individuelles aux siècles dont elle a besoin. Ainsi, parce que le rôle et le devoir de la société est de nous élever à la vie, de nous maintenir à la vie, il est aussi tout naturel qu'elle en exige d'abord de nous-mêmes le respect.

La réponse à la question du suicide n'est donc pas dans une qualification d'innocence ou de culpabilité intérieure, dans une vitupération stérile ou une justification

(1) N'est-ce pas d'ailleurs d'une certaine manière la situation même du christianisme : pessimisme par rapport au « siècle », optimisme par rapport à « l'autre monde »? Seulement nous déplaçons cet « autre monde » et ce déplacement n'est pas sans changer la gravitation de toute la vie morale.

(2) Comme l'a admirablemnt senti Proudhon, *La Justice dans la Révolution et dans l'Eglise*, 5ᵉ étude Ch. VI, T. II, p. 98 et suiv.

bien aventureuse. Elle n'est pas non plus dans le « Droit
à la mort », solution toute négative et pessimiste, qui
ne paraît pas plus satisfaisante pour l'individu au nom
duquel on affirme un tel droit, que pour la société contre
qui on la revendique. Cette réponse est dans le « Droit
à la vie » dont l'idée, bien comprise, implique aussi bien
les obligations que les droits respectifs de l'individu et
de la collectivité. Et plus la société réalise au profit de
l'individu le droit à la vie, plus naturellement, disparaît
pour lui le droit à la mort. Les sociétés antiques exi-
geaient beaucoup de l'individu, mais n'exerçaient en sa
faveur qu'un minimum de fonctions de protection, d'assistance ou d'éducation. Aussi le laissaient-elles partir
sans difficulté. C'est l'inverse dans les sociétés actuelles;
elles aident l'individu, et elles le retiennent.

Mais le droit à la vie, ce n'est surtout pas le droit à
une vie toute faite, à un bonheur tout fait. Le bonheur
n'est pas une chose, et il est contradictoire avec sa nature
de supposer qu'il puisse nous être *donné*; car alors il
n'aurait plus pour nous aucun prix. Si, comme nous
l'avons montré au début, la vie qu'il reçoit de la nature
ne suffit pas à l'homme et si elle ne lui apparaît que
comme un moyen, la vie qu'il recevrait de la société ne
lui suffirait pas davantage. Ce qui confirme cette vue,
c'est que ce ne sont pas les difficultés de vivre qui mesurent la tendance au suicide, mais la disparition de tout
intérêt à vivre. En temps de guerre et de révolution, la
difficulté de la vie ne diminue pas, tant s'en faut, mais la
vie devient plus active, plus tendue, à bien des égards
plus intéressante : le taux des suicides diminue (1). Les
militaires en temps de paix fournissent au contraire un
contingent partout considérable de suicides, proportion-

____

(1) V. Durkheim, *op. cit.*, p. 216, 219 et le tableau statistique,
p. 247.

nellement plus fort que celui de la population civile et plus fort chez les officiers que chez les soldats. L'existence leur est pourtant facile et assurée, mais ils se sentent inutiles; ils sont comme un organe qui ne peut accomplir sa fonction (1).

Ainsi le droit à la vie, c'est le droit à une raison de vivre et à des moyens de vivre, à une suffisante possibilité d'agir. Comme le socialisme démocratique demande pour tous non le revenu oisif contre lesquel il combat, mais au contraire les instruments de travail, et la cerutude pour tous de trouver un emploi de leur activité, de même nous ne devons souhaiter, si nous voulons enrayer le suicide, ni l'aumône sociale ni l'enrégimentation qui suppriment, l'une et l'autre, l'intérêt que nous pouvons prendre à la vie. Il faut que l'individu se sente soutenu, sans se sentir opprimé (2), il faut qu'une carrière soit ouverte à ses ambitions, sans que ses désirs soient surexcités d'une façon disproportionnée avec les facultés dont il dispose. Il faut qu'il sache s'attacher à une fin sans en être esclave, qu'il sache s'encadrer dans un tout sans

(1) V. les tableaux statistiques chez Durkheim, *op. cit.*, p. 253 et 256. Ce qui confirme notre explication, c'est que le coefficient d'aggravation du taux des suicides dans une armée est d'autant plus élevé que ce taux est moindre pour la population civile (Angleterre). C'est que le contraste est alors plus fort entre l'activité, l'esprit d'entreprise de cette dernière et le désœuvrement dont souffre la première. On voit combien est inadéquate et même sans doute inexacte l'explication que M. Durkheim donne de ce fait, lorsque, classant les suicides militaires parmi les suicides « altruistes », il les attribue à l'esprit de sacrifice, aux habitudes d'impersonnalité du militaire. L'argument tiré des suicides chez les engagés et réengagés — ceux qui auraient donc la vocation militaire — est bien peu probant. Qui ne sait que ce sont là dans bien des cas des « ratés » qui ont moins de goût pour le métier des armes que d'impuissance à s'ouvrir une autre carrière, et que d'ailleurs on provoque les réengagements par des avantages artificiels dont l'espérance n'a rien à voir avec une vocation militaire?

(2) M. Durkheim indique bien (p. 311 note) que l'excès de réglementation aboutit au suicide (qu'il appelle alors *fataliste*) comme l'insuffisance des attaches sociales et l'isolement moral de l'individu (suicide *anomique*).

perdre son individualité. C'est ce double équilibre psychologique et social qui constitue tout le problème du suicide, et il se résout ainsi sans aucun appel aux illusoires arguments métaphysiques dont on l'encombre d'ordinaire. Ici, comme ailleurs, au lieu de se livrer à l'indignation ou à l'apologie, il faut étudier les faits; il faut comprendre le double phénomène du suicide lui-même, et du sentiment social qui l'atteint. L'appréciation morale ira alors presque d'elle-même, et l'on saura même dans quelle direction il est possible de trouver le remède au mal (1).

(1) Il n'entre pas dans notre plan d'étudier dans le détail les remèdes au suicide. On trouvera dans les conclusions du livre de M. Durkheim d'excellentes suggestions sur ce point, quoique la solution qu'il tire de l'association professionnelle ne constitue qu'un fragment d'un système général de remèdes relevant du même principe. Proudhon (*op. cit.*, t. II, p. 130) fournit aussi à cet égard de bonnes indications, lorsqu'il reconnaît, comme conditions d'une vie normale et pleine, à côté de l'Amour et de la Famille, le Travail et la Communion sociale. Il suffisait à notre but de faire comprendre comment le point de vue social s'applique au problème, le transforme et aide à le résoudre d'une manière positive.

V

LA VÉRACITÉ

On ne me paraît pas avoir suffisamment mis en évidence la difficulté fondamentale qui arrête dès les premiers pas la plupart des théoriciens de la morale, et dont,
semble-t-il, la plupart ne se sont pas nettement rendu
compte. Cette difficulté réside dans le caractère paradoxal
et en quelque sorte contradictoire de la question que l'on
aborde lorsqu'on cherche, non pas à développer les applications pratiques de la morale, mais à en déterminer et
surtout à en justifier le « principe ». Le problème que
l'on se pose alors pourrait en effet se formuler ainsi :
Trouver une *morale* qui soit *vraie*, un principe de conduite qui puisse se justifier comme se justifie une vérité.
On cherche, suivant l'expression usuelle, à définir le
vrai bien ou la *vraie loi*. Or l'impossibilité de répondre
directement à une telle question se révèle bien vite à
l'analyse même de ces termes. On cherche une morale,
un principe de conduite, un bien ou une loi, c'est-à-
dire quelque chose de propre à mouvoir la volonté, à
déterminer l'action, et en même temps on prétend que
ce principe soit une vérité, c'est-à-dire quelque chose
de purement intellectuel, quelque chose de propre à
déterminer une simple affirmation, mais non l'action.
Sans doute la vérité suppose un travail de découverte,
une recherche active de la part de l'esprit, et en ce sens

la vérité n'est pas *donnée*. Cependant, dès qu'elle est découverte, son contenu est pensé comme *existant*, à quelque titre, et sous quelque forme que ce soit. *Ce qui se présente comme une vérité se présente toujours comme un donné*, dans l'acception générale de ce terme; « la vérité, c'est ce qui est », dit Bossuet, et à condition de ne pas prendre ce mot dans un sens étroitement réaliste, cela reste exact à ce point de vue. Or on ne voit pas comment transformer le jugement assertorique ou apodictique qui exprime la vérité en un *il faut*, en un *je dois vouloir*, ou même en un *je veux*, comment faire d'un simple objet réel de contemplation un objet idéal de tendance ou de volonté; — on ne voit pas, inversement, en quel sens on pourrait dire qu'un *bien soit vrai*.

Il n'est pas jusqu'à l'expression même de *morale théorique*, si courante pourtant, qui ne présente une singularité voisine du non-sens, puisque la morale n'est plus la morale si elle n'a pas un caractère pratique, et qu'une pure théorie ne saurait rien avoir de moral (1).

S'il est un point d'ailleurs sur lequel la psychologie contemporaine ait insisté avec raison et même établi ses thèses avec quelque force, c'est l'impossibilité de prendre à la lettre l'ancien intellectualisme psychologique et de maintenir sa prétention à réduire au *jugement* les fonctions dynamiques de la vie mentale, les tendances, les émotions, les volitions. C'est peut-être pour cette raison que ce qu'il y a de paradoxal dans le problème du fonde-

----

(1) Nous nous sommes rencontrés dans cette idée avec M. Lévy-Bruhl sans avoir eu à la lui emprunter, puisque aussi bien elle nous est apparue, comme on le voit ici, par un tout autre côté. Mais nous avons dû faire trop de réserves sur certaines parties de sa doctrine pour ne pas nous réjouir de cet accord et de la diffusion que son livre a donnée à cette idée, à laquelle nous étions dès longtemps arrivé dans notre enseignement. La conférence d'où a été tiré le présent chapitre date elle-même du commencement de 1903. *La Morale et la Science des Mœurs* a paru la même année.

ment de la morale, peut nous frapper aujourd'hui plus que jamais.

De ce problème, dont nous n'avons l'intention d'aborder ici qu'un côté, on aperçoit bien, dans l'abstrait, et même dans l'histoire de la pensée morale, une solution logiquement défendable, mais suivant nous pratiquement et scientifiquement insuffisante. Elle consisterait à identifier, au profit de la pensée seule, la moralité et la vérité, à réduire tout le devoir au devoir de penser. La seule action qui puisse s'imposer au nom de la vérité semble être la recherche du vrai. Dès qu'on est résolu à découvrir une *valeur* qui se justifie aux yeux de la raison, la raison elle-même semble seule pouvoir se justifier et toute valeur s'efface devant celle de la pensée vraie. La seule règle pratique sera d'assurer la liberté du jugement, la puissance de la réflexion, la plénitude de l'intelligence. Tout le reste deviendra indifférent ou du moins n'aura d'intérêt que comme condition de cette fin suprême, ou comme obstacle à sa poursuite.

Dans l'histoire de la philosophie morale, on reconnaîtrait aisément diverses poussées dans cette direction, qui d'ailleurs n'a peut-être jamais été suivie délibérément ni jusqu'au bout. Socrate, les Stoïciens, Descartes (4ᵉ règle de la morale provisoire), Spinoza (début du *de Emendatione*) ont de divers côtés approché d'une semblable solution du problème moral. Il n'est pas jusqu'à Pascal, dont l'inspiration générale est pourtant si différente, qui ne nous suggère incidemment la même idée : « Travaillons donc à bien penser, voilà le principe de la morale (1). »

(1). Cf. Poincaré. *La valeur de la Science*. Introduction, p. 1. La tentative de ramener la moralité à la vérité est explicitement la théorie morale de Wollaston. Tout récemment M. Koppelmann semble l'avoir renouvelée dans sa *Critique de la conscience morale*, Berlin. 1904. V. aussi Carus, *la Religion de la Science*, Congrès de Philosophie, t. II.

Si forte que paraisse une pareille théorie, et sans méconnaître le parti qu'il est possible d'en tirer, il nous est impossible de la tenir pour immédiatement satisfaisante. Tout d'abord elle implique une définition arbitraire de la moralité, qui ne correspond nullement au contenu du jugement moral spontané. La moralité est un fait réel, empiriquement donné dans la vie de l'humanité, une fonction qu'il s'agit de reconnaître d'expliquer et de perfectionner, mais dont l'existence précède toute théorie élaborée à son sujet, et que, par suite, le philosophe n'a pas le droit d'inventer, de définir à sa guise, selon les besoins de sa cause. Or on ne voit nullement que cette moralité réelle consiste exclusivement, ni même principalement dans ce culte de la raison pure et de la vérité. La conception kantienne, bien que, par son formalisme même, elle échappe à l'excès d'intellectualisme, et évite de faire de la vérité et de la science l'objet de la volonté morale, pèche encore d'une manière analogue. Ce que Kant avait le droit de tirer de l'idée, en un sens très légitime, d'un usage pratique de la raison, c'était simplement, nous l'avons montré, une *logique de l'action* qui, en raison de l'indétermination même de son contenu, n'aurait rien de proprement moral. Il est tout à fait arbitraire, on ne l'a pas assez remarqué, de prendre pour une Morale un formalisme pratique qui, dans sa généralité toute abstraite, dépasse de beaucoup en extension la moralité, et lui reste inadéquat en compréhension. La volonté autonome, telle que la définit Kant, est peut-être une condition de l'action morale, mais, dans la mesure du moins où elle est réalisable, elle est, si l'on y regarde de près, la condition générale de toute action véritable, même absolument étrangère au domaine moral.

Loin que la conscience morale spontanée place la moralité dans la pure rationalité, et surtout dans l'œuvre proprement intellectuelle de la pensée, c'est tardivement, nous le montrerons tout à l'heure même, que ce domaine est conquis par la morale. Pour bien des raisons, que nous indiquerons, l'œuvre intellectuelle, la réflexion scientifique ou philosophique n'ont pu être envisagées qu'à une époque récente comme objet de jugement moral, loin d'en avoir été d'abord l'objet immédiat et l'objet propre.

Il y a plus. La véracité elle-même, dont nous voulons nous occuper ici, et qui semble la plus intellectuelle des vertus, la plus aisée à déduire de la théorie que nous visons, ne s'y ramène pas si directement qu'on pourrait le croire. Il y a dans le fait de répandre la vérité, de travailler au progrès de la connaissance humaine, quelque chose de plus que dans le devoir tout intérieur de penser et d'apprendre solitairement, et *a fortiori* quelque chose d'irréductible à ce que la raison, comme telle, semble pouvoir directement nous imposer. Ainsi, en l'absence du sentiment social, la rationalité pure ne déterminerait même pas, semble-t-il, l'obligation *morale* de la véracité.

Au contraire elle tendrait plutôt à déterminer, chez le penseur épris d'un tel idéal, une systématique abstention à l'égard de l'action sociale. Il n'aura aucune raison de s'y engager; et quand soufflera le moindre orage, il se retirera volontiers à l'abri du petit mur dont parle Platon au sixième livre de la *République*. Il n'éprouvera même pas cet impérieux besoin de divulguer sa pensée, qui paraîtrait devoir être sa vertu propre, à plus forte raison celui de gagner les autres à ce qu'il tient pour la vérité. Quant au reste de sa conduite, il lui semblera que c'est affaire d'opinion et de coutume, en quoi le fond de sa conscience ne se trouve pas engagé, parce qu'il ne faudrait chercher là aucune valeur justiciable de la pensée philosophique, mais seulement une simple opportunité pratique et empirique. Et ainsi, à vouloir mettre le Bien au-dessus de toute comparaison, on en viendrait, en poussant la théorie à la limite, à supprimer toute vertu proprement dite, même la plus voisine en apparence de la pensée. La moralité, au sens où l'entend la conscience commune, apparaîtrait comme indifférente en elle-même. On continuerait à l'observer, non parce qu'elle serait vraiment digne de notre respect, mais seulement parce que, dans la poursuite d'un but supérieur, il est plus commode et plus prudent de suivre, pour la vie commune, la route ouverte et battue que de s'aventurer à travers champs. N'est-ce pas ainsi à peu près que Descartes justifie sa soumission aux lois et à la religion établies, par la nécessité de poursuivre en paix la tâche philosophique qu'il s'est assignée?

Nous continuons donc à croire qu'il convient de définir la moralité, conformément à l'intuition et à l'expérience universelles, non en fonction de la pensée, de la raison ou de la vérité, mais en fonction de la vie affective et de la vie sociale. Mais alors le problème se poserait à nouveau de savoir comment peut s'imposer à la volonté de l'individu, autrement que par une contrainte, la moralité ainsi définie, de quelle manière, sans d'ailleurs avoir la prétention peut-être dénuée de sens de constituer un « impératif catégorique », elle peut du moins justifier l'idéal qu'elle propose et réaliser ainsi, au lieu d'en émaner, une raison véritablement pratique.

Sans reprendre ici cette seconde partie du problème, nous en voudrions examiner seulement un côté et une dépendance très particulière, et nous demander en quoi consiste la valeur de la véracité. Cette vertu si fondamentale semble en effet être dans une situation très spéciale qui la place exactement à égale distance des deux conceptions de la moralité que nous avons opposées.

D'une part, en effet, elle tient de si près à la vérité qu'elle semble n'en être que le prolongement, et n'avoir besoin d'aucune autre justification. D'autre part elle est pourtant une manière d'être sociale, elle implique une manifestation extérieure de la pensée qui en fait une véritable activité tombant sous le jugement spécifiquement moral tel que nous le comprenons. Que la véracité soit une vertu sociale, c'est ce que l'on nous accordera sans peine. N'est-elle pourtant qu'une vertu sociale et ne s'impose-t-elle pas indépendamment de toute considération sociale, et d'une manière non seulement autre, mais plus forte et plus immédiate, puisque c'est au dedans de la conscience même que cette obligation se ferait sentir? C'est ce qu'il semble bien au premier abord. Mais s'il en était ainsi, n'y aurait-il pas là une sérieuse objection'à la théorie sociale de la moralité, pour laquelle il n'y a de vertu proprement dite et d'obligation proprement morale qu'au point de vue de l'activité sociale des individus? Et ce serait une objection de principe autrement grave que l'objection commune, tirée des conflits apparents de l'intérêt social avec la vérité, et du danger de tomber dans la théorie des mensonges salutaires. Celle-ci est peut-être plus frappante parce qu'elle engage directement la pratique ; mais l'autre atteindrait le fond même de la théorie.

Entre la théorie sociale et la théorie purement rationnelle de la moralité, la véracité marque donc un point crucial; or ce sont bien les deux théories les plus dignes de discussion qui restent en présence dans la conscience actuelle. C'est ce qui, en dehors de l'intérêt pratique que peut comporter la question, en constitue la portée proprement philosophique.

Nous considérerons d'abord la véracité dans sa genèse et son développement, et nous verrons qu'elle apparaît et progresse en fonction d'exigences sociales : *c'est la socialité qui introduit la véracité dans la sphère de la moralité* et en fait une vertu. Nous nous demanderons ensuite, l'envisageant en elle-même, pourquoi elle semble être quelque chose de plus, et d'autre, sans qu'il soit pourtant facile de lui contester, même alors, non seulement le caractère de moralité, mais même un caractère de moralité supérieure.

I

Si nous envisageons la véracité tout d'abord dans sa formation et sa fonction, nous pouvons reconnaître de suite qu'elle présente deux formes typiques, ou deux degrés caractérisés. Il y a d'abord une sorte de véracité toute pratique qui a pour matière pour ainsi dire des actions plutôt des pensées et dont par conséquent les formes les plus rudimentaires mériteraient à peine le nom que nous arrivons à leur appliquer par extension. Il y a ensuite une véracité proprement dite, ayant encore le caractère d'une relation sociale, mais dont la matière est déjà tout intellectuelle ; elle réside dans notre scrupule à éviter de nous faire, même d'une manière désintéressée et avec les meilleures intentions du monde, des instruments d'erreur, dans notre effort pour répandre ce que nous estimons vrai, et combattre ce que nous regardons comme faux.

Assurément il y a bien des degrés entre ces deux formes de la véracité. De même, au-dessous et au-dessus, on peut aussi prolonger la ligne qui joint les deux points caractéristiques que nous venons de définir. La première de ces deux sortes de véracité confine à des formes d'action sociale et à des qualités du caractère individuel pour lesquelles on ne songerait pas encore au terme de véracité ; la seconde arrive à s'absorber dans un respect en quelque sorte tout *intérieur* de la vérité auquel le terme de véracité ne conviendrait plus. Cette distinction importe néanmoins. Car si la forme la plus intellectuelle de la véracité est précisément celle qui apparaît le plus tardivement dans la conscience morale, c'est bien la preuve que la théorie intellectualiste de la moralité est arbitraire et inadmissible, et *qu'il faut expliquer non pas la moralité par une extension progressive de la véracité qui en serait l'essence, mais bien au contraire la véracité proprement dite comme une prolongation, dans le domaine de l'activité intelligente, d'une moralité ayant un caractère et un fondement social.*

C'est bien précisément ce que nous pensons, et le problème, tel que l'évolution morale le pose, est bien de savoir comment la véracité est peu à peu entrée dans la sphère de la moralité, et non de savoir comment la moralité serait progressivement sortie d'une vertu absolue, irréductible, primitive, de véracité ou plutôt de rationalité (1).

1. — Si l'on voulait faire une étude complète de la véracité il faudrait remonter jusqu'à ces formes de véracité auxquelles nous faisions allusion tout à l'heure et qui sont encore fort éloignées de la véracité proprement dite, c'est-à-dire de celle qui s'applique à la pensée. Il faudrait faire état de tous ces mensonges de l'attitude et du costume par lesquels on cherche à en imposer à au-

---

(1). Sans doute cette dernière thèse n'a peut-être jamais été expressément soutenue, car la formule socratique, d'ailleurs ambiguë, de l'identité de la science et de la vertu signifie : le bien est une vérité et peut s'enseigner et se démontrer, plutôt qu'elle ne signifie : la vérité est par elle-même le seul bien et vaut seule la peine d'être voulue absolument. Mais il n'importe, puisque cette thèse, existante ou non, est forcément, comme nous l'avons montré, à la base de toute prétention à faire de la moralité une valeur suprasociale, absolue, et susceptible d'être justifiée par la seule raison.

trui et à se faire passer pour ce que l'on n'est pas. Il faudrait relier ainsi à la « fausseté » diverses formes de la vanité et de l'orgueil ou même encore de l'instinct de conservation et de la peur, qui restent les motifs les plus ordinaires du mensonge proprement dit, mais commencent par susciter pour ainsi dire des mensonges en acte : appelons-les mensonges *pragmatiques*. On en retrouverait des exemples élémentaires jusque chez les animaux. L'insecte qui fait le mort, la chenille Harpie qui, lorsqu'elle est en danger, montre une tête si étrange et si faussement menaçante, le cerf qui, poursuivi par la meute, cherche à la mettre en défaut en forçant un autre cerf à courir en même temps que lui pour embrouiller les pistes, trompent leur ennemi et suscitent d'une manière plus ou moins consciente, plus ou moins automatique, des erreurs favorables à leur conservation. Tous les faits si nombreux et si variés de mimétisme sont aussi en ce sens, des mensonges tout spontanés (1). On voit à quel point le mensonge est « naturel » et quelle distance l'homme devra franchir pour arriver au culte de la vérité.

Il faudrait encore, au delà de ces cas relativement simples, considérer l'organisation collective de ces mêmes formes de tromperie qui constituent les « mensonges conventionnels » de la vie sociale, mensonges des titres et des dignités, mensonges tendant à maintenir la hiérarchie des classes et des castes, mensonges des cérémonies, des formules de politesse et des protocoles de toutes sortes, allant des conventions de la vie mondaine jusqu'aux périphrases et aux procédures sinueuses de la diplomatie.

---

(1) On sait que la finalité de ces faits est aujourd'hui très contestée. Nous n'en faisons état qu'au point de vue d'une classification possible des manifestations du mensonge.

Nous ne saurions sans étendre outre mesure notre sujet dépasser ces simples indications, mais elles nous paraissent susciter deux remarques utiles aux conclusions de notre étude.

Tout d'abord on voit, par les exemples mêmes que nous venons d'entrevoir, que depuis les formes élémentaires de la tromperie jusqu'au mensonge proprement dit, il semble y avoir une gradation d'immoralité croissante, et cela non seulement parce que la clarté de la conscience et de l'intention va aussi en s'accentuant, mais encore et surtout parce que, aux degrés inférieurs de cette échelle, nous ne trouvons presque rien de plus que des actes de défense, des effets presque directs de la lutte pour la vie. Se cacher de l'ennemi, ou se donner les apparences d'une force qu'on ne possède pas, voilà si l'on veut deux formes de tromperie, mais plutôt deux formes de défense que le faible ne peut éviter. Ainsi l'on pourrait dire que le mensonge commence, sous ces formes encore indistinctes, par être légitime, parce qu'il est nécessaire.

Par cela même on voit aussi qu'une certaine sincérité accompagne presque toujours les actes que nous venons de considérer. L'insecte qui fait le mort est probablement en effet paralysé par la peur ; le potentat oriental, qui exige les formules et les marques de la soumission la plus servile, a le sentiment réel de sa puissance et de son essence supérieure; le matamore est en quelque mesure dupe de la comédie qu'il joue d'une manière plus ou moins spontanée. Il y a bien loin de là au mensonge conscient ou même à l'hypocrisie, qui non seulement n'ont plus un lien si direct ni si nécessaire avec la défense de la vie, mais supposent un dédoublement et une contradiction beaucoup plus complets de la personne. Inversement, dans la mesure même de leur spontanéité et de leur caractère naturel ou traditionnel, ces *mensonges pragmatiques* cessent d'être vraiment trompeurs pour autrui. C'est ainsi pour ne considérer que les formes supérieures que nous en avons signalées, qu'on cesse de prendre au pied de la lettre les formules admises de la politesse, que l'opinion est de moins en moins dupe des cérémonies, des chamarrures et des décorations. Dans les « mensonges conventionnels » de la vie sociale, la convention atténue le mensonge, loin de l'accentuer.

Notre seconde remarque, c'est que l'analyse qui précède montre combien est nécessaire et naturelle en quelque sorte la genèse du mensonge, qui ira se développant et se compliquant, et qui envahira selon un processus tout à fait semblable, après les relations sociales élémentaires, la vie économique et enfin la vie intellectuelle, à mesure que ces fonctions se développent dans l'existence individuelle et s'intègrent à la vie collective. C'est pourquoi il est si difficile, comme on s'en aperçoit aisément, de revenir à la sincérité que tant de motifs pressants empêchent de se développer. Elle ne devient possible que dans la mesure même où s'atténue la lutte pour la vie, et c'est seulement dans une humanité parfaitement pacifiée qu'elle pourrait fleurir; nouvelle preuve que la véracité, conditionnée par tout le progrès moral, n'en saurait être le terme initial. Pour ne pas quitter le terrain sur lequel nous sommes placés pour le moment, on reconnaît avec quelle lenteur disparaissent les signes des puissances déchues et les distinctions devenues illusoires (blasons et titres de noblesse, par exemple), avec quelle peine même les forces sociales les plus réelles arrivent à se passer de l'apparat extérieur qui frappe les imaginations, combien semble corrélative au degré de civilisation une juste proportion entre les formules des protocoles mondains ou internationaux et la réalité des sentiments correspondants. En toutes choses et à tous les degrés, la simplicité des allures et la sincérité des manifestations extérieures a toujours été l'apanage des hommes véritablement forts ou tranquilles. Si la diplomatie américaine est affranchie du formalisme alambiqué de celle du vieux monde, ce n'est pas seulement parce que c'est celle d'une démocratie, et d'une démocratie née pour ainsi dire adulte, exempte de la servitude des longues traditions; c'est aussi parce que c'est la diplomatie d'un peuple fort, qui n'a pas été sujet et ne se sent guère exposé à des luttes pénibles où son existence serait en jeu. La simplicité est ici, comme dans la vie des individus, l'effet, ou de la vraie supériorité ou tout au moins de la sécurité.

Nous voyons donc déjà, sous ce premier aspect, les progrès de la véracité s'opérer en fonction du progrès des conditions et des adaptations biologiques et sociales. Sans doute ce progrès des sociétés pourrait par cela même s'exprimer sous la forme d'un progrès dans la sincérité et la véracité, mais encore faut-il reconnaître que celle-ci n'est pas ici cause déterminante et motrice ni cause finale, mais qu'au contraire elle n'est qu'un résultat et un signe.

2. — A un niveau supérieur, au-dessus de la véracité « pragmatique » dont nous venons de parler, nous trouverons une forme déjà plus expresse, plus définie de véracité qu'on pourrait d'une manière générale appeler *contractuelle* : la bonne foi dans les engagements de toutes sortes.

Entre les deux on pourrait situer toutes les formes spéciales de la véracité dont le contraire peut s'appeler proprement l'hypocrisie. L'hypocrisie est pour ainsi dire une tromperie quant au *sujet*, à la personne du contractant, dans le *contrat tacite* qu'implique toute une série de relations sociales, comme la mauvaise foi est une tromperie quant à l'*objet* d'un *contrat explicite* et spécial.

L'on voit immédiatement le caractère proprement
social de la véracité sous cet aspect. Avant que la vie
sociale se développe en relations nettement définies, elle
a pour condition fondamentale une confiance mutuelle
qui n'est possible que dans la mesure où les hommes
se connaissent les uns les autres. Avant d'en arriver à
cette condition supérieure de l'organisation sociale et de
la liberté même qui consiste à *savoir sur quoi compter*,
il faut obtenir cette garantie générale et indéterminée de
savoir *sur qui compter* et d'avoir quelque sûreté quant
aux personnes avec qui l'on entre en relations. Sans doute
cette condition serait très difficile à réaliser d'une manière
certaine et parfaite; aussi voit-on l'organisation du droit
laisser volontiers de côté les personnes pour ne s'occuper
que des choses engagées dans les relations juridiques.
Mais il n'en reste pas moins que cette nécessité de la
confiance mutuelle et de la connaissance des personnes
les unes par les autres est la plus primitive, et qu'elle
s'impose à l'origine d'autant plus impérieusement que
les rapports sociaux sont moins organisés quant à leur
matière. La base psycho-sociale essentielle de la moralité, telle que nous la définissons, est la sympathie, et
la sympathie n'est possible que dans la mesure où les
hommes se comprennent vraiment les uns et les autres.
Il n'y a pas d'attitude, disons de vice, plus exclusif de la
sympathie que l'hypocrisie, dès qu'elle est soupçonnée.
Elle n'est pas en effet un simple *mensonge*, une simple
tromperie, elle est en quelque sorte un *vol* de confiance,
un moyen de dérober à autrui une part de sympathie
et de collaboration sociale en échange de laquelle on
n'offre qu'une fausse monnaie. Ici encore ce n'est pas la
véracité comme telle, mais la probité qui définit la mora-

lité. C'est par le côté pratique et réel, par le rapport qui s'établit entre des activités, et non entre des esprits, que le vice se caractérise comme tel.

Aussi peut-on dire que la véracité contractuelle est la force centrale sous laquelle la véracité se constitue comme vertu et s'affirme dans la conscience commune. *Garder sa parole*, être fidèle à ses engagements, tenir ses promesses, voilà la manière d'être véridique qui importe essentiellement à la vie sociale. La *fidélité* au roi, au Dieu national, à la patrie sont en quelque sorte les formes politiques générales de cette *bonne foi* qui se manifestera ensuite dans les relations juridiques et économiques particulières des individus. La première sert même d'abord à garantir la seconde; le serment, l'appel à l'arbitrage du chef, sont autant de manières d'appuyer la bonne foi dans les transactions individuelles sur la bonne foi commune, supposée plus solide, qui préside à l'ensemble de la vie collective (1).

Ce qui distingue cette forme de la véracité et la caractérise bien comme essentiellement pratique, c'est que c'est ici l'action même qui *rend vraie* la parole donnée auparavant. D'une manière générale la *vérité dans l'avenir* intéresse bien plus l'homme primitif que la vérité dans le présent ou surtout le passé. Le devin a précédé de beaucoup le savant et l'historien. A plus forte raison cet intérêt pour la vérité future se comprend-il lorsqu'elle semble dépendre de nous. Avant de lire l'avenir dans les entrailles des victimes, l'homme social peut espérer en lire une partie dans le cœur et sur les lèvres de son semblable. Car il s'agit alors non d'une vérité à percevoir, mais d'une vérité qui sera *réalisée* par une volonté. La promesse passée devient véridique au moment où elle

(1). De la même manière que, dans la théorie contractualiste, c'est le « contrat social » général qui est la condition et la garantie de tous les contrats individuels particuliers.

est tenue. Sans doute la forme générale de l'accord avec
soi-même, la forme de la vie rationnelle et logique, reste
bien commune, suivant les vues des Stoïciens ou de
Kant, à cette véracité pratique et à la véracité proprement intellectuelle. Il est impossible pourtant de réduire
la première à la seconde sans méconnaître la différence
entre le dynamique et le statique, entre le voulu et le donné, entre l'action et la simple pensée.

3. — Comment donc la véracité proprement dite, celle
qui s'applique à la connaissance et à la pensée, se deve-
loppe-t-elle et acquiert-elle enfin sa valeur morale?

Il est aisé de constater que cette acquisition de la conscience est relativement tardive, et l'on trouve à ce fait,
non seulement des raisons psychologiques que nous ne
pouvons analyser ici, mais des raisons sociales décisives
et assez visibles.

L'activité intellectuelle commence par avoir, en fait,
un caractère relativement très individuel. Elle est réservée à un petit nombre d'hommes d'élite dont le travail
est plus ou moins solitaire. C'est un point dont on n'a
peut-être pas suffisamment tenu compte lorsqu'on a comparé par exemples les morales antiques aux morales modernes. On a trop oublié, ce nous semble, que les morales
antiques sont des œuvres de pensée indépendante dont
les principes, sinon les détails pratiques, n'ont rien à
voir avec la moralité populaire ambiante et n'ont eu sur
elle aucune action appréciable, tandis que les morales
modernes — toutes celles du moins que l'on envisage
pour les opposer aux systèmes antiques, — sont en étroite
relation avec les disciplines morales diffuses, avec les formes de conscience et d'éducation morales généralisées
paré par exemple les morales antiques aux morales moraux élaborés dans des conditions d'indépendance intellectuelle très parfaite, imaginés par des penseurs en vue

de satisfaire leur raison philosophique, et non d'interpréter la moralité courante ou de l'améliorer; de l'autre, au contraire, nous avons de simples reconstructions dont tous les matériaux sont tirés de la conscience commune, des interprétations de la forme de moralité acceptée en fait à un moment donné. Il n'est donc pas étonnant que le caractère d'autonomie domine dans les systèmes antiques, celui d'hétéronomie dans les théories modernes. Mais les termes que l'on a ainsi comparés entre eux ne sont pas homogènes.

Pour en revenir à la question qui nous occupait, il paraît bien certain que dans l'antiquité, faute d'une suffisante diffusion de l'instruction et des moyens de communication intellectuelle, faute ensuite d'une division assez avancée du travail scientifique, l'étude, la recherche de la vérité restent une occupation tout individuelle, sans caractère social apparent ni conscient.

Platon, dans les *Lois*, n'hésite pas à admettre qu'on puisse tromper le peuple dans l'intérêt de l'ordre public. Et si, dans la *République*, il exclut de l'Etat Homère et les poètes, parce qu'ils habituent les hommes à vivre dans la fiction et dans la passion, lui-même fait bien pire : il fait pénétrer jusque dans la philosophie la fiction sous la forme du mythe, sans qu'on puisse savoir quel degré de créance il lui accorde. La fiction avouée du poète n'est-elle pas beaucoup moins contraire à la véracité ?

Les vertus *dianoétiques* d'Aristote restent purement intérieures, elles sont juxtaposées ou, si l'on veut, superposées aux vertus *éthiques;* en tout cas, elles s'en distinguent, et par conséquent on peut dire que, de l'aveu d'Aristote, elles ne sont pas *morales*. Elles ne sont vertus qu'au sens extrêmement étendu du mot grec, dont l'étymologie n'éveillait sans doute dans l'esprit d'un Hellène

que des idées extrêmement générales de perfection, d'excellence, de force. Elles ne relevaient pas de la Politique,
qu'Aristote déclare être la science « architectonique » à
laquelle se rapporte et dont dépend la Morale.

A plus forte raison, la véracité est-elle quelque chose
de plus qu'un simple prolongement de la raison et de la
connaissance. Elle suppose qu'on a conçu la vérité et la
science comme des biens d'ordre social dont la possession
importe à tous et dont personne ne doit être frustré. Si
l'on veut mesurer la distance qui sépare la culture intellectuelle la plus avancée, le besoin personnel de vérité le
plus profond et le plus intense du sentiment social de la
vérité et du devoir correspondant, qu'on veuille bien considérer combien les grands intellectualistes du xviie siècle,
les Descartes, les Malebranche, les Spinoza étaient éloignés d'avoir des tempéraments d'apôtres, combien aisément ils paraissent admettre que la vérité philosophique,
à laquelle ils attribuaient un si haut prix, restât l'apanage
d'une petite élite, alors que la foule continuerait à vivre
sur des croyances sans valeur intrinsèque, mais simplement utiles à la pratique. Et souvent cette petite élite
traite la vérité comme des amateurs un bibelot rare : on
se la cache, on se la dispute, on se la vole (1). Que l'on
songe avec quelle jalousie de dilettante un Fermat tient
secrètes les démonstrations de certains théorèmes (2), avec

(1). Cf. Duhem, *Revue Générale des Sciences*, 30 sept. 1906,
p. 816 : « Au xvie et au xviie siècle, il était rare qu'un auteur
citât le nom de celui auquel il empruntait une idée. On faisait
grand étalage d'érudition, mais on énumérait seulement les ouvrages auxquels on ne devait rien. Les plus grands esprits ne re-
culaient pas devant le plagiat; il en est des exemples tristement
célèbres. En ce temps d'improbité scientifique, la figure du P.
Mersenne aparaît auréolée de loyauté ». On sait que la mémoire
de Pascal a été récemment effleurée, et peut-être atteinte par de
semblables soupçons d'improbité intellectuelle.

(2) Pendant quatre ans, de 1655 à 1659, Huyghens, un des savants les plus probes du xviie siècle, tient secrète sa conception des
anneaux de Saturne, tout en prenant date au moyen d'une formule cabalistique (A. C. N. C. A. E. I. = Annulo cingitur nus-

quelle prudence un Descartes met hors de la discussion les croyances religieuses et les doctrines morales ou politiques, ou supprime même le *Traité du Monde*. Quelle différence frappante entre ces penseurs et les « philosophes » du xviiie siècle pour qui la « philosophie » était surtout une œuvre sociale et un objet de propagande, et qui, moins ambitieux assurément comme penseurs, cherchaient plutôt à conquérir les hommes à la vérité, qu'à conquérir pour eux-mêmes des vérités nouvelles ! La morale de la Raison et de la Vérité pourrait rester tout aristocratique; la morale de la Véracité serait une morale d'inspiration démocratique; et c'est encore une manière de faire sentir à quel point elle est récente.

On peut poser la question en sens inverse et montrer par des exemples directs quel faible prix on a longtemps attaché à la vérité dans ses manifestations publiques dès qu'un intérêt moral, politique, religieux ou même simplement esthétique paraissait rendre l'erreur préférable. Faut-il rappeler, après Renan, l'absence complète de scrupules en pareille matière que nous révèlent les écrits de l'ancien et du nouveau Testaments, dont un si grand nombre sont apocryphes, pseudépigraphes, antidatés, interpolés, où le souci d'édification, l'espoir de fortifier une secte ou de faire triompher une croyance réputée bienfaisante a dicté tant de pieux mensonges dont plusieurs siècles devaient être dupes? Faut-il montrer une fois de plus combien sont lents à se former non seulement le sens historique proprement dit et la méthode critique, ce qui est tout naturel, mais la simple *honnêteté* historique, qui interdit aujourd'hui si impérieusement au moindre apprenti en histoire de prêter à ses

quam cohærente, ad eclipticam inclinato). Était-ce scrupule de savant désireux d'attendre de nouvelles vérifications avant de publier sa découverte? Mais en attendant il s'en réservait le monopole et empêchait le contrôle.

personnages des discours de son cru, d'inventer de toutes
pièces les événements, de les décrire « de chic » et sans
l'appui des documents, de « faire leur siège » enfin à la
façon d'un Vertot (1)?

Ce qu'il faut bien remarquer, c'est l'espèce d'innocence qui accompagne à l'origine toutes ces espèces de
mensonges. Nous les appelons mensonges au nom de
notre conscience actuelle et faute d'un meilleur terme.
Mais l'analyse psychologique nous montrerait qu'ils peuvent ne pas présenter encore le caractère d'immoralité
expresse et positive que ce mot semble indiquer. S'il est
vrai, comme nous le soutenons précisément, que la conscience morale ne s'étend que peu à peu jusqu'à la vie
intellectuelle et au devoir de véracité, il doit y avoir un
moment de l'évolution de la conscience où elle se trouve
a cet égard dans cet état d' « innocence », au sens précis du mot, où la distinction du bien et du mal n'est
pas encore faite.

C'est ce que la psychologie contribuerait en effet à
nous expliquer aussi bien que l'évolution sociale. Pour
qu'un jugement nous apparaisse comme relevant de la
catégorie du vrai et du faux, il faut que la pensée ait
déjà atteint un degré assez avancé de systématisation,
puisque vérité et fausseté signifient psychologiquement
intégration possible ou nécessaire, difficile ou impossible, du jugement donné au système préexistant de nos
jugements. Il n'y a d'affirmation véritable que celle qui
est précédée d'un essai de négation, et qui est accom-
pagnée d'une autre négation (celle du contraire). Une
pensée encore incoordonnée perçoit, imagine, se repré-

____

(1). Même improbité, et jusqu'à une époque toute récente, dans
les documentations de tout genre. La Nature (année 1906) repro-
duit, par exemple, une gravure de 1800, qui est censée représenter
la Mer de glace, et qui est d'une indescriptible fantaisie.

sente, accueille avec plus ou moins de plaisir des images plus ou moins abondantes ou même obtient, grâce aux signes, des idées plus ou moins abstraites; tant qu'elles restent dans l'état d'isolement relatif, elles ne sauraient tomber expressément sous la catégorie du vrai et du faux. Il est par exemple, difficile de dire avec précision à quoi un enfant croit ou ne croit pas quand il joue, quand il lit un conte ou surtout quand il en raconte un de sa façon. Il n'affirme pas, il nie encore moins. On dit souvent que l'enfant, que le rêveur, que l'homme primitif *croient* à tout ce que leur imagination leur présente. Il semble que cela n'est pas rigoureusement exact. Cela n'est vrai qu'en un sens tout négatif : c'est que ces représentations ne sont pas expressément jugées fausses et illusoires par le sujet au moment où elles s'offrent à son esprit, comme elles le seraient de la part d'un esprit plus fortement organisé, plus complètement présent à lui-même. Mais il y a loin de cet état mental à celui de l'homme qui affirme d'une manière positive : cela est vrai. Raisonner comme si ce qui n'est pas l'objet d'une négation était l'objet d'une affirmation, comme si inversement tout ce qui n'est pas expressément affirmé était formellement nié, c'est oublier que cette opposition et cette exclusion mutuelle du vrai et du faux, que cette application nette du principe de contradiction et du tiers exclu ne peut être que le fait d'une pensée déjà solidement constituée et qu'il y a de toute nécessité un état mental antérieur à l'application expresse et consciente du oui ou du non, de ce qu'on pourrait appeler la catégorie de vérité.

C'est à quoi, ce me semble, il faudrait songer lorsque l'on considère la plupart des « croyances » religieuses. Au moins à l'origine, elles semblent appartenir au régime mental que nous venons de décrire; elles sont, en ce sens psychologique précis, *précritiques* (1). C'est pourquoi la pensée réfléchie du sociologue éprouve tant de peine à les organiser, pour les comprendre, en un système cohérent et net dont on puisse dire que tous les éléments et que l'ensemble sont l'objet d'affirmation expresse de la part des fidèles. Ce caractère se conserve longtemps aux croyances religieuses, même dans des esprits déjà fort solidement organisés sur d'autres points. Ce qui embarrasserait le plus la plupart de croyants, ce serait que, avant même de leur demander une *preuve* de ce qu'ils croient, on les mît simplement en demeure de *définir* avec précision ce qu'ils *affirment* et ce qu'ils *nient* (2). Là est sans doute la principale raison de cette situation paradoxale où les croyants eux-mêmes reconnaissent que sont placées les « vérités » religieuses, et qui en fait des vérités « à part », impossibles à rejoindre au reste de *la vérité* ; au point que les consciences religieuses les plus avancées renoncent en effet à toute affirmation intellectuelle, à toute formule, à tout « dogme », et se placent sur le

(1) Une bonne partie de l'apologétique, comme l'a démontré M. Parodi (*Revue du Mois*, fév. 1907, p. 230) ne va qu'à établir « qu'il n'est pas absurde de croire ». Mais c'est là se contenter de peu. Car la différence entre l'attitude critique et l'attitude précritique, c'est justement que celle-ci *consiste à croire* ce que la tradition, les suggestions extérieures, etc., proposent à l'esprit, jusqu'à *preuve de contraire*, tandis que l'esprit critique *consiste à douter* jusqu'à ce qu'il obtienne une *preuve positive* qui justifie l'affirmation. Une preuve de fausseté est toujours difficile à donner, mais elle n'est pas nécessaire à l'esprit critique, qui attend les raisons de croire. La preuve incombe à celui qui affirme. (Cf. notre article sur l'*Athéisme*, *Rev. de Métaphysique et de Morale*, Mars 1913, p. 157).

(2). Il faudrait, par exemple, sans même discuter la *réalité* ou la *possibilité* du fait, demander à un croyant catholique, *comment il se représente*, avec les connaissances qu'il admet aujourd'hui, ce qu'il affirme quand il dit que le Christ est monté « au ciel », *dans quel lieu* ce corps vivant et matériel se serait rendu, comment *la vie* aurait pu s'y maintenir, etc. Toute discussion ultérieure sur une croyance est inutile, si l'on ne peut même pas en penser l'objet. Une preuve est vaine et impossible là où manque une conception.

terrain de la « foi » (au sens paulinien du mot), du sentiment et de la « Vie ».

Ces observations nous permettent en même temps de mieux comprendre et de mieux juger l'intolérance. Ce qui nous la rend odieuse entre mille raisons, c'est que précisément nous sommes arrivés, non pas seulement, au point de vue social, à comprendre la valeur de la vérité et de la sincérité, mais, au point de vue psychologique, à poser expressément, en matière religieuse comme en toute autre, la question : Vrai ou faux? et à sentir plus fortement, par suite, la pression, l'exigence impérieuse de ce qui nous a semblé vrai. Mais l'intolérance ne commence pas par être pour ainsi dire la prolongation extérieure d'une affirmation *intellectuelle;* elle commence par être un simple besoin spontané de similitude et d'homogénéité *sociale.* Elle n'a pas pour objet le *triomphe d'une vérité* comme telle, mais simplement d'une forme de vie, quelque chose qui ressemble plus au *règne d'une coutume* qu'à *l'acceptation d'une idée* (1). L'argument, souvent invoqué par l'intolérance, des « droits de la vérité », argument d'ailleurs si faux et si couramment réfuté, est en outre un argument inventé après coup et adapté précisément à un état d'esprit bien postérieur à l'apparition de l'intolérance, à un état d'esprit déjà très intellectualisé, très pénétré du sentiment de la dignité et de la force du vrai; et de là les inextricables contradictions que cet argument implique. Il a fallu trouver un biais pour faire bénéficier l'intolérance d'un sentiment nouveau et devenu très fort, mais dont elle n'était point issue : c'est toujours ainsi que les tendances fortes

---

(1). C'est ce qu'on voit très nettement dans les faits d'intolérance grecque ou romaine, où les pratiques et le culte sont en cause beaucoup plus que les opinions. C'est ce que confirme également M. Bouglé en ce qui concerne les anciens milieux Hindous (*Le droit et la Caste en Inde, Année Sociol.* X, p. 148).

et invétérées essayent de s'emparer et de tirer un secours
de toutes les énergies nouvelles qui apparaissent à côté
d'elles. En fait, l'intolérance suppose précisément à l'o-
rigine que l'on ignore la valeur de la sincérité, et on la
méconnaît en grande partie parce que la question du
vrai et du faux n'apparaît pas dans toute sa clarté, parce
qu'on se place plus ou moins inconsciemment sur le
terrain des formules, des pratiques, plutôt que sur celui
de l'*affirmation*, du *jugement* véritable. Dès lors, on ne
peut comprendre les résistances d'une volonté qui est
bien maîtresse de ses actes, alors qu'elle ne l'est pas de ses
certitudes : on les qualifie d'orgueil, d'obstination, ce
qui montre bien qu'on ne se place pas sur le terrain de la
vérité. Il suffit d'observer même autour de nous pour constater que les intolérants, ou du moins ceux qui seraient
tentés de l'être, s'ils en avaient le pouvoir, sont d'ordinaire des gens incapables de comprendre qu'on repousse
une religion ou qu'on l'abandonne pour cette seule raison
qu'elle paraît *fausse*, ou même tout simplement *incertaine;* ils n'ont pas le sentiment que l'adhésion qu'ils nous
demandent soit pour nous un mensonge, parce que cette
adhésion reste à leurs yeux plus sentimentale qu'intellectuelle, et, en dépit de tous les formulaires de foi, ne
leur apparaît pas rigoureusement sous la forme d'une
affirmation proprement dite.

Ainsi se confirme de toutes manières l'idée que nous
avons soutenue : la véracité proprement dite, la véracité
dans le jugement, n'apparaît que très tardivement comme
une *vertu*, et cela parce que la connaissance vraie n'a pas
à l'origine le caractère social et qu'au contraire la vie
sociale oppose souvent à l'intérêt de la vérité toutes sortes d'intérêts plus sensibles. Les formes toutes pratiques
de la véracité, et particulièrement ce que nous avons
appelé la véracité contractuelle, apparaissent au con-

traire de très bonne heure comme des vertus par cela même qu'elles ont un caractère et un contenu éminemment social.

4. — Il reste à montrer que c'est aussi en fonction de facteurs sociaux que la véracité intellectuelle elle-même tend à se former, ou plus exactement à être comprise dans la sphère du devoir moral.

Trois causes principales, elles-mêmes très directement liées l'une à l'autre, y ont contribué. D'abord l'importance croissante qu'a acquise la science au point de vue de l'amélioration de la vie humaine, ensuite la diffusion de l'instruction, et enfin la division du travail scientifique lui-même.

La science a très longtemps conservé, et jusqu'à une époque relativement récente, le double caractère d'un travail individuel, et d'un effort purement spéculatif. Noùs avons déjà noté le premier; le second y est connexe. L'idée qui nous semble aujourd'hui si simple, si évidente et si banale, que savoir c'est pouvoir, semble avoir été étrangère à toute la philosophie antique. Du moins cette philosophie n'a été sensible qu'au *pouvoir intérieur* et par conséquent tout individuel que la connaissance et la raison pouvaient donner à l'homme *sur luimême*, sur sa volonté et sur ses passions. C'est le point de vue de Socrate dans son apologie du savoir ; car la connaissance qu'il préconise est la connaissance de soi, et non celle des choses, une aptitude formelle à se comprendre soi-même, à voir clair dans ce qu'on fait et dans ce qu'on dit, non une science physique qu'il condamne au contraire comme impossible et sacrilège. Sans aller jusque-là stoïciens et épicuriens ne demandent encore à la connaissance de la nature elle-même que des services tout subjectifs, non un moyen d'agir sur cette nature : nous rendre fermes et impassibles par la conviction de l'universelle

nécessité, nous affranchir des vaines terreurs de la superstition, voilà principalement ce que ces deux écoles demandent à la physique. On peut soutenir que malgré l'admirable effort que semble avoir fait dans le sens de la technolo-
gie positive l'esprit grec au temps des sophistes, effort que
Socrate et Platon n'ont pas peu contribué à faire avorter,
la technique est restée dans toute l'antiquité affaire de
tradition et de pur empirisme, et n'est jamais devenue
scientifique. C'est là pensons-nous, un fait très caractéristique, car *la technique devenue scientifique, c'est la
science devenue sociale* et acquérant la valeur d'un intérêt collectif de premier ordre. Le plus inculte de nos
paysans ne peut plus ne pas avoir un sentiment, grossier
sans doute, mais très vif, de la valeur sociale du savoir,
parce que les bénéfices pratiques en sont manifestes et
que ces bénéfices ont le plus souvent un caractère plus
ou moins collectif aussi bien dans leur production que
dans leur utilisation. C'est là un sentiment tout moderne;
l'antiquité n'a pas connu M. Homais.

Corrélativement se développe le besoin d'instruction,
et mieux encore la conviction, chez les plus instruits,
qu'il faut développer l'instruction de tous. Car il devient
dès lors évident que la valeur sociale d'un homme ne se
mesure plus tant à sa force musculaire qu'à ses aptitudes
intellectuelles; il s'agit donc de les découvrir et de ne
pas les laisser se perdre faute de stimulant et de culture.

Ainsi l'idée se fait jour dans la conscience morale d'un
devoir imposé à ceux qui savent de répandre le savoir, et
à ceux qui ignorent de s'instruire, à tous, par suite, —
car chacun sait et chacun ignore, — de collaborer à la
vérité qui est le bien commun, par un échange libre
et tolérant de pensée où chacun est aussi disposé à
accueillir qu'à exprimer la vérité. Mais il y a mieux : le
sentiment se forme, grâce à cet échange même, d'un

droit de tous à la vérité; et bien qu'elle soit ainsi le résultat d'une sorte de coopération, la vérité prend aisément, pour les consciences les plus simples, l'apparence d'un de ces biens communs, comme l'air ou la lumière, auxquels tous doivent avoir accès (1). C'est peut-être la consécration la plus décisive de la véracité au point de vue moral. Car alors elle a passé du domaine de la simple bonne volonté à celui de la justice, et la justice est vraiment la forme définitive de la moralité fixée.

Enfin, et parallèlement au double progrès que nous venons de rappeler, une transformation essentielle s'opère dans le travail scientifique lui-même. D'abord tout individuel, comme nous l'avons dit, il apparaissait avant tout comme une œuvre de construction, très analogue à une œuvre d'art, toujours reprise à nouveau, sur des bases plus ou moins originales, et qui devait embrasser à peu près tout l'ensemble du savoir. Seul, l'empirisme technique, très éloigné de la vraie science, et très fragmentaire, avait un caractère social; car il accumulait et condensait, soit par la transmission traditionnelle des expériences, soit par la propagation des procédés découverts et pratiqués en divers lieux, des résultats d'un travail très éparpillé et relativement très impersonnel. Mais à mesure que la science et la technique se rapprochent, comme nous l'avons indiqué, la première devenant plus

---

(1). Kant répondant à B. Constant (*Uber ein vermeintes Recht, aus Menschenliebe zu tügen* 1797, Hartenst. VII, 305) prétend au contraire que l'idée d'un droit à la vérité n'a pas de sens, et qu'on ne doit parler que *du droit de chacun à exercer sa propre véracité*, quoi qu'il puisse en coûter, même aux autres. C'est que pour lui la véracité est un devoir essentiellement interne, émanant directement de la raison. Toute notre démonstration s'oppose à cette thèse, dont nous ferons d'ailleurs voir dans la seconde partie de notre étude les motifs très spécieux. Aussi bien Kant, placé à ce point de vue, ne réussit-il guère à résoudre le problème qu'il a soulevé, du conflit entre les devoirs d'humanité et le devoir de véracité, et se contente-t-il d'affirmer dogmatiquement le caractère absolu et immédiat de celui-ci.

positive, et la seconde moins empirique, à mesure aussi que le contenu même de la science s'étend et se complique, le travail scientifique se divise nécessairement. La science, même comme science pure, devient une œuvre vraiment collective. Il est impossible à chaque savant spécialisé de se passer des résultats obtenus par d'autres spécialistes sans qu'il puisse le contrôler tous. Ainsi tous les savants deviennent collaborateurs d'une œuvre commune, et il est nécessaire qu'ils puissent absolument compter les uns sur les autres. La véracité acquiert ainsi une valeur capitale. Un savant qui, pour se faire valoir ou donner crédit à sa théorie, pésenterait comme des données de l'observation des faits imaginaires, fausserait les chiffres enregistrés par ses instruments, ou cacherait les expériences qui le condamnent, serait traité, dans le monde scientifique au moins, comme l'est dans le monde des affaires un financier véreux ou un comptable qui falsifie ses écritures.

Ainsi se forme progressivément dans la conscience commune la conviction qu'il n'y a rien, sinon de plus utile, au moins de plus certainement et de plus constamment utile au bien social que la vérité. L'avènement de la sincérité intellectuelle et de son complément indispensable, la curiosité intellectuelle, au rang de vertu morale, a donc tout d'abord des causes d'ordre social; il arrive seulement que, une fois apparue, cette conviction peut se maintenir et se développer sans conserver la conscience distincte de ces causes, et qu'elle finit par revêtir le caractère purement idéaliste sous lequel on l'envisage d'ordinaire. Inversement la passivité intellectuelle, l'indifférence à la vision personnelle du vrai, l'absence d'esprit d'examen apparaissent désormais pour les mêmes raisons comme des vices très voisins de l'hypocrisie.

En résumé, nous avons pu montrer que la véracité est

tout d'abord une vertu *éthique* qui, à ce titre, se justifie socialement, et ne doit son caractère *moral* qu'à sa valeur sociale. Nous l'avons montré non pas, ce qui eût été vraiment trop aisé, en faisant voir simplement le prix de la véracité dans la vie sociale présente, mais en expliquant comment ce prix lui est progressivement reconnu par la conscience et d'autant plus vite qu'il s'agit de formes de véracité plus extérieures et plus directement sociales. Par cela même se trouve écartée l'hypothèse selon laquelle la véracité serait vertu par suite d'un rapport direct avec la vérité elle-même et avec la raison, et devrait son caractère proprement *moral* à la valeur supérieure, incommensurable à aucun autre bien, de la pensée en elle-même.

II

Il reste pourtant à nous demander si la véracité n'est *que* cela, si elle n'est rien de plus ou d'autre chose qu'une vertu.

1. —. Nous n'ignorons pas que la question semblera volontiers absurde à quelques-uns. Lorsque, *a priori*, on définit la moralité comme un absolu, il devient impossible qu'il y ait rien au-dessus d'elle, et inversement on ne consentira à reconnaître le principe moral que dans un principe au-dessus duquel il soit impossible de monter, au delà duquel on ne puisse rien trouver. Mais c'est là une présomption qu'aucune raison de méthode ne motive, et qu'aucune observation ne justifie.

Nous n'avons aucun droit d'affirmer de but en blanc et en quelque sorte par voie de définition, que la morale soit un absolu, pas plus que nous ne pouvons dire, comme tant de métaphysiciens le font, que l'Absolu ait nécessairement un caractère moral. Sans doute nous avons toujours le droit, philosophiquement, de chercher un principe, soit théorique, soit pratique, au delà duquel il soit impossible de rien trouver, mais il serait aussi arbitraire de qualifier de moral un tel principe, dans l'ordre de l'action, que de qualifier de physique ou de chimique un principe semblable dans l'ordre de la pensée, par exemple le principe d'identité. Au contraire, il est à présumer que si nous arrivions à un absolu, il perdrait tout caractère déterminé et spécifié, et que nous n'aurions plus le droit de lui appliquer une qualification distinctive comme le fait l'épithète de *moral*.

Kant, dans la *Raison pratique*, est une conscience qui philosophe et non une raison pure qui découvre en elle-même la moralité.

Si Kant, voulons-nous dire, n'avait pas été *d'abord* une conscience morale, et, qui plus est, une conscience morale résolue à donner à la morale une valeur absolue, et à mettre la philosophie au service de cette résolution (*fides quærens intellectum*); si, en d'autres termes, on pouvait l'imaginer philosophe pur, penseur absolument étranger à l'expérience de la vie sociale et dépouillé de toute la moralité instinctive qu'elle fait naître en nous ou qu'elle nous transmet par hérédité, on conçoit encore qu'il eût pu découvrir l'impératif catégorique comme *forme nécesaire de l'ordre qu'implique toute volonté, dès qu'elle veut;* mais on ne voit pas comment il lui eût jamais attribué le moindre caractère *moral*, comment il eût, dans cette voie, découvert en quelque sorte la moralité. Rigoureusement parlant, l'impératif catégorique ne contient pas plus de moralité que le principe d'identité ne contient les lois d'Ampère.

On comprend donc fort bien qu'il n'y ait aucune absurdité à dire qu'il y a quelque chose de supérieur, en un certain sens au moins, à la moralité. Il devient possible dès lors de se demander si la véracité ne se rattacherait pas par quelque côté à ce principe supérieur, si elle ne serait pas quelque chose de plus et d'autre qu'un simple devoir moral.

Et de fait, je sens que, quand on me prouverait dix fois qu'un mensonge est salutaire, qu'une erreur est bienfaisante, il y aurait encore quelque chose en moi qui protesterait impérieusement contre le conseil ou la tentation de mentir, ou de rester même dans une ignorance de parti pris; et quand j'aurais la « main pleine de vérités », mais de vérités réputées dangereuses, — et il en est peut-être de redoutables dans l'ordre social, — je sentirais malgré tout une impulsion presque invincible à ouvrir cette main que certains se déclarent disposés à tenir fermée. Je conçois qu'on puisse à la rigueur me convaincre dans certains cas que mon *devoir* au sens *moral* du mot exige que je mente ou que je dissimule ; il me faut alors, pour que je consente à trahir ma pensée ou à la taire, une lutte contre mon esprit presque aussi pénible que l'est d'ordinaire la lutte contre l'intérêt ou la passion.

Lorsque le criminel, comme l'homme du conte si saisissant de Poe, le *Cœur révélateur*, est poussé à se dénoncer lui-même, ce n'est pas, le plus souvent, comme le croit une psychologie trop simple et trop prudhommesque, l'effet d'un véritable remords. Mais son « secret lui pèse », il n'a plus la force de dissimuler, de vivre en quelque sorte en dehors des choses et de lui-même; la pression intérieure de la vérité l'emporte sur la résistance de l'intérêt et de la peur qui la tenaient enfermée. A sa façon, il fournit une illustration singulière du mot de Platon : Rien de plus fort que la science. Il peut n'avoir de son crime aucun regret, aucune honte, aucun effroi moral; il le connaît, il le sent, il le voit, cela suffit : il faut qu'il le clame. L'œil de cette conscience, même parfai-

tement indifférente au bien ou au mal, sera comme l'œil
lumineux de certains animaux, qui éclaire en même
temps qu'il perçoit.

On pourrait, au point de vue psychologique, rappeler
ici la loi du « vertige mental », l'auto-suggestion de toutes
les représentations vives et précises. On pourrait, mieux
encore, invoquer la loi psychologique fondamentale de
l'organisation harmonique de tous les éléments dans la
personne, loi qui fait de l'hypocrisie, comme l'a fortement montré quelque part M. Fouillée, une attitude si
difficile à soutenir et vraiment contre nature. On pourrait
croire qu'avec une semblable explication, l'on confine à
la morale et l'on pense au ζῆν ὁμολογουμένως des stoïciens.
Mais répétons-le encore : l'accord avec soi-même est sans
doute une condition de l'activité morale comme de toute
activité systématique, mais c'est confondre le genre avec
l'espèce, l'élément avec le tout, que d'en faire la définition même de la moralité. Elle n'a rien de spécifiquement moral. Le commerçant qui cherche à gagner le plus
d'argent possible est aussi d'accord avec lui-même, avec
la définition même du commerce, et de même le guerrier
qui tue le plus d'ennemis qu'il peut, et ainsi de suite.

On insistera et l'on nous fera remarquer que par définition la vérité est le seul terrain sur lequel puisse se prolonger indéfiniment l'accord avec soi-même. On dira,
en s'inspirant de Leibnitz ou de Spinoza, que le bien,
c'est en définitive le possible, et le mal ce qui ne peut se
développer, ce qui se nie soi-même, que la bonne voie,
c'est la voie indéfiniment ouverte et que la mauvaise voie,
c'est l'impasse. On montrera alors dans la véracité la
forme la plus explicite, la plus exemplaire, la plus typique
de cette loi supérieure. Nous en demeurons pleinement
d'accord puisque c'est précisément ce caractère de la véracité que nous voulons mettre en évidence dans cette der-

nière partie de notre analyse. Mais on devra en même temps nous accorder que *la généralité même de cette loi lui enlève, au lieu de lui conférer, le caractère moral.* La notion du Bien ainsi étendue, ne peut plus comprendre le Bien moral que comme un cas spécial dont elle laisse échapper la compréhension propre, la différence spécifique, en raison de son extension même.

On voit par là même comment nous pouvions dire qu'il y a quelque chose de supérieur à la moralité. La supériorité d'un tel principe est toute logique, toute rationnelle, et non point morale. C'est une supériorité d'extension, et non de qualité. La nécessité qui s'y lie est formellement plus impérieuse, dans la mesure même où elle est matériellement plus indéterminée, exactement comme il arrive dans l'ordre spéculatif, où les principes les plus nécessaires dans l'ordre abstrait, (A est A) sont précisément ceux dont l'application dans l'ordre concret présentent le plus d'incertitude et d'indétermination. Kant a voulu obtenir le maximum d'obligation *formelle*, et par là il sort véritablement de la sphère de la moralité; nous croyons que la moralité présente et doit présenter le maximum d'obligation *réelle*.

2. — Mais il est évidemment un cas spécial et privilégié où la matière réelle de l'obligation et sa forme abstraite arrivent presque à s'identifier, et ce cas est précisément celui de la véracité. Il y a sans doute encore un hiatus plus ou moins sensible, nous l'avons montré, entre la possession de la vérité, ou du moins la conviction qu'on la possède, et le devoir de l'exprimer. On oublie trop, par exemple, que le caractère *d'universalité* du vrai n'a de sens et ne s'aperçoit que grâce à ce minimum d'expérience sociale : le fait qu'il y a *d'autres esprits*. Envisagée à un point de vue strictement intérieur, la vérité pourrait être dite nécessaire, non pas universelle; et c'est parce

que, en substituant, dans son *Grundgesetz*, la catégorie
d'universalité à celle de nécessité, il introduit subrepti-
cement ce minimum de fait social, que Kant semble se
tirer si aisément d'affaire. Néanmoins la transition est ici
plus directe que nulle part ailleurs entre l'intelligence et
l'action, puisque l'action consiste dans l'affirmation elle-
même devenant extérieure; et, une fois posée comme fait
la présence des autres consciences, on peut admettre que
l'*universalité virtuelle* du vrai pousse naturellement à son
universalisation réelle, c'est-à-dire que la vérité détermine
la véracité. C'est ce qui explique que le cas du mensonge
soit l'exemple favori de Kant à la recherche d'une expression pratique de l'impératif catégorique.

Enfin, partout ailleurs, il est facile de voir que la connaissance ne détermine pas directement l'action, puisque
à côté de la mineure cognitive qui fournit le *moyen* (par
exemple une connaissance physiologique), le raisonnement pratique doit contenir une majeure tirée de la tendance, du besoin, du vouloir enfin, qui pose une *fin* (la
santé); sans ce vouloir présupposé, jamais la connaissance
pure n'aboutirait à un *précepte* (l'ordonnance médicale).
An contraire, tous ces termes se rapprochent quand il
s'agit de l'affirmation de ce qui est pensé comme vrai.
Posséder le vrai, l'exprimer, et le faire reconnaître, on
ne sait trop quel est, de ces trois moments de la véracité,
la fin, le moyen ou le précepte; car la diffusion d'une opinion est un moyen de la contrôler; la vérité de cette opinion est une condition de sa diffusion, et même la nécessité d'énoncer notre pensée est un stimulant pour la vouloir vraie. Tout cela se touche et se mêle au point de se
confondre pratiquement, et ainsi le rapport de la connaissance à l'action est ici beaucoup plus immédiat que nulle
part ailleurs.

Il y a donc toutes sortes de raisons logiques et psychologiques qui font de la véracité un devoir privilégié. Il s'impose sans doute pour des raisons proprement morales, mais il en comporte d'autres d'une nature plus générale, en même temps que plus spéciale : plus générale puisque nulle part cette forme subjective d'obligation qui est l'accord avec soi-même ne se trouve plus adéquatement ni plus clairement réalisée; plus spéciale, puisque nulle part n'est plus immédiat ni plus déterminé le passage, d'ordinaire si indirect et si variable, de la connaissance à l'action. Il y a donc bien là quelque chose qui dépasse la simple moralité. A tout prendre la moralité est chose pratique et chose humaine, malgré le sort cosmologique ou métaphysique que tant de penseurs ont voulu lui faire. Or, il y a peut-être quelque chose au-dessus de la pratique et au-dessus de l'humanité; et si quelque chose de tel existe, qui soit cependant accessible à l'homme, c'est assurément la vérité. Il semble bien qu'elle ne soit pas seulement pour l'homme une *fin* à vouloir, un bien, comme la moralité; encore moins est-elle un simple *produit* d'une activité créatrice et fantaisiste, comme l'art, ou un simple *moyen*, un procédé, comme l'industrie. Elle s'impose à l'homme, non peut-être sans qu'il ait un effort à faire pour la voir, mais sans qu'il ait du moins à vouloir qu'elle soit ceci ou cela ; elle reste supérieure à la catégorie de finalité, elle reste indépendante de nos tendances, de nos habitudes, de nos institutions. Elle est pour nous une sorte d'absolu qui comme tel vaut par lui-même, indépendamment de toute relation avec une *volonté*, une existence qui est plus, ou du moins autre chose qu'un *bien*.

Mais ces caractères de la vérité restent en un certain sens tout idéaux et pour ainsi dire formels, puisque la vérité n'apparaît que dans des consciences individuelles. Ils n'ont qu'une existence à la fois métaphysique, en tant qu'ils énoncent ce qu'est, en droit et par définition, la vérité s'il y en a une ; et psychologique, en ce sens qu'ils expriment bien l'aspect sous lequel la vérité se présente à l'esprit au moment où il croit la posséder. Mais ces caractères ne peuvent devenir en quelque sorte actuels et objectifs, et toujours imparfaitement, que par une approximation progressive. En ce sens la vérité n'est pas *donnée;* elle *se réalise* peu à peu, et cette approximation se produit précisément dans la mesure où la pensée individuelle s'universalise en se communiquant. C'est par là que la vérité rentre pour ainsi dire sur le terrain de l'action, et redevient une fin pour la conscience individuelle. La véracité apparaît ainsi comme impliquée dans l'idée même de la vérité, dès qu'au lieu d'envisager celle-ci intérieurement et dans l'abstrait, on l'envisage dans son rapport avec la relativité humaine. Mais c'est à cette condition seule qu'on retrouve ainsi, sous la vérité, la moralité; et cette condition consiste précisément à présupposer, d'une manière générale, le fait social que nous mettons à la base de la moralité. La science n'est plus alors un simple instrument du bien-être collectif, un moyen de progrès social; mais *en elle-même la vie scientifique est devenue une forme supérieure de vie sociale.*

Chaque conscience aspire à devenir de plus en plus adéquate à toute la Pensée vraie, et elle ne le peut qu'en communiquant librement avec les autres consciences. Par là le besoin de vérité est pour l'individu comme une exigence à la fois très élémentaire et très élevée, de sociabilité. Dès que chaque esprit prend pleine possession de lui-même, il pose, comme l'a senti Fichte, la nécessité d'autres esprits qui le complètent et qui le reflètent en même temps. La monade, en apparence fermée, requiert tout un monde d'esprits qui l'enveloppe, comme tout corps particulier suppose un univers matériel. *(Cogito,*

ergo sumus a dit avec autant d'ingéniosité que de force
M. Fouillée.

Le caractère virtuellement absolu de la vérité ne peut
plus alors se traduire qu'en un devoir absolu de véracité,
et, au lieu de déterminer l'intolérance, il conduit à la
liberté de conscience.

Ainsi, en dernière analyse, on pourrait dire, d'une part,
que la véracité est idéalement quelque chose de plus qu'un
devoir moral en tant que, au lieu de dériver de la vie sociale, elle en pose en quelque sort la nécessité métaphysique, et qu'elle est, d'autre part, une vertu proprement
dite, en tant que dans l'ordre empirique, le fait social est
au contraire posé d'emblée à la fois comme une donnée
de fait, et comme principe d'une norme particulière.

CONCLUSION

On s'explique donc amplement que la véracité ait pu
apparaître comme un principe moral supérieur à toute
considération sociale, mais on voit surtout qu'au point de
vue social même, qui est pour nous le point de vue propre
de la morale, on peut la considérer comme un devoir souverain, comme le point culminant de la moralité.

Tout d'abord la véracité, quoique suscitée du dehors
comme une nécessité sociale, trouve à l'intérieur de la
conscience individuelle, un consentement plus direct,
plus intime qu'aucune autre obligation morale. En général l'obligation continue à peser toujours plus ou moins
sur notre liberté, et nous ne lui accordons guère qu'une
soumission indirecte et dérivée : c'est comme une « volonté seconde » que se présente presque toujours la volonté morale. C'est le contraire ici. En vain Nietzsche
s'efforce-t-il de discréditer, comme une manifestation sub-

tile de l'esprit grégaire, les scrupules du « Consciencieux
de l'Esprit », et de présenter la condamnation du mensonge comme le suprême machiavélisme des faibles. Sans
doute, en fait, nous tenons d'abord à n'être pas trompés
et c'est aux autres en premier lieu que nous imposons
la véracité. Mais il semble que dans cette dernière découverte de la sociabilité, l'esprit se reconnaisse lui-même et
retrouve sa véritable nature, mieux que dans la ruse,
la perfidie, la *mendacité* générale que nous avons vues
précisément être liées à la lutte pour la vie et à la faiblesse. C'est donc là que l'impératif social, bien que plus
tardif, apparaît le moins arbitraire et le moins oppressif
et que le devoir est le plus près de se confondre avec
un vouloir profond et avec une pure satisfaction intérieure. Il reste pourtant que cet assentiment tout interne
ne suffirait pas à en faire quelque chose de *moral*.

Mais en même temps que c'est ainsi le devoir le plus
satisfaisant pour la conscience individuelle, on peut dire
que la véracité est le devoir social suprême. Tandis que
tous les autres devoirs sont en effet plus ou moins relatifs
à telle forme ou à telle fonction particulière de la société,
il semble que celui-ci définisse une condition fondamentale de sociabilité qui pour être la plus tardivement reconnue n'en est que plus essentielle. C'est pourquoi il apparaît volontiers comme supra-social et comme antérieur
à la moralité proprement dite; car il en domine tous les
objets plus particuliers et semble adéquat au principe
même de la sociabilité. Sans la probité, la droiture et la
confiance mutuelle quelle vie sociale est possible? Il n'y a
même finalement aucune garantie solide d'ordre, aucune
stabilité, aucune consistance dans une société où la plupart des individus manquent de sincérité avec eux-mêmes
comme avec les autres, ne savent ou ne veulent pas examiner personnellement le vrai et le faux, le juste et l'in-

juste, affirment ou nient, condamnent ou absolvent sur la foi d'un prêtre ou sur l'ordre d'un général. Et comme il n'y aurait aucune science valable sans la décision préalable de garder son esprit libre et désintéressé, de même il n'y aurait, au fond, aucune société véritable entre des esprits qui se cacheraient les uns des autres ou abdiqueraient les uns au profit des autres, qui ne prendraient pas, avant tout, le double parti de la sincérité et de l'indépendance. Il y a ainsi une position fondamentale qu'on pourrait appeler la Rationalité, et qui paraît logiquement antérieure à tout usage réfléchi, spéculatif ou pratique, ce nos facultés. Il reste pourtant que, en fait, c'est seulement dans sa relation avec la vie en société que cette attitude acquiert un caractère proprement *moral*.

Ainsi la valeur incomparable et si singulière de la Véracité ne saurait constituer une objection contre une morale sociale, si ce n'est aux yeux de ceux qui décrètent d'avance que la morale est un absolu, et que le caractère absolu suffit à la définir. Notre étude nous a montré combien ce décret était arbitraire et contraire aux faits, tout en nous permettant de comprendre l'illusion dont il résulte et qui s'explique si nettement dans le cas privilégié de la Véracité. Elle nous a même permis de reconnaître ce qu'il y aurait de dangereux pour la valeur pratique de la morale à la faire émaner de la Raison pure, parce que cette thèse, telle que nous l'avons indiquée au début, placerait si haut et si loin le principe de la moralité que tout le reste perdrait sa valeur et deviendrait indifférent. Or ce reste, ce sont précisément avant tout ces multiples et complexes intérêts humains qui constituent le contenu de toute la vie pratique, et l'objet de toute conscience morale spontanée; ce sont tous ces biens pour lesquels les hommes ont de tout temps bataillé, pour la conquête desquels ils doivent enfin s'unir.

Le point de vue social réussit donc sans faire évanouir la spécificité de l'idée morale, à coordonner toutes les valeurs, y compris celles mêmes de la science et de la pensée vraie; le point de vue de la Raison pure, au contraire, outre qu'il méconnaît cette spécificité, n'implique et même rigoureusement ne comporte aucune reconnaissance des valeurs sociales empiriques, qui constituent pourtant la matière nécessaire de la moralité.

VI

LA VALEUR MORALE DE LA SCIENCE

Poser la question de la valeur morale de la science, c'est confronter, nous ne savons pas encore si c'est pour les coordonner ou les subordonner l'une à l'autre, pour les confondre ou les opposer, les deux valeurs les plus hautes qu'il nous soit donné de connaître.

D'une part il suffit, sans insister, de rappeler que notre temps est celui du triomphe de la science positive, dont l'autorité, longtemps discutée et limitée d'une manière si jalouse, n'est plus guère contestée en principe aujourd'hui dans les domaines qui relèvent de ses méthodes. Le prestige acquis par la science, grâce aux éclatants succès théoriques et pratiques qu'elle a obtenus, est précisément attesté d'une façon toute particulière par l'effort qui s'est développé au cours du dernier siècle pour constituer une science de l'humanité elle-même, une sociologie, et, jusqu'à une morale scientifiques. Quelque contestés que soient aujourd'hui certains résultats, voire certains « principes » de la science, ce qui ne l'est guère, ce sont les droits de la liberté critique et la valeur des méthodes de réflexion ou d'expérimentation qui sont l'essence même de l'esprit scientifique. Nos doutes mêmes ne révèlent que nos exigences et sont par là l'indice de notre foi.

Mais d'autre part, dans le domaine des valeurs pratiques, nous ne connaissons rien de plus haut que la société.

humaine et l'ordre moral qui s'y rapporte. Sans doute la science atteint des réalités extérieures, des grandeurs cosmiques auprès desquelles, comme l'a montré Pascal (1), l'être humain et toute l'humanité même semblent s'effondrer dans le néant. Mais dans cette immensité de l'univers matériel, nous ne trouvons pas cette finalité, ce caractère sensible et intelligent, qui nous permettraient d'en recevoir une loi morale, d'y trouver le principe et encore moins d'y lire le texte d'une règle de vie, ni l'indication d'une fin à laquelle nous puissions travailler efficacement. La Société ou, virtuellement, l'Humanité est au contraire la plus haute existence à laquelle nous puissions nous incorporer véritablement, qui puisse être pour nous une fin ultime, avec laquelle nous puissions sympathiser, dont nous puissions en même temps sentir l'autorité et désirer le perfectionnement. Elle nous est donnée à la fois comme une réalité positive et comme une idéalité, comme une existence spirituelle qui tend sans cesse à une plus complète réalisation; cette réalité nous sert de point d'appui, en même temps que nous nous faisons les instruments de cette réalisation. La société est pour nous, ainsi que je l'ai indiqué ailleurs, la fin ultime parce qu'elle est le moyen fondamental et commun de toutes nos fins générales, celui sans lequel les autres moyens ou n'atteindraient pas toute leur puissance, ou seraient tout à fait inefficaces, ou même ne prendraient pas du tout naissance. Elle est surtout le moyen essentiel du développement des facultés humaines elles-mêmes, qui sont la mesure de toutes nos fins.

Ainsi la science et la morale, considérées chacune à

_____

(1) Et ces dimensions, connues aujourd'hui avec plus de précision, dépassent infiniment tout ce que Pascal pouvait essayer de se représenter. Elles se mesurent, rien que pour la nébuleuse spirale à laquelle appartient notre soleil (la Voie Lactée), par des dizaines de milliers d'« années de lumière ».

part et à son point de vue propre, semblent toutes deux être des valeurs suprêmes, des termes limites, et, au sens humain du mot, comme des absolus.

Mais s'il en est ainsi, il semblerait qu'entre ces deux valeurs il ne puisse y avoir de commune mesure. Tandis que le moraliste prétendrait juger la science au point de vue de sa valeur morale, le pur savant, s'il existait, prétendrait subordonner l'acceptation de la morale à sa justification scientifique, et le débat sera sans issue. Or poser la question de la valeur morale de la science, c'est précisément supposer implicitement que ces deux valeurs sont commensurables ou que de quelque façon l'une puisse se ramener à l'autre. Si au contraire, comme je le pense pour ma part avec H. Poincaré, la science et la morale sont d'essences différentes, si, plus précisément, la science est par ses fondements indépendante de toute fin et de toute autorité sociales, la question de la valeur morale de la science ne pourra plus se poser ni se résoudre d'une manière générale. Il pourra bien se faire que, *par accident* et accessoirement, la science soit utile ou nuisible à la morale, comme n'importe quelle fonction de l'être humain. Mais on ne pourrait plus parler d'une valeur morale inhérente et *essentielle* à la science.

On comprendra pourtant que nous tenions à poser la question sous cette dernière forme, et non sous l'autre : une analyse et une énumération de ce que la science, soit dans ses résultats, soit dans ses principes, pourrait avoir tantôt de conforme, tantôt de contraire à la morale ne saurait satisfaire l'esprit ni présenter d'intérêt philosophique. Tout au plus le politique y trouverait-il son compte, et encore bien imparfaitement ; car il serait bien embarrassé en présence de ce tout solide et consistant que forme la pensée scientifique, pour conserver le bon en éliminant le mauvais.

Demandons-nous donc quel est le rapport général et essentiel de ces deux valeurs primordiales qui sont la science et la morale.

I. — Il nous paraît tout d'abord nécessaire d'examiner et d'écarter une solution simpliste qu'on serait peut-être tenté, par un préjugé assez naturel, de proposer ou de sous-entendre d'emblée. C'est celle que j'appellerais volontiers le *Concordisme*. On sait qu'on appelle ainsi, en théologie, la théorie selon laquelle la foi et la science, étant toutes deux divines à leur manière, ne sauraient être en désaccord; on affirme ainsi *a priori* la nécessité et la réalité d'une telle concordance avant de l'avoir établie par l'examen réel des deux systèmes d'affirmations. On pourrait de même ici préjuger avant tout examen, que l'accord ne peut manquer de se produire et d'exister virtuellement entre la Morale et la Science : on professerait ainsi une sorte de concordisme moral où la morale se substituerait à la religion.

Il n'y aurait là qu'un pur préjugé et le Concordisme, qui est entièrement discrédité sur le terrain de la théologie, ne serait sans doute pas ici mieux justifié au point de vue de la méthode ni plus heureux au point de vue des résultats. Pourtant il vaut la peine d'examiner les raisons qui pourraient nous suggérer un tel préjugé; nous serons alors en état de mieux comprendre pourquoi cet accord de la science et de la morale ne s'impose pas *a priori*, et peut-être ne se vérifie pas en fait (1).

Nous sommes portés à préjuger cet accord tout d'abord par une raison toute pragmatique, c'est que nous le souhaitons. Un certain optimisme nous rend déplaisante l'idée d'une discordance qui nous obligerait au sacrifice, au moins partiel, d'une des deux fonctions auxquelles

(1). Sur la désharmonie caractéristique de toute vie, V. R. Lenoir, *Revue philos.* Déc. 1919, p. 440.

nous tenons à peu près également, quoique pour des raisons différentes. C'est aussi le motif fondamental du concordisme religieux, comme peut-être, dans une certaine mesure, de l'attitude de Kant dans le conflit qu'il croit observer entre la raison théorique et la raison pratique : *a priori*, il postule que, malgré cette apparence, elles sont au fond conciliables. On se rassure ainsi, on veut éviter un trouble douloureux de la conscience, en se persuadant que le conflit est tout apparent. On sauve l'unité de la vie psychologique en décrétant un accord qu'on ne perçoit pas. C'est une résolution commode, mais dont sans doute ne peuvent être bien satisfaits ni l'esprit scientifique puisque la preuve manque, ni la morale même, puisque la loyauté de l'opération est bien suspecte.

Toutefois, à ce motif pratique et sentimental du concordisme pourrait aussi se joindre avec avantage un motif spéculatif de quelque force : c'est que nous croyons à l'unité de la Nature comme nous voulons l'unité du moi. Un certain monisme plus ou moins instinctif nous porte à présupposer que la nature ne peut se trouver en conflit avec elle-même ni engendrer dans son sein unique des réalités hostiles. Soit que métaphysiquement nous répugnions à admettre de tels conflits dans l'Univers et à plus forte raison à l'intérieur même de la seule nature humaine, soit que, plus scientifiquement, nous nous plaisions à tirer argument de l'évolution qui tend à éliminer les incompatibles par la lutte, ou à faire disparaître les incompatibilités par l'adaptation, nous aimons, aujourd'hui du moins, à penser que le monde ne comporte pas de contradictions fondamentales.

Mais toutes ces présomptions sont mal fondées et ne résistent pas à l'examen. Ne considérons parmi elles que celles qui sont le moins naïvement sentimentales et se colorent d'une apparence de positivité. Si le monisme exprime un aspect de la nature, le pluralisme en exprime un autre aussi réel. S'il y a des processus d'élimination et d'adaptation, il y a aussi des processus de spécification et de séparation qui jouent un rôle au moins aussi considérable. Partout où se produit une différenciation de fonctions, sans doute une certaine forme de solidarité apparaît; pourtant une certaine autonomie, une certaine indépendance doit aussi se manifester, car chaque fonction ayant acquis ses organes spéciaux et par conséquent sa réalité distincte, suivra dans une certaine mesure ses voies propres et comme tout être animé défendra sa vie particulière. L'optimisme de Bastiat au sujet des « Harmonies économiques » n'est guère plus défendable aujourd'hui que celui de B. de Saint-Pierre. De même et à plus forte raison, à mesure que nous voyons se différencier des fonctions autrefois indistinctes, religion, art, morale, droit, science, chacune d'elles ayant ses fins propres, répondant à des besoins désormais conscients de leur objet spécial, nous voyons les divergences et les conflits apparaître et s'accentuer. C'est ainsi que l'on a pu récemment soutenir sans trop de paradoxe, la thèse d'une immoralité non pas accidentelle, mais essentielle, de l'art, et que nous sommes dès longtemps habitués à entendre, malgré tous les efforts d'un concordisme qui se renouvelle suivant les exigences de chaque âge et de chaque milieu, la thèse de l'opposition entre la religion et la science. La Politique, le Droit lui-même, en tant que techniques spéciales et organisées, se heurtent souvent au sentiment moral. Ne pouvons-nous présumer qu'on soutiendrait aussi bien la thèse de l'immoralité de la science, et d'ailleurs cette thèse serait-elle si différente de la précédente ? Que dis-je, présumer ? Mais on ferait un livre, et qui serait gros, sur les attaques dont la pensée scientifique, sous ses divers aspects, a été l'objet au nom des intérêts bien ou mal compris de la morale et de la société. Le vautour divin n'a jamais cessé de ronger le foie immortel de Prométhée.

Ce n'est pas le lieu d'examiner ce que valent ces attaques contre la science et les cris triomphants de ceux qui en proclament la faillite. Nous n'avons pour le moment qu'à indiquer les raisons qui rendent un tel conflit possible et même naturel, et nous défendent de nous arrêter à l'idée d'un accord immédiat et nécessaire.

Quelque origine que l'on assigne à la science et plus généralement à la fonction intellectuelle, il est un fait difficile à contester : c'est qu'au cours de l'évolution humaine, comme toute autre fonction, elle a progressivement conquis son indépendance et qu'aujourd'hui, du moins chez les peuples et chez les esprits les plus développés, elle a obtenu sa complète autonomie. Ce n'est pas là un simple préjugé intellectualiste: c'est un fait d'observation qu'il faut reconnaître indépendamment de toute théorie.

Que l'on admette avec M. Bergson que le cerveau n'est pas primitivement un organe de représentation, mais un organe d'action, que sa fonction est tout d'abord pratique et n'est pas de nous fournir une sorte de doublure subjective de l'univers, mais de nous permettre de nous y « insérer », peu importe. Il est probable, en effet, que la connaissance ne peut commencer autrement pour l'être vivant, que sous la forme d'une réaction élémentaire, en connexion étroite avec ses besoins, et que, du monde qui l'entoure, il ne sait guère tout d'abord que la façon dont il doit se comporter pour y durer; et c'est là se connaître lui-même autant, ou plutôt aussi peu, que connaître les choses. Mais il n'est pas moins vrai que le développement de cette connaissance ne se produit pas autrement que dans le sens d'un désintéressement de plus en plus marqué, jusqu'au moment où il semble qu'elle n'a plus pour objet qu'une vérité indépendante de tout usage. Le philosophe que j'ai nommé ne montre-t-il pas lui-même que le progrès de la simple sensation consiste surtout dans une aptitude à saisir une sphère de plus en plus étendue de la réalité, de façon à nous permettre de nous adapter à des réalités de plus en plus éloignées dans le temps et dans l'espace, dont, par suite, l'action directe sur nous est de plus en plus contingente et se réduit à une simple possibilité? Finalement la connaissance n'atteint sa plus grande utilité que si elle peut être prête à tout usage, sans dépendre par conséquent de la poursuite d'une utilité déterminée et limitée. Cela revient à dire que la seule connaissance parfaitement utile est celle qu'on appelle la connaissance vraie, sans plus. Tout se passe donc comme si la phase pratique de l'évolution de la pensée était purement transitoire et le point de vue pragmatique, s'il peut nous éclairer sur l'histoire de ce développement, ne nous conduit cependant pas à nous faire du terme final une idée sensiblement différente de celle que l'intellectualisme nous présenterait. Un intellectualiste radical pourrait soutenir que tout se passe comme si la possession de la vérité pure était le but (1) dont l'action ne serait que le moyen.

Si maintenant nous considérons de même le rôle qu'une certaine sociologie attribue aujourd'hui à la société dans la formation de la raison humaine, nous arriverons à des conclusions analogues. Admettons un instant que la raison commence par n'être qu'un tissu de préjugés sociaux et de façons de penser imposées par les habitudes collectives. En quoi cela nous éclaire-t-il sur la véritable nature de la raison? Il est fort possible que l'homme n'ait pu trouver que dans certaines formes de pensée collective

(1) Ou, si l'on répugne à une formule finaliste, le terme naturel d'une évolution nécessaire.

une première satisfaction à son besoin de vérité impersonnelle, et que la société ait aidé ainsi la raison à se découvrir elle-même, encore que l'on aperçoive tout aussi clairement les obstacles qu'elle y a opposés; car si la vie
collective a produit dans l'humanité quelque raison, elle
y a déterminé directement encore plus de déraison, et des
préjugés d'autant plus tenaces et dangereux qu'ils prenaient précisément l'aspect et le vêtement d'une pensée
impersonnelle et commune. Mais en pareille matière,
comme dans bien d'autres questions, il s'agit beaucoup
moins d'expliquer les origines de la fonction, ce qui revient simplement à en décrire des formes rudimentaires,
que d'expliquer *tout le mouvement* qui aboutit à ses formes supérieures. Or l'évolution qui mène l'homme à prendre possession de ces formes de rationalité dont les sciences positives sont la mise en œuvre, se produit toujours
dans le sens d'une élimination de plus en plus complète de
ces préjugés collectifs sous l'action d'une réflexion individuelle de plus en plus forte et de plus en plus indépendante, appliquée directement aux données de l'expérience. Et il ne serait pas étonnant ni contradictoire que
dans ce processus d'affranchissement la société même eût
fourni des armes contre sa propre autorité. Ne voyons-
nous pas, par exemple, dans le domaine moral, que la
collectivité, pour qui une obéissance volontaire est plus
avantageuse, plus sûre, plus économique, que l'usage
d'une perpétuelle contrainte, est constamment amenée à
encourager une autonomie qui pourra se retourner contre
elle? De même, ici, les moyens d'information, de contrôle, de communication entre les esprits, que la vie sociale
développe sans cesse et en dépit de tous les efforts contraires, arment la pensée individuelle contre l'oppression de la tradition et de l'autorité. On trouverait là une
application entre bien d'autres de la loi hégélienne ou

marxiste suivant laquelle tout système social tend à développer les forces qui le renverseront.

Ainsi, soit que nous examinions la genèse de la connaissance au point de vue biologique, soit que nous l'examinions au point de vue social, et que nous y considérions le développement de l'expérience ou celui de la raison, nous arrivons à des conclusions analogues : c'est que la recherche de la vérité et par conséquent la science tend à devenir une fonction distincte et autonome, ayant ses fins et ses lois propres. Contre une telle conclusion, qui n'implique nullement d'ailleurs que la science ait un caractère absolu ni qu'elle puisse être adéquate à la réalité, aucun pragmatisme ne peut rien; on peut même ajouter, au point de vue pragmatique même, que du moment qu'une telle idée s'est formée, elle tendra à se réaliser de plus en plus complètement. Et l'Humanisme, qui n'est qu'un relativisme vaguement rajeuni, aussi tranchant dans ses formules que n'importe lequel des dogmatismes qu'il combat, et aussi confus qu'il est tranchant, ne peut rien non plus contre un tel fait : car la question n'est pas de savoir si notre connaissance est indépendante de notre nature pensante, ce qui risque bien d'être une sottise arbitrairement prêtée à l'intellectualisme, mais de savoir si notre nature pensante n'est pas de plus en plus indépendante de toute autre fonction, comme nous l'indiquons et comme nous essaierons de l'expliquer, et en particulier de notre nature affective et de notre vie sociale.

Or si nous admettons qu'il en est ainsi, nous nous trouverons bien en présence de la situation que nous définissions au début : la science et la société seront pour l'homme deux termes limites et pratiquement deux absolus irréductibles; l'Impératif moral, tel qu'il résulte des exigences de la vie sociale, et l'Impératif intellectuel, qui

nous présente la vérité comme ayant elle aussi une valeur
incommensurable avec toute autre, se trouveront en présence l'un de l'autre. Tous deux, chacun à son point de
vue, auront un caractère également catégorique. Car toute
fonction distincte a son impératif propre qui a pour objet
la réalisation de sa fin spécifique; et si ces fins sont irréductibles l'une à l'autre, des cas de conscience naîtront,
dont la solution ne sera possible que dans la mesure où
ces fins auront été mises en harmonie. Comme des cas
de conscience apparaissent entre les divers impératifs
sociaux dans la mesure même où l'harmonie sociale reste
imparfaite, entre l'impératif social et l'impératif du savoir
un conflit d'ordre supérieur pourra se produire. Le savant ou le philosophe, comme tel, ne se croira pas libre
de subordonner les droits de sa pensée, ou plutôt ses
devoirs, à telle ou telle convenance sociale : comme Socrate ou Galilée et bien d'autres, il opposera à l'ordre
qu'il reçoit de la société le *non possumus* que lui dicte
sa raison. Jamais, et de moins en moins, il n'admettra
que la Société impose, comme le voulait Comte, des limites à sa recherche, et encore moins qu'elle impose le
silence à sa découverte. Nous ne savons pas pour le moment s'il a en cela tort ou raison : mais nous voyons
qu'une sorte d'impératif catégorique intellectuel lui rend
impossible toute autre attitude. Il ne saurait réaliser en
lui la disposition que Loyola exigeait de son disciple,
d'être prêt, sur l'ordre d'un supérieur, à déclarer blanc
ce qui lui apparaît noir. Mais inversement l'homme social
ne saurait décider d'avance que la vérité aura des droits
illimités sur la vie des sociétés, ni, *a fortiori*, que la sincérité intellectuelle (car c'est en définitive la seule chose
immédiatement saisissable dans la conscience du savant)
soit en droit de mettre en péril n'importe quel intérêt
social.

Ainsi à la « volonté de société » qui est le principe de toute obligation morale proprement dite se juxtapose un impératif d'une toute autre sorte, qui dès lors pourra s'opposer au premier, et qui est la « volonté de vérité ».

II. — Mais il nous faut maintenant mettre en meilleure évidence la réalité et la nature d'un semblable impératif en en sondant les origines; car jusqu'ici nous nous sommes contentés, pour écarter le préjugé de l'accord naturel et nécessaire de la science et de la morale, de constater en fait l'indépendance acquise par la fonction de connaissance, et de faire état des droits qui, en dépit de théories contraires, semblent acquis à la pensée scientifique dans la conscience moderne. Il nous faut montrer que, si récente que soit en effet la conquête de ces droits, elle était pourtant dans la nature des choses, et qu'enfin cette « volonté de vérité » a bien, comme nous l'avons fait entrevoir, des racines propres, distinctes de celles des impératifs sociaux.

On voit aujourd'hui surtout et l'on se plaît à nous montrer l'homme plongé dans le milieu social, auquel il devrait pour ainsi dire tout ce qu'il y a d'humain dans son être. Mais on oublie trop, au profit du milieu social, que l'homme fait aussi partie et d'une manière directe, du milieu cosmique, de la nature. Pour participer à ce milieu, la société lui sert sans doute, sur bien des points, d'intermédiaire et de truchement, mais non pas cependant toujours ni à tous égards. Sans doute les leçons de la société condensent, complètent, fécondent, les leçons données par les choses, mais aussi souvent elles les dénaturent et les adultèrent, et surtout elles ne les suppriment jamais.

L'être humain participe en effet directement à l'univers de deux façons, du dehors par l'expérience, et du dedans par la raison.

D'un côté l'expérience proprement dite n'est pas sociale, mais individuelle. Quand l'enfant ouvre les yeux, ce n'est pas par la vertu de son milieu social qu'il perçoit et distingue le rouge et le vert. La société peut avoir une emprise encore énorme sur l'interprétation et l'expression de nos perceptions, mais non pas sur nos perceptions mêmes. Une convention sociale a pu imposer aux Chinois une perspective singulière, où, dit-on, les objets les plus éloignés, sont représentés plus gros que les objets proches, mais il est physiquement nécessaire que, comme nous, ils les perçoivent plus petits. L'enfant peut avoir beaucoup à faire pour épurer sa perception de toutes sortes de conventions et concepts d'origine en partie sociale, pour apprendre à voir et à observer; mais cela même est considéré comme un progrès, et il consiste à savoir se mettre naïvement en contact avec les objets. A. Comte, bien qu'il soit l'initiateur de la doctrine qui explique tout l'homme pensant par la société, et fait de la science un simple produit social, avait pourtant reconnu dès l'abord que l'état positif devait en un sens être tout à fait primitif. Qu'est donc cette positivité initiale reconnue par lui, sinon celle de la connaissance objective élémentaire, très différente de la positivité sociale, régie par le « cœur », qu'il proclamait finalement? La pensée scientifique, qu'une certaine sociologie représente comme issue de la religion ou de la magie, nous croyons, comme nous l'avons indiqué ailleurs (1), comme M. L. Weber l'a également professé depuis, qu'elle est née à l'atelier, à la cuisine, à la chasse, dans l'élevage ou l'agriculture, dans toutes les techniques enfin qui mettaient les hommes en contact direct avec les choses et ne pouvaient se passer d'un minimum d'observations exactes. L'action religieuse

____

(1) *Revue Philosophique.* Une théorie nouvelle de la Religion, avril 1913, p. 376.

ou, comme l'appelle M. Leuba, « anthropopathique », ne pouvait dans ces domaines se substituer entièrement, sous peine d'échec lamentable, à l'action « mécanique », directe, qui constituait comme une rudimentaire expérimentation (1).

Mais ce n'est pas seulement du dehors et par l'expérience que l'homme individuel participe à l'univers. Il y participe aussi du dedans et par sa constitution même dont fait partie ce que nous appelons sa raison. Car enfin, il appartient à cet univers, il est imprégné de ses lois que nécessairement il doit arriver à réfléter, et dans l'expression desquelles il retrouvera sa propre nature. Empiriquement l'esprit est dans le monde, il en est le produit, et c'est ce qui permet au métaphysicien d'affirmer que l'univers n'est pas étranger à la nature de l'esprit. « La réalité en tant que connue, écrit le Prof. Woodbridge, n'est qu'un moment de la réalité elle-même. Ce n'est pas un esprit externe qui connait la réalité au moyen de ses idées propres, c'est la réalité elle-même qui par ses propres processus d'expansion et de réadaptation arrive à l'état de chose connue (2). » Absolument parlant, le monde, c'est peut-être l'esprit travaillant à se réaliser. Tant qu'on a séparé l'esprit des choses et l'homme du reste de la nature, il a été impossible de comprendre et la valeur de la raison, et sa jonction avec l'expérience : or leur union indissoluble et leur continuelle collaboration est la caractéristique de toute la science moderne. Un lecteur hanté par les vieilles classifications des doctrines de transcendance dira peut-être que cette théorie est un empirisme voisin de la philosophie spencérienne. Ces doctrines étaient constamment préoccupées de trouver à la Raison

(1) *Bulletin de la Société Française de Philosophie*, séances des 29 janvier et 5 février 1914, p. 129 et suiv. Cf. L. Weber, *le Rythme du Progrès*.
(2). In *Philosophical Review*, 1908, II, p. 513.

un « sujet d'inhérence » qu'elles ne parvenaient d'ailleurs jamais à définir que verbalement. Mais l'empirisme n'est jamais que l'expression de l'*histoire* de la connaissance. Métaphysiquement, il importe peu de dire que la Raison est dans le monde ou qu'elle est dans l'esprit, si l'on admet de la Raison. La seule chose essentielle au point de vue de la théorie de la connaissance est de reconnaître le travail actif par lequel l'esprit en prend possession et de s'en rendre compte. Si la raison est innée, elle ne l'est pas à l'esprit seulement; elle est innée à l'univers; non pas peut-être comme une chose toute faite, mais comme un ordre qui se cherche suivant des lois.

Mais dès lors, dans notre esprit aussi, la raison ne s'apparaît pas d'emblée à elle-même, justement parce qu'elle est le plus intime, le plus primitif, le plus profond de notre nature en communion avec la Nature. Notre esprit a besoin de se dépouiller d'une foule de superfétations, et en particulier de superfétations d'origine sociale pour se reconnaître. La raison est un palimpseste; il faut en retrouver les caractères primitifs sous les hiéroglyphes obscurs ou absurdes dont des sociétés incultes et irréfléchies les ont recouverts. C'est pourquoi nous la déchiffrons péniblement, quoiqu'elle soit première, et c'est l'expérience directe qui seule nous permet ce déchiffrement, parce qu'au fond elle n'est pas d'une essence différente, et que nous y retrouvons par le dehors ce que notre raison reconnaîtra conforme à ses propres lois.

Cette insuffisante esquisse d'une théorie de l'expérience et de la raison, dans leurs rapports d'homogénéité essentielle, était nécessaire pour faire comprendre qu'en effet l'impératif de la pensée vraie repose comme nous l'avons dit, sur de tout autres bases que l'impératif social, et pourquoi c'est en s'affranchissant, au contraire, de toutes les superstructures de la convention et de la tradition, de toutes les scolastiques, y compris cette immense et inconsciente scolastique des catégories de la « conscience collective », que la pensée et la science font tous leurs progrès. On voit maintenant qu'il y a là une force, une autorité supérieure à laquelle se butterait inutilement toute l'autorité sociale, malgré sa puissance et son prestige. Et, bien entendu, pratiquement, ce n'est pas la vérité acquise qui jouit de cette autorité et de ce droit, car comment savoir qu'elle est acquise, sinon par une contre-épreuve indéfinie, dont la liberté doit justement être respectée? C'est donc plutôt l'idée même de la vérité et l'effort vers la vérité, qui humainement imposent une limite à la domination de la collectivité. Galilée prononçant, — s'il l'a prononcé, peu importe, — son : « E pur si muove », est le symbole de cette autonomie irrésistible de la pensée qui cherche le vrai. Certes, ces courageuses révoltes sont rares, parce qu'elles supposent un singulier développement de la conscience rationnelle aux prises avec la conscience sociale et avec l'intérêt personnel. Les Socrate et les Galilée seront toujours l'exception, et une infime exception dans l'humanité. Pourtant ce sont eux qui finissent toujours par triompher parce qu'ils plaident une cause qui est gagnée d'avance dans la réalité, et que, même malgré elle, l'humanité se reconnaît en eux et les suit. C'est pourquoi malgré la profondeur de la lâcheté commune, malgré l'insondable bêtise des masses, malgré la passivité et l'intolérance des foules, tyranniques dans la mesure même où elles sont asservies, malgré la prodigieuse puissance des intérêts, des traditions, des préjugés collectifs, et même, ce qui est plus grave encore, de scrupules loyaux et respectables, ligués contre l'avènement de la vérité ou contre la liberté de la recherche, c'est toujours finalement de ce côté qu'est la victoire, parce que seule la vérité peut dire « Ego sum qui sum », ou

« patiens quia aeterna » et que c'est là une force contre laquelle rien ne saurait prévaloir. Le fondement du savoir est absolument transcendant à la société.

Certes pour l'homme il y a un effort à faire vers la vérité : elle ne lui est pas donnée toute faite, et dans cet effort, la société qui lui oppose souvent de si graves obstacles, lui apporte aussi, sans toujours le vouloir ni le savoir, de puissants secours. Mais là encore, ce qu'elle fournit, ce sont seulement des moyens, jamais des résultats ni surtout une règle. Si la fonction de pensée, au point de vue de l'homme vivant, est une partie de son être, qui est lui-même une partie de la société, d'autre part, au point de vue objectif qui est celui où se place la pensée, c'est l'homme vivant et la société qui sont une partie de l'Univers, et par conséquent, dans la mesure même où la pensée prétend le représenter, même d'une manière bien inadéquate, elle subordonne l'homme et la société à l'ensemble de la réalité objective qu'elle embrasse virtuellement. Ce que nous sommes comme citoyens d'un groupe humain particulier ne saurait prévaloir sur ce que nous sommes comme citoyens de l'univers, pour parler le langage des stoïciens. Or, il y a peut-être un point et un seul (car c'est une idée bien téméraire et dont on a singulièrement abusé), où nous nous nous sentions citoyens de l'univers et sujets à une loi supra-humaine, et c'est précisément dans notre faculté de penser les choses objectivement. Cette fonction, quelle qu'en puisse être l'imperfection en un moment donné, chez un homme donné, est donc intangible en droit et même, comme je viens de le montrer intangible en fait à la limite, puisque tout effort pour l'altérer est condamné d'avance à l'impuissance finale. Si, fait comme il est, l'esprit sincère voit les choses comme il les voit, on ne pourrait l'empêcher de les voir ainsi qu'en changeant les choses ou en changeant l'esprit lui-même. Mais ce qu'est l'esprit, nous l'avons vu, il ne l'est, empiriquement, qu'en fonction de l'Univers dont il est une partie intégrante. C'est pourquoi les sociétés ont eu beau travailler à changer l'esprit, elles y ont fatalement échoué, parce qu'il leur aurait fallu pour cela changer l'Univers, et que, malgré la puissance que leur attribue une certaine sociologie, leur pouvoir ne va tout de même pas jusque-là. La science contemporaine, en dépit du travail d'assouplissement et de renouvellement qui l'a si profondément transformées en ces dernières années, est aussi éloignée que jamais d'entrer dans les voies de la « synthèse subjective ». Même la fameuse théorie de la « Relativité » implique un effort vers un plus profond objectivisme.

Ainsi nous espérons avoir établi l'indépendance, en raison de ses fondements, du devoir qui a pour objet la recherche du vrai, à l'égard du devoir social, et montré qu'il y a là une fonction qui, par sa nature même, échappe à l'autorité de la société.

III. — Que dès lors un conflit soit possible entre la science et la morale, et non pas entre tel ou tel résultat de la science et telle ou telle exigence particulière de la morale, mais entre l'esprit ou le principe de l'une et l'esprit ou le principe de l'autre, c'est ce que nous comprenons maintenant. Qu'un tel conflit soit réel et sur quels points essentiels il se manifeste, c'est ce qui nous reste à faire voir avant de parler de la solution.

Je laisserai de côté certaines difficultés qui sont très connues justement peut-être parce que, bien que très réelles, elles sont à la surface. Par exemple on opposera aux exigences de la morale l'esprit d'indifférence pratique inhérent à la pensée scientifique, qui prend tout ce qui est comme un fait naturel, nécessaire, rationnel même, dont il faut s'accommoder et qu'on devrait même accepter avec résignation. Plus précisément le déterminisme moderne qui a remplacé à cet égard le fatalisme antique, tendrait à paralyser l'action. Tant que la science n'a pas dépassé, l'étude du monde physique, laissant de côté l'homme, psychologique ou social, la difficulté n'apparaissait pas. Mais avec la biologie, la psychologie et surtout la sociologie, elle prend un caractère aigu, et c'est une singulière illusion que se faisait Aug. Comte en pensant que la création d'une physique sociale allait enfin fonder la morale (1); car la question se posera de savoir comment l'homme pourra se traiter à la fois comme une machine et comme un ingénieur qui l'emploie, et comment il pourra se proposer des fins si la marche de son développement est mécaniquement déterminée d'avance. C'est faire preuve de peu de clairvoyance et de peu d'esprit critique que de penser, parce que la science des choses extérieures avec son déterminisme, a été la condition des progrès récents de toutes nos techniques, que la science de l'homme, supposée faite dans les mêmes conditions et sous les mêmes formes, rendrait d'emblée les mêmes services à la morale et à la politique. On oublierait cette différence énorme, qu'ici la connaissance obtenue modifie son objet même, c'est-à-dire l'homme individuel ou social dont cette connaissance est une partie (2). Mais je ne veux pas revenir sur ces difficultés rebattues, et qui me paraissent avoir leur solution dans la relativité du déterminisme même ; dès que la conscience intervient il n'a plus rien de la rigidité mécanique. Il reste seulement que c'est la possibilité même d'une science sociologique rigoureuse qui doit être limitée, et que ses découvertes à l'égard du passé lointain de l'humanité ne sauraient

(1) Cf. *Catéchisme Positiviste*, p. 12. (Edition originale).
(2) Cf. nos *Etudes de Morale positive*, T. I, p. 118.

par elles-mêmes prescrire des fins ni dicter des règles. Il
ne faut pas confondre, en ce sens, une morale sociale
avec une morale sociologique.

Mais une difficulté qui subsiste et qui résulte directement de la situation que nous avons décrite, c'est que,
par nature, l'esprit scientifique est anarchique et individualiste.

Il est anarchique en ce sens que comme nous l'avons
montré, il est inéluctablemnt réfractaire à toute contrainte. Comte, il est vrai, s'inspirant peut-être de Mon-
tesquieu, pensait que la croyance aux lois de la nature
était une école de discipline morale. Mais cette idée serait
certainement plus vraie de la science appliquée que de la
science pure : l'industrie nécessite en effet une coordination pratique d'efforts; elle n'est pas comme le croyait
Spencer, uniquement un facteur de libération; elle est,
pour l'individu, un principe de subordination et même
d'asservissement. Mais quand la science pure pose l'idée
de loi naturelle, ce qui importe au point de vue de l'éducation, c'est beaucoup moins la forme de cet objet que
les conditions de la recherche. Or, à ce point de vue, aucune autorité extérieure ne saurait être supportable à l'esprit du savant ni même s'exercer efficacement sur lui.
Pour y résister, il prend son point d'appui sur l'Univers
même et son droit lui semble sur ce point adéquat au droit
que le monde a d'exister. Qu'il puisse se faire illusion
dans l'usage qu'il fait d'un tel droit, c'est possible, mais
il n'importe, la tendance n'en est pas moins réelle, inévitable, puissante parce qu'elle se sent fondée sur la nature
même des choses. L'autorité sociale est virtuellement
bornée là comme par un mur infranchissable. La tradition, comme telle, ne compte plus. On peut l'utiliser,
mais elle ne règne pas. Si A. Comte avait été animé d'un
véritable esprit scientifique, il n'aurait jamais écrit que

« les vivants sont toujours et de plus en plus gouvernés par les morts ». Car si cela est douteuxmême dans l'ordre pratique, où la réflexion domine de mieux en mieux l'empirisme de la tradition, cela n'est plus vrai du tout dans le domaine de la science, sur laquelle Comte prétendait se fonder, et ne pourrait précisément se vérifier que dans une société où il n'y aurait aucune science, mais un simple empirisme traditionnel ou même un dogme social sans fondement. Le vrai savant est de moins en moins asservi à la pensée des morts, même des plus grands, des Descartes, des Leibniz, des Newton qui d'ailleurs lui enseigneraient surtout la liberté d'esprit.

Sans doute les savants sont souvent très conservateurs, mais c'est précisément parce qu'ils limitent eux-mêmes l'usage de leur liberté critique : trop occupés de science pure, ou même d'une seule science, ils abandonnent le reste et en particulier le domaine de l'action à l'autorité extérieure. Mais il est douteux que cette division de la conscience, pour légitime qu'elle soit, réussisse toujours à se maintenir. Elle le peut d'autant moins que de leur côté les sociétés ne pratiquent pas cette même séparation; car par une erreur initiale, qui s'est prolongée jusqu'à nous, mais qui est comme un hommage involontaire rendu à la valeur absolue de la vérité, elles ont toujours fondé leur organisation pratique sur une *croyance*, sur une orthodoxie, présentée comme l'expression de réalités essentielles à la fois certaines et cachées. Les sociétés ont presque toujours commis l'imprudence, peut-être inévitable, de solidariser l'intérêt de l'ordre social avec certaines représentations de l'univers, de la nature et de l'origine de l'homme, des sociétés et de leurs lois. Que ces représentations se trouvent ébranlées par quelque nouvelle conception scientifique ou par quelque découverte historique, comme elles l'ont été, par exemple, par le système copernicien, par l'hypothèse évolutionniste ou par la géologie et la préhistoire, l'ordre moral subira du même coup une crise plus ou moins profonde.

Ainsi ni la conscience individuelle ni la conscience collective ne réalise naturellement une séparation parfaite de l'action et de la spéculation, des règles purement pratiques et des conceptions intellectuelles. Le devoir rationnel qui résulte de notre faculté critique de penser les choses sans nous soumettre à des catégories sociales, interférera donc inévitablement avec le devoir social. D'une part il crée dans l'individu des habitudes de résistance et même de rébellion. Lorsque l'Ariane de Mæterlinck proclame « il faut d'abord désobéir » que fait-elle, sinon transporter dans l'action la maxime même du risque expérimental ? D'autre part les sociétés, se mêlant de ce qui ne les regarde pas, et de ce qu'elles sont impuissantes à atteindre, ont la prétention de superposer ou même de substituer à la vérité qui peut s'obtenir par les seules méthodes de l'expérience rationnelle, c'est-à-dire par un rapport direct de l'esprit et des choses, d'autres « vérités », fabriquées selon les besoins de la conscience collective et selon les lois de l'imagination spontanée. Pour avoir confondu les intérêts de l'action avec les droits de la pensée, elles s'exposent alors à voir leur autorité battue en brèche. Ceux que notre jargon politique contemporain appelle les intellectuels ce ne sont certainement pas les seuls intellectuels ni les seuls intelligents : ils n'ont pas cette prétention et on ne leur fait pas un tel honneur; mais ce sont ceux qui moins prudents que Descartes, se font un devoir de transporter dans le domaine de la vie politique et sociale les règles de critique, les habitudes d'esprit indépendantes qui sont celles de l'esprit scientifique. De telles dispositions sont assurément révolutionnaires, et c'est là, pour le conservatisme et le traditionnalisme des sociétés, le crime par excellence.

Un autre aspect de ce même conflit résulte du caractère à la fois individualiste et universaliste de l'esprit scientifique, par opposition à l'esprit proprement social.

D'un côté, l'expérience, avons-nous vu, est essentiellement individuelle, parce que ce qui en fait la valeur, la solidité, le caractère impérieux et certain, c'est qu'elle exprime le rapport direct des choses avec moi; elle en est l'expression nécessaire en moi. A cela aucun ouï-dire, aucune affirmation venue du dehors ne peut prétendre se substituer ni équivaloir. L'esprit expérimental posera donc l'individualité comme une sorte d'absolu; et en effet, elle l'est objectivement. Car mon individualité est déterminée par le point unique que j'occupe dans le temps et dans l'espace, par le système unique de rapports que je soutiens avec l'ensemble des choses. Or la société tient avant tout à l'assimilation. L'esprit grégaire est sa condition première et, du moins à l'origine, elle tend à comprimer et à effacer toutes les diversités. Elle ne peut jamais y réussir entièrement puisque la différence individuelle est par nature irréductible, et qu'elle constitue un ferment indestructible de différenciation. Plus elle devient consciente, et, l'esprit scientifique y contribue puissamment, plus cette différence se posera comme un droit primordial et inhérent à l'existence même.

Mais d'autre part la pensée expérimentale, précisément parce qu'elle reflète les choses sans l'intermédiaire des catégories sociales, est essentiellement universelle dans son contenu, et c'est par là qu'elle satisfait et rejoint la raison. L'esprit scientifique est donc essentiellement universaliste en même temps qu'individualiste, et en vertu des mêmes causes : ce deux caractères nominalement antithétiques sont absolument solidaires, comme l'histoire des idées po-

litiques modernes le montre aussi nettement que l'analyse
directe de la pensée. Loin que la société soit seule créatrice de la science, c'est au fond parce que l'expérience
individuelle, dans ses manifestations, est commune et harmonique, que la communication entre les hommes, que
le langage et la société sont possibles. Mais il y a une
grande différence et même une réelle opposition entre
cette universalité de la pensée réfléchie et le caractère collectif des opinions sociales. C'est une évidente erreur que
l'on commet avec une incroyable insistance que de les
ramener l'une à l'autre et de les confondre. Je reconnais
une pensée « collective » à ce que précisément celui qui
l'adopte peut n'avoir aucune pensée réelle : il a reçu une
parole et il la répète. Si je vois dans une mosquée tout un
peuple faire les mêmes gestes au même instant ou prononcer des paroles identiques, c'est pour moi un signe
irrécusable que dans cette foule personne peut-être n'a
rien pensé. Ces paroles identiques ne sont qu'un acte commun, mais non l'affirmation d'une vérité. Cette apparente
unanimité est peut-être celle des volontés ou des sentiments, mais non celle des intelligences. Plus il y a de
similitude dans le geste, plus j'ai lieu de douter de l'identité des pensées, et même parfois de leur existence. Tout
autre est l'unanimité de la pensée scientifique. Je la reconnais précisément à ce que, sans communication extérieure et surtout sans contrainte ni suggestion, deux hommes travaillant séparément, individuellement, ont, dans
des conditions semblables, constaté le même fait, trouvé
la même démonstration. Je dis qu'il y a chance alors pour
qu'ils soient dans le vrai, tandis que l'unanimité sociale
sous l'autre forme est à ce point de vue sans aucune valeur. Des foules immenses, pendant de longs siècles, ont
pu accepter, proclamer ardemment les affirmations les
plus fausses ou même les plus dénuées de sens; leur una-

nimité est inopérante devant l'esprit critique. Deux savants se rencontrent dans une recherche proprement scientifique, et l'homme le plus ignorant est porté à s'incliner ; mais on ne lui demande pas de s'incliner, on l'invite seulement à regarder à son tour. L'unanimité qui s'établit sous ce régime n'est-elle pas quelque chose de bien différent d'un consensus social ?

Il y a plus. Cette unanimité même, dans les cas privilégiés, apparaît comme un fait accessoire et dérivé. Il put y avoir une heure où, seul dans son milieu social, Pythagore possédait le théorème qui porte son nom. La certitude précédait ici l'assentiment d'autrui, qui ne pouvait rien y ajouter. Une croyance irrationnelle commune ne fait figure de vérité, que parce que, d'instinct, nous regardons la vérité rationnelle comme le fondement normal d'une croyance commune.

Au reste la vie même nous montre assez combien l'esprit universaliste diffère de l'assentiment social. Celui-ci ne rapproche les membres d'une même société qu'en divisant les sociétés entre elles. Une cohésion sociale fondée sur une tradition nationale doit sa principale force à son étroitesse même : elle implique une limitation étroite des sympathies et même une certaine incompréhension mutuelle des collectivités, comme il arrive pour les églises qui n'unissent fortement leurs fidèles qu'à la condition de les isoler du reste de la société. Que reproche-t-on d'ordinaire, non sans raison d'ailleurs, dans les écoles traditionalistes, aux « intellectuels », à tous ceux qui prétendent appliquer à la vie sociale les formes de la rationalité scientifique, sinon de passer trop facilement par-dessus les frontières, d'en méconnaître la réalité et la nécessité, d'oublier les contingences historiques qui ont fait des patries, pour se hausser d'une manière prématurée et téméraire à l'idée de l'Humanité? Cela suffirait, en dehors de toute analyse, à nous montrer quel écart, quelle opposition même il y a entre le point de vue social et le point de vue rationnel, entre une pensée simplement collective et une pensée universelle.

Il est fort possible historiquement que l'humanité sociale ait aidé l'homme individuel à sortir de lui-même et à concevoir l'idée d'une vérité impersonnelle. La nécessité de communiquer, le besoin de s'entendre, l'instinct qui porte chacun moins à s'instruire auprès d'autrui qu'à obtenir son assentiment et même à le lui imposer, ont certainement contribué à faire remarquer et rechercher toute pensée qui semblait de nature à dominer et à unir les esprits. La conscience collective donc a pu servir de *schème* à la pensée rationnelle, mais elle n'en reste pas moins profondément différente dans sa nature, et leur évolution comme l'analyse de leurs fondements révèle leur irréductibile hétérogénéité. Ainsi le conflit que nous avons entrevu dès le début est bien réel, au moins sur quelques points essentiels, et il suffit d'ailleurs de considérer certains des remèdes proposés pour reconnaître que le danger n'est pas chimérique. C'est maintenant en effet à la solution de la difficulté que nous devons passer.

IV. — Certaines de ces solutions ont le caractère de véritables coups d'état philosophiques, à l'aide desquels on prétend supprimer le problème beaucoup plutôt qu'on ne le résout. J'en distinguerai de deux sortes principales : les uns, dans la voie ouverte par A. Comte, et écartant les prémisses d'où je suis parti moi-même, absorbent résolument la science dans la société; d'autres acceptant ces prémisses et reconnaissant les caractères propres et les fondements indépendants de la science, n'hésitent pas à nous en proposer le sacrifice.

A. Comte, après avoir intégré la sociologie à la science,

prétend intégrer toute science à la sociologie. Plus explicites encore et plus précis, ses récents héritiers veulent que la pensée scientifique et rationnelle ne soit qu'un produit de la vie collective. Mais alors la science n'est plus que le plus récent et le plus à la mode des préjugés issus d'une tradition, et de la plus courte des traditions. Si la science est sociale en ce sens je ne comprends plus comment la sociologie peut être scientifique. Car la science, au lieu de se fonder sur la critique, n'aurait plus alors d'autre base que l'autorité sociale. Ce ne serait plus qu'un vaste scolastique où le Maître serait remplacé par la collectivité, une théologie d'un nouveau genre. Rien, nous l'avons vu, n'est plus contraire à la nature de choses, aux faits observés, et, puisqu'un argument sociologique est ici le plus topique, à l'état présent des consciences.

Le sociologisme déclare que l'individu dans la Société n'est qu'une abstraction. Mais à son tour il commet une abstraction encore plus audacieuse : il oublie que l'individu est plongé dans le milieu cosmique, et méconnaît qu'à ce point de vue, la conscience individuelle retrouve son indépendance et même sa supériorité : car elle entre par l'expérience en contact direct avec les choses, tandis que la société, comme telle, n'expérimente guère qu'elle-même. La raison soi-disant individuelle que raillent volontiers les adversaires de l'esprit critique lorsqu'ils tirent A. Comte dans le sens de Bonald, est en réalité beaucoup plus universelle que ne peut l'être la pensée sociale, toujours bornée à d'étroites frontières et soumise aux contingences historiques les plus irrationnelles.

N'y a-t-il pas d'ailleurs une étrange contradiction interne en une doctrine qui dans ses conclusions nous présente l'autorité sociale comme sacrée et quasi divine, après avoir usé à son égard, de par sa méthode, d'une liberté critique qui est la première et la plus caractérisée des profanations? Si la science émanait de la société et relevait de son autorité, il est probable, que la société commencerait par proscrire toute libre sociologie. Si au contraire la science, comme nous l'avons montré, quelque secours extérieur que lui apporte la vie sociale, repose sur des principes indépendants de la Société, on peut comprendre qu'elle se développe dans la liberté critique, et que celle-ci contribue à l'inverse de ce que prétend la théorie sociologique, à susciter et à favoriser un ordre social nouveau, comme nous l'avons toujours soutenu. Elle peut devenir par là le principe d'une révolution profonde dans l'ordre humain, ainsi que nous l'indiquons plus loin.

D'autres, après avoir reconnu, et même considérablement exagéré, l'opposition entre l'esprit social et l'esprit scientifique, ne se contentent pas, comme Brunetière, de proclamer la faillite de la science et de fonder sur cette faillite la restauration de l'ordre social. Plus hardi et plus paradoxal, l'auteur de l' « Antipragmatisme » pense que le pragmatisme psychologique ou social ne saurait fonder une science ni une philosophie, et que celles-ci ont, comme nous l'avons soutenu, une base et une méthode indépendantes. Mais comme cette indépendance même constituerait un danger social redoutable, il faudrait résolument sacrifier la science et l'esprit scientifique : primum vivere, itaque non philosophari.

Il ne vaut vraiment pas la peine d'examiner si un pareil sacrifice est possible, non seulement en droit, mais même en fait. Cet antipragmatisme, qui me fait l'effet d'être en réalité le plus radical et le plus audacieux des pragmatismes, se heurterait, nous l'avons fait sentir, à la plus insurmontable résistance. Mais il nous donne l'occasion de montrer que, à supposer ce sacrifice réalisable, la société y perdrait encore plus qu'elle n'y gagnerait. Car enfin le conflit dont nous avons montré la réalité sur certains points, n'exclut pas sur d'autres un accord profond aussi entre la science et la vie sociale. Si la science doit beaucoup à la société, c'est surtout la société qui doit beaucoup à la science. Et nous ne voulons pas seulement parler des résultats merveilleux de la recherche scientifique, qui ont transformé la vie des sociétés modernes; cela est une banalité que pourtant son incalculable portée oblige à répéter. Nous voulons dire que l'esprit scientifique présente avec la conscience morale des affinités profondes que toutes les morales rationalistes ont aperçues.

Evidemment il peut toujours arriver que la culture et la curiosité scientifiques se trouvent, comme chez le Balthazar Claës de Balzac, associés à un profond égoïsme. Mais cela prouve seulement que la conscience, comme on le sait, est sujette à toutes sortes de cloisonnements. Il reste pourtant que si elle arrivait à être parfaitement homogène, comme elle y tend spontanément, elle ne pourrait se vouer à l'œuvre désintéressée de la science, sans que, pour autant, elle désapprît l'attitude égoïst.

La pensée scientifique, par le caractère essentiellement impersonnel de son objet, est une puissante école de désintéressement. L'objectivisme qui lui est essentiel et dont la pratique de la recherche scientifique imprègne toute la conscience du savant, le détourne des dispositions égocentriques. Savoir se placer à un point de vue objectif, n'est-ce pas une des conditions de la probité et surtout comme le montraient déjà Littré et Spencer, de la justice? Ce n'est pas fortuitement que ce sont trouvées spontanément associées, au cours d'une crise mémorable, les idées de Justice et de Vérité.

Quelle vertu encore est plus nécessaire à la vie en société que la sincérité, et où se forme-t-elle plus sûrement

que dans la recherche et dans l'affirmation de la vérité?
Si la sincérité déborde la vie intellectuelle, il n'en est pas
moins vrai que, des trois formes que l'on en peut distinguer (sincérité dans la pensée, dans le sentiment, dans
l'action), la sincérité intellectuelle est de beaucoup celle
qui suscite le moins de difficultés, qui est le moins sujette
à équivoque, le moins exposée à succomber aux sophis-
mes de la passion et de l'intérêt, ou aux pressions venues
du dehors. Il y a dans la vérité quelque chose de solide
et de réfractaire aux compromis, comme une résistance
extérieure qui s'oppose à toutes nos tentatives pour l'altérer. Mais il y a aussi en elle quelque chose d'intérieur
et d'immédiat qui reste inaccessible aux sollicitations et
aux menaces sociales, un foyer de vie spirituelle incor-
ruptible. Ainsi la sincérité intellectuelle n'est pas la seule
dont nous devions avoir souci, et ce n'est surtout pas
celle par laquelle l'homme débute ; mais une fois qu'on
y est parvenu, elle deviendra le type sur lequel toutes
les autres auront à se modeler, parce que c'est la plus
pure et la plus forte, celle qui s'approche même le plus
du caractère absolu auquel tout devoir doit tendre (1).

On reproche encore souvent à la science, dans les écoles
qui s'inspirent du traditionalisme religieux ou même positiviste, de manifester et de développer l'orgueil, d'en-
fler et de dessécher, comme le dit Comte (2). Mais c'est là
suivant nous une bien singulière méprise. On confond
avec l'orgueil l'esprit d'autonomie qu'en effet la pensée
scientifique exige et développe au plus haut point. Mais
c'est là aussi une des caractéristiques de la conscience
morale la plus haute, qui reçoit ainsi de la pratique de
la science une des plus fortes leçons dont elle ait besoin.

(1). Cf. *L'Union Morale*, organe de la Ligue française d'éducation morale, janvier 1914, p. 355.
(2). *Catéchisme Positiviste*, p. 18.

Et cette autonomie n'est pas orgueil, parce que, dans l'œuvre scientifique plus encore que dans aucune œuvre sociale, le savant se sent l'ouvrier d'une tâche immense qui le dépasse infiniment et à laquelle il se dévoue, sachant combien il s'en faut que l'intérêt ou même la gloire y trouvent le plus souvent leur compte. Le vrai savant est modeste, au contraire non seulement parce qu'il sait mieux que personne quelle est son ignorance, mais aussi parce qu'il se met docilement et humblement à l'école de l'expérience. Mais cette humilité ne risque pas d'être servilité; ce n'est pas devant une autorité qu'elle s'incline, c'est devant l'ordre de l'univers, que le savant cherche à pénétrer sans prétendre le corrompre, sans pouvoir le flatter, et cette humilité-là vaut bien celle du croyant devant son Dieu.

C'est retarder singulièrement que de prêter encore à la Raison (1) un dogmatisme que Kant avait déjà si fortement ébranlé et que toute la science moderne a ruiné. Dès longtemps la Raison ne s'attribue plus aucune « infaillibilité », aucune révélation intérieure. Elle n'est plus qu'un effort libre et méthodique pour ordonner l'expérience, en dehors de laquelle elle ne prétend plus travailler, et que surtout elle ne prétend plus régenter. Si une telle raison enseigne la pratique de la liberté, elle en prescrit aussi le respect. Elle est aux antipodes de tout esprit de domination et de despotisme.

Nous voyons donc que toute doctrine qui prétendrait sacrifier la pensée scientifique à la vie sociale ou simple-

(1). Comme le fait M. A. Loisy, *Correspondance* de l'Union pour la Vérité, juillet.1920, p. 46. À cette conception périmée on opposera celle que développe M. Brunschwicg (l'*Orientation du Rationalisme*. Rev. de Métaphysique et de Morale, juillet 1920). ou encore celle que déjà nous donnait M. L. Weber, *Vers le Positivisme absolu par l'Idéalisme*; elles sont diamétralement opposées à la première, et elles nous paraissent correspondre beaucoup plus exactement à l'état présent de la pensée.

ment l'y absorber, à supposer qu'elle soit pratiquement applicable, serait, même moralement et socialement, désastreuse. N'y aurait-il pas d'ailleurs, au point de vue même des sociologues, une sorte d'immoralité première dans la prétention, fût-elle impuissante, à détruire ou à adultérer une fonction que l'évolution des sociétés a mise au premier plan, qu'elle a progressivement différenciée et constituée dans l'état d'autonomie où nous la voyons aujourd'hui? La vraie moralité, pour la science comme pour toute autre fonction, consiste à remplir consciencieusement et loyalement sa tâche propre.

V. — Comment se résoudront cependant les conflits dont nous avons constaté la réalité?

Puisque nous avons écarté les solutions de coup d'état, il ne nous reste plus que des solutions par voie d'approximation. Prenons pour accordé que la fonction scientifique est bien en effet irréductible à un principe purement social. Il n'y aura pas d'autre ressource, si elle entre en opposition avec l'ordre social, que de bien distinguer les deux fonctions, ou de transformer la plus plastique des deux. Et en effet ces deux solutions paraissent s'esquisser dans l'évolution contemporaine. Indiquons les brièvement.

La première consistera à séparer autant que faire se pourra le domaine de la pensée pure de celui de l'action et en particulier de l'action sociale, partout du moins où celle-ci ne peut en effet acquérir le caractère d'une technique scientifique. Cette séparation peut avoir, lieu dans le domaine de la conscience individuelle ou dans celui de l'organisation collective.

D'un côté, l'individu qui prétend à bon droit réserver la parfaite liberté de sa pensée, et la soustraire à tout empiétement de l'autorité sociale extérieure, doit soigneusement séparer le domaine de l'affirmation de celui de l'action. La liberté de penser doit être entière, la liberté de faire ne saurait l'être sans absurdité. Ce qui rend la première intangible, nous l'avons vu, c'est qu'au fond elle est d'ordre suprasocial et que, rigoureusement, elle échappe même aux prises tout extérieures de la société. Mais la discipline de la vie pratique relève au contraire de l'autorité du groupe social, et elle est nécessaire à son existence. D'ailleurs c'est en se montrant respectueux de cette discipline, qui n'entame pas son for intérieur, que le penseur méritera le mieux et obtiendra le plus facilement la parfaite liberté d'esprit qu'il revendique.

Mais les sociétés, de leur côté, doivent tendre à une séparation analogue, dont la séparation de l'Eglise et de l'Etat n'est qu'un cas particulièrement frappant. Que la cohésion des sociétés ait eu pour organe principal, à un certain stade de leur existence, des croyances et des affirmations communes, c'était peut-être, nous l'avons dit, un fait inévitable. Cette solidarité formelle et idéale devait précéder la constitution des liens sociaux réels, qui ne pouvaient résulter que de la vie sociale elle-même. Mais à mesure que ces liens réels devenaient plus complexes et plus solides, alors qu'au contraire, pour des raisons indépendantes, l'homogénéité des croyances tendait de plus en plus à s'effacer, l'importance sociale qu'on attachait à celle-ci perd son fondement. Les sociétés primitives qui sentaient leur existence précaire ne pouvaient pas aisément tolérer des dissidences, même dans l'ordre des croyances. D'ailleurs le faible développement de l'intellectualité permettait-il précisément alors de bien distinguer les dissidences spéculatives des dissidences pratiques? Mais les sociétés modernes ne sont plus dans les mêmes conditions. Leur vie, leur durée, leur unité sont assurées, dans la mesure où elles le sont, par un système énorme d'intérêts organisés, par une longue vie historique commune, et par bien d'autres liens réels, mais non plus par l'identité des croyances. Celle-ci a donc perdu infiniment de sa vertu et de son importance sociales; et aujourd'hui, les croyances religieuses divisent plus qu'elles n'unissent; la plus élémentaire prudence conseillerait, même aux moins avancés des peuples européens, de ne plus engager l'intérêt de leur existence, la cause de leur unité, dans une chimérique aspiration à une foi spéculative commune. La seule foi aujourd'hui vraiment commune, malgré la dissidence sans portée de quelques dilettantes pragmatistes, c'est précisément la foi à la valeur de la science; non pas d'un système scientifique quelconque, mais de l'esprit et de la méthode scientifiques.

Voilà sans doute la solution de premier plan, celle qui se présente comme immédiatement applicable à la morale ou à la politique. Toute doctrine qui tend à confondre la pensée et l'action, la faculté d'affirmer et la règle de la conduite, compromet à la fois la valeur de la science et la solidité de l'ordre social.

Mais il est une autre solution, de longue haleine, qui se dessine dans la politique des peuples les plus civilisés, et plus spécialement dans celle de la France depuis un siècle, celle de la Révolution française. Elle me paraît en effet pouvoir se définir par l'effort pour substituer, dans l'organisation sociale, un principe rationnel, expérimental et critique, au principe traditionnel, empirique et autoritaire. Une pareille tentative ne prétendrait certes pas, comme celle de Comte, à fonder une politique « scientifique »; Comte, en y visant, n'a guère réussi, nous l'avons vu, qu'à subordonner la science à la politique. Mais elle tendrait à rendre, dans la conscience des individus comme dans celle des peuples, les principes de la morale et de la politique homogènes à ceux de la pensée

scientifique. C'était bien là aussi le point de départ et la
visée initiale de Comte; mais c'est dans une direction
absolument opposée à la sienne que nous tentons d'obtenir cette homogénéité. Car au lieu de faire la société régu-
latrice de la science et de la raison, nous voudrions que
la raison, l'esprit de la science devinssent régulateurs
de la société. Comte est bien parti de l'idée d'une science
positive, constituée d'une manière directe et autonome,
valable enfin par elle-même et qui dès lors pourrait régir
jusqu'à la société. Mais sa pensée, plus vigoureuse et plus
nette que profonde, n'a pas senti la nécessité de s'appliquer à la critique de cette idée. Il l'a prise comme un
simple fait et n'a su lui trouver qu'une justification
tout historique, précaire d'ailleurs, et qui en tout cas ne
lui laissait plus que la valeur d'un produit social contingent. Comte a donc constamment, et dès l'origine, oscillé
entre une idée scientifique de la politique et une idée
sociologique de la science, entre l'idée d'une science qui
serait directrice et celle d'une science serve, entre l'idée
d'une pensée positive s'imposant par elle-même aux
esprits et celle d'une synthèse subjective imposée du
dehors aux consciences. Mais les deux termes extrêmes
entre lesquels il se meut ainsi nous paraissent également
inacceptables et même inconcevables : il ne s'agit pas de
constituer une politique scientifique et encore moins de
subordonner la science à l'ordre social. Nous ne visons
qu'à une participation de la vie sociale et morale à l'esprit même de la science. Ce que nous opposons à l'attitude positiviste, c'est en réalité l'attitude cartésienne, celle
qu'inspirerait le *Discours de la Méthode*, appliqué à l'action humaine. Descartes, s'il n'a pas consenti à être le
père avoué de la Révolution française, en est cependant
le père naturel; car il est bien pour nous le père de cette
« plus grande révolution » qui se poursuit dans tous les

domaines de la vie contemporaine, et dont la Révolution de 1789 ne marque que la crise initiale et un épisode incomplet.

Nous ne saurions ici développer un aussi vaste sujet, que nous réservons pour une autre série d'études. Qu'il me suffise d'en indiquer seulement quelques traits. Si d'abord à l'ancienne conception d'une révélation privilégiée, se substitue l'idée d'un savoir expérimental qui par nature appartient à tous et requiert un contrôle mutuel continu, nous passons, dans l'ordre politique, de l'état d'assujettissement et du régime d'autorité, à l'idée démocratique et au principe du gouvernement consenti. En proclamant que « le bon sens est la chose du monde la mieux partagée » et que « la raison est tout entière en un chacun », Descartes préparait les voies au Contrat Social. La liberté critique de la raison trouve ainsi sa traduction dans le domaine politique.

En même temps, à une organisation traditionnelle qui assigne d'avance à chacun sa place, et qui n'est qu'un simple produit empirique de causes plus ou moins effacées, au régime des classes fermées, se substitue un ordre qu'on pourrait appeler expérimental : car qu'est-ce que l'égalité civile et juridique si ce n'est un ordre de choses qui appelle chacun à faire ses preuves, et où l'on attend de voir les hommes à l'œuvre au lieu de les traiter suivant des règles extrinsèques et sans aucun rapport avec la valeur sociale des individus? Sans doute l'égalité des hommes n'est pas un fait expérimental, on nous le répète assez; mais leur inégalité suivant un système préétabli de castes fermées, est encore moins conforme aux données de l'expérience. C'est ne rien comprendre à l'esprit de la Révolution que de lui objecter comme on ne cesse de le faire, que l'égalité n'est pas donnée dans la réalité. L'égalité qu'il pose n'est pas un fait naturel: elle est surtout lé rejet des inégalités factices que l'expérience révèle arbitraires et nuisibles au point de vue du rendement social et de la justice. Elle n'est pas une donnée de l'expérience, elle est à réaliser : c'est *une expérience que l'on fait*, et selon les résultats de laquelle devrait se déterminer, presque automatiquement si le régime était bien ordonné, la place faite à chacun, pour le plus grand profit de tous.

Enfin, comme, dans la collaboration scientifique, nous ne pouvons entrer utilement en rapport qu'avec des esprits également libres et même également cultivés, dont l'assentiment et le contrôle n'ont de valeur qu'à cette condition, de même dans la vie sociale d'une démocratie chacun doit souhaiter la liberté et le développement moral de tous et y travailler. Il faut que les hommes arrivent à un certain degré, et à certaines formes d'égalité pour pouvoir se bien comprendre et coopérer pleinement. Dans les régimes d'autorité et de tradition au contraire, il est nécessaire que les uns restent dans l'état d'infériorité qui assure la suprématie des autres. Le contractualisme est bien la synthèse pratique de la rationalité et de la socialité, de l'individualisme et de l'autonomie critique avec la communion sociale résultant de l'universalité de la raison et de l'expérience. La raison, qu'on accuse d'être orgueilleuse et égoïste est donc bien au contraire, si l'on compare le régime social qu'elle inspire à celui de la tradition, le seul principe d'une véritable fraternité.

Ainsi le régime démocratique ne peut certes pas prétendre être une vérité scientifique, ni demander sa justification à des découvertes scientifiques; ceux qui, comme Brunetière et tant d'autres philosophes d'occasion, ont cru le condamner en l'interprétant ainsi et en lui attribuant cette prétention, se sont lourdement mépris et leur réfutation ne porte pas. Le régime démocratique, c'est en réalité une tentative, une *expérience*, encore incertaine, et en travail, pour mettre l'organisation sociale en harmonie avec les formes de la pensée rationnelle, pour traduire dans la vie des collectivités l'autonomie et l'expérimentalisme de la science positive. La conversion politique qui ne se dessine nettement que depuis un peu plus d'un siècle, ne serait que la prolongation et l'irradiation de l'immense et profonde conversion intellectuelle qui a remplacé d'une manière qu'on peut estimer définitive, les révélations, les empirismes et les scolastiques primitives par la méthode expérimentale et critique.

L'affirmation de la valeur morale de la science trouverait alors sa plus haute confirmation.

Mais, comme on le voit, cette valeur ainsi envisagée est moins un fait à constater qu'elle n'est un idéal à réaliser. La science même, à la différence de ces anciennes formes de pensée qu'elle remplace, n'est pas une chose toute faite, une chose donnée; elle est une recherche, elle est une œuvre. A plus forte raison, l'accord entre l'esprit qui l'anime et l'ordre des sociétés humaines, ne peut être que le produit de l'effort moral lui-même; car c'est aussi la caractéristique de la politique nouvelle, que les peuples assument consciemment, à leurs risques et périls, le soin de leur destinée et la tâche de leur propre gouvernement. Ainsi un tel accord est une fin et non un état; et par là il est plutôt lui-même un objet de foi et d'action qu'un objet de science. Nous avons essayé pourtant de montrer sur quoi une telle foi reposait à nos yeux, et quelles raisons le présent nous offrait d'espérer. L'avenir seul, c'est-à-dire encore l'expérience, peut la démentir ou en apporter la justification, et surtout la préciser et la rectifier d'une manière continue.

VII

CONCLUSION

ESQUISSE D'UNE MORALE POSITIVE

C'est une épreuve nécessaire de la valeur des idées que
d'en opérer une synthèse aussi serrée, aussi précise que
possible. C'est pourquoi nous avons voulu rassembler et
mettre en ordre logique, sous la forme d'un petit nombre de propositions, les éléments dispersés dans les études précédentes. Ce travail qui nous a été utile à nous-
même pour prendre pleine possession de notre propre
doctrine morale, permettra aussi au lecteur d'en obtenir
une vue d'ensemble. Peut-être aussi pourra-t-il rendre
quelques services dans l'enseignement de la morale, auquel dès longtemps nous avons consacré le meilleur de
nos efforts et que nous serions heureux d'aider encore à
prendre plus de consistance, plus de vie et plus de liberté.

C'est ce qui excusera, nous l'espérons, la sécheresse
et l'apparence dogmatique de la forme adoptée à laquelle,
sans les développements fournis par le reste du livre, on
pourrait reprocher l'excès voulu de concision et de
densité.

I. — POSITION DU PROBLÈME. — CONDITIONS FONDAMENTALES
D'UNE MORALE POSITIVE. — LEUR ANTINOMIE

1. — *L'idée d'une morale positive, ou d'une morale
vraie et démontrable, est une idée obscure dans sa forme*

même. Car l'idée d'une morale est, en tout état de cause, l'idée d'une norme pratique qui se propose à la volonté, tandis que l'idée d'une vérité n'a de sens que par rapport à un entendement dont la fonction est essentiellement spéculative. L'entendement, absolument parlant, ne crée pas son objet et ne peut correctement accomplir sa fonction que s'il s'affranchit de tout désir et de tout vouloir. Une morale donne au contraire quelque chose à faire et perdrait tout sens, si l'on s'en tenait à ce qui est donné comme objet à la pensée, sans proposer un objet à l'action.

Il faut donc une interprétation pour donner un sens à l'idée d'une morale vraie, et plus précisément d'une morale positive, c'est-à-dire susceptible d'être justifiée à l'aide des méthodes générales de l'expérience et de la raison.

Cette idée peut être définie (comme la vérité elle-même) par deux conditions suivant qu'on se place :

A. — Au point de vue du sujet qui juge moralement, et dont l'attitude est alors conçue comme analogue à l'attitude de la pensée scientifique (Rationalité);

B. — Au point de vue de l'objet du jugement moral, en déterminant, d'après l'observation des faits, ce qui en constitue le contenu véritable (Réalité).

L'idée même d'une morale implique qu'il y a dans le domaine de l'action *quelque chose comme une vérité*, c'est-à-dire une préférence justifiable de quelque manière, et une méthode de justification susceptible d'être agréée par tous les esprits. Autrement on retomberait dans un οὐδὲν μᾶλλον qui est la négation de toute morale comme de toute recherche de vérité. Si donc il n'y avait eu historiquement, dans ce domaine, des tentatives sans méthode et sans critique, on ne dirait rien de plus en parlant d'une morale positive, si non qu'*il y a une morale*, comme, en parlant d'une science positive, on énoncerait simplement qu'il y a une vérité scientifique.

On peut, il est vrai, essayer d'éluder la difficulté d'appliquer à l'action l'idée de vérité, en maintenant entre elles une radicale séparation, en répondant, au fond : il n'y a pas de morale, il y a la science, et celle-ci entre autres objets, peut étudier *les morales* existantes, comme tout autre fait.

Nous avons reconnu l'impossibilité de s'en tenir à cette fin de non recevoir (I° Etude, 2° partie, § 4, I. 110). Elle équivaudrait à méconnaître précisément la caractéristique spécifique du fait même qu'on prétendrait étudier, puisque s'il y a quelque part *une morale quelconque*, c'est qu'on croit à une règle qui doit primer toute autre règle.

Il faut donc maintenir, comme la donnée même du problème, et comme point de départ au moins, l'idée d'une morale vraie, sauf à en reconnaître l'obscurité, et à en chercher le sens possible.

A. — RATIONALITÉ

2. — *Un jugement moral n'existe valablement que s'il comporte l'acceptation réfléchie du sujet. Une valeur n'existe que pour celui qui la reconnaît. L'attitude du sujet moral est, à cet égard, comparable à celle du sujet pensant, qui cherche la vérité. Il n'y a de pensée véritable que là où il y a critique des raisons d'affirmer; il n'y a de conscience morale véritable que celle qui requiert une justification de ses décisions et la tire, non de l'opinion d'autrui, mais de la considération directe des choses.*

L'esprit de sincérité et de véracité est commun à la

*science et à la moralité. Il implique l'autonomie du juge-
ment et de la volonté.*

Si nous commençons ici par le caractère que nous
appelons *rationalité*, c'est qu'il ne s'agit pas de l'origine
ni de l'évolution des idées morales (elles n'ont certes pas
commencé par là), mais de la construction d'une morale
valable pour l'esprit critique et de l'interprétation positive possible de la conscience actuelle, de *notre* conscience, où cette caractéristique domine au point que,
faute de trouver une justification rationnelle de la moralité, on en vient à douter si même il y a aucune morale
(amoralisme). D'ailleurs il n'y aurait pas de recherche
philosophique ni scientifique sur ce point, si l'on ne dé-
butait, dans le domaine moral même, par une sorte de
doute méthodique. Mais, en le faisant, on pose déjà un
des caractères de la moralité même.

La Raison ou faculté critique, en tant que pouvoir de
dire *non*, est encore plus évidemment supposée par le
jugement moral que par le jugement de connaissance,
puisqu'il s'agira ici d'opposer le possible au donné, l'idéal
au réel (v. I. 146, II, 188 et suiv.). En cela l'idée de Kant,
qui pose en somme la *Raison* comme faculté de nier la
Nature donnée, reste défendable. Mais il y a confusion à
assimiler cette fonction d'*affranchissement* avec la fonction d'*obligation*, dont l'idée est empruntée à la
conscience commune, sociale, et à donner la Raison pratique comme une faculté immédiatement *morale*.

A elle seule, cette autonomie du jugement ne saurait
donc pas plus définir la moralité qu'elle ne pourrait définir la vérité. Mais elle est cependant impliquée d'emblée par l'idée d'une morale positive, puisque celle-ci
présuppose la possibilité d'obtenir, non par la con-

trainte, mais par une sorte de démonstration, l'assentiment des autres esprits.

2 *bis*. — Corollaire. — *L'idée de foi morale est un con-
cept bâtard et obscur dans lequel on risque de confondre
des connaissances obtenues par l'esprit et des aspirations
de la volonté; mais ni la volonté ne peut se substituer à
l'intelligence dans l'affirmation du vrai, ni l'intelligence
à la volonté dans la détermination du bien ou du désirable.*

Cf. I, 4 et 5.

Nous condamnerions donc le Pragmatisme et le Mysticisme, en tant du moins qu'ils se croiraient en droit de
fonder certaines *affirmations* sur des intuitions du cœur
ou sur des besoins de l'action.

3. — *Aucun donné, comme tel, ne peut être un principe suffisant du jugement moral. C'est l'erreur commune du Théologisme, du Naturalisme et même de certaines formes de Rationalisme dogmatique, d'Intuition-
nisme sentimental et de Sociologisme d'allure scientifique, de se figurer fonder un devoir sur une existence.*
Cf. I, 119; II, 170.

3 *bis*. — Corollaire. — *On ne pourra jamais démontrer un précepte ou devoir (conclusion) que si l'on s'appuie sur un vouloir préexistant (majeure), en le déterminant par une condition ou un moyen que révèle la
connaissance du réel (mineure).*
Cf. I, 6; 5o, 56.

4. — *L'autorité, la tradition, l'habitude, l'impulsion*

instinctive ne sauraient être, par elle-mêmes, des prin-cipes de moralité.

Cf. I, 79.

Car sans doute il s'agit bien ici de principes d'action, mais de principes qui n'ont pas, au point de vue où nous sommes placés ici, de caractère vraiment moral; ce ne sont là que des forces *données*, et l'activité qu'elles déterminent reste sous le régime de la causalité.

5. — *La véritable rationalité pratique, coïncidant avec l'autonomie de la volonté (§ 2), ne saurait être obtenue tant que l'on cherche dans l'origine ou dans la source des règles proposées le principe de leur valeur et de leur respectabilité (erreur commune des doctrines criti-quées § 3), mais seulement si on le cherche dans les fins de ces règles ou les résultats où elles tendent. Car c'est alors seulement que se rencontre la forme de finalité caractéristique d'une volonté véritable (I, 100 et 181). Déclarer une règle valable parce qu'elle émane d'une Divinité, d'une Nature ou même d'une Société ou d'une Raison, c'est reproduire en morale le commandement du Roi qui commande parce qu'il est roi. Dans une morale réfléchie, comme dans une technique intelligente, il s'agit de savoir non pas d'où sortent, mais où tendent les prescriptions proposées.*

(V. plus loin § 31 sur le fondement du pouvoir dans la théorie du contrat).

Trois brèves remarques sur cette forme de finalité qui nous paraît chose si essentielle :

1° Elle caractérise d'une manière générale toute inter-vention de l'esprit. Même dans sa fonction scientifique, elle se retouve. La Raison théorique même n'est autre chose que la finalité de la pensée spéculative (Cf. I, 181, note.) Toute la vie réfléchie de l'esprit présente le même caractère. Ce sont toujours nos conclusions, par exemple, qui à titre d'*hypothèse*, suscitent les preuves. L'induction dite baconienne, qui procéderait d'une manière strictement progressive, *a tergo*, est peut-être rigoureusement impossible. A plus forte raison dans le domaine de l'activité, le progrès des facultés pratiques consiste-t-il toujours à passer de la simple impulsion qui constitue un *parce que*, à une action véritable déterminée par un *pour que* (passage du réflexe à la volonté, de l'entraînement de la mode ou de la coutume à l'initiative réfléchie, de la crainte des puissances « établies » à la revendication du droit, etc.)

2° Le point de vue de la finalité est le seul qui permette une démonstration dans l'ordre pratique en s'appuyant sur le rapport des moyens aux fins, et c'est ce qui fait que l'impératif catégorique, de quelque manière qu'on le défende, a toujours l'air d'être arbitraire et suspendu en l'air. (Cf. § 27. V. aussi I, 5o-53.) L'idée d'utilité, par le rapport qu'elle établit entre les moyens et les fins, par ce qu'il y a de rationnel dans la considération de leur adaptation et de leur proportion (rendement) a un caractère marqué d'intellectualité, et, par là, se prête tout particulièrement à l'usage pratique de la réflexion.

3° Enfin et surtout cette finalité, cette considération des résultats ne se ramène en aucune façon, comme Kant essaye sophistiquement de le démontrer, à l'égoïsme. Le désintéressement consiste précisément en ce que l'agent s'attache à sa fin au lieu de se prendre, lui-même et son état subjectif, pour fin. Kant confond ici bien faussement l'action faire *par* plaisir (simple impulsion instinctive qui diffère également de l'égoïsme et du désintéressement), l'action faite *en vue* du plaisir (égoïste) et l'action qui est faite simplement *avec* plaisir, parce qu'elle répond à quelqu'une de nos aspirations, fût-elle la plus désintéressée.

6. — *La conscience réfléchie, ou raison pratique recherche essentiellement des règles générales, et implique la décision de se placer dans les cas particuliers au point de vue de la règle générale, et non au point de vue de l'accident. Car si le fondement de la règle réside dans certaines fins objectives, la règle vaut pour la raison tant que ce fondement subsiste. Les exceptions légitimes à l'application d'une règle se reconnaissent précisément à ce qu'elles sont motivées par les fins mêmes qui la fondent, et non par une considération subjective.*

Si, par exemple, la règle de la fidélité conjugale est fondée sur ce qu'elle est nécessaire au bon ordre de la famille, celle de la fidélité aux engagements contractés sur ce qu'elle conditionne la vie sociale, fins que je persiste à maintenir, la valeur des règles ainsi justifiées ne change pas, parce que, accidentellement, elles tournent au détriment de mon plaisir ou de mon intérêt. Le rapport de ces règles et de ces fins subsiste et ne dépend pas de ma fantaisie.

Si au contraire ce sont les fins mêmes de la règle qui doivent être compromises par l'observation stricte d'une formule, l'exception sera reconnue légitime; si, par exemple, je ne puis dire la vérité sans risquer la vie d'autrui, exprimer ma pensée sans la voir prise à contre-sens, la règle de ne pas mentir, la règle de la franchise peuvent subir une exception, puisque, fondées sur le respect du droit d'autrui à la vie, à la vérité, elles tourneraient au détriment de ces fins mêmes.

Nous arrivons, comme on le voit, à un principe analogue au *Grundgesetz* de Kant, mais précisément par une voie toute opposée, c'est-à-dire en nous attachant, comme dans la science, non à la forme, mais à la matière des règles (Cf. I, 5o-53); et du même coup nous évitons la rigidité pratiquement inacceptable de son formalisme (Cf. § 37).

Il s'agit d'ailleurs ici d'une règle générale en tant que l'agent l'appliquera à *tous les actes* de même espèce dans les mêmes conditions, et non d'une règle universelle au sens kantien, c'est-à-dire valable pour *tous les sujets.* Cette dernière notion est en réalité une notion sociale (v. II, 49) qui n'a aucun rapport direct avec l'usage que chaque sujet fait de sa propre réflexion morale, surtout si l'on fait entrer dans cette idée de l'universalité de la règle, l'idée du rapport de ces sujets entre eux et de l'extension de ces rapports, rendue possible ou impossible par l'adoption d'une certaine règle. Cette idée de règle fixe côtoie d'ailleurs constamment chez Kant l'idée de règle universelle. Il importe pourtant de distinguer ces deux idées, puisque la première seule peut être considérée comme directement immanente à la réflexion pratique. Elle est pour celle-ci le corrélatif de ce qu'est pour la réflexion théorique l'effort même pour *démontrer* et pour *comprendre*; travail qui, bien que parallèle, n'est pas identique à celui par lequel s'établit la communication des esprits.

Ce n'est pas à dire que la fixité (relative) des règles adoptées n'acquière, elle aussi, une valeur sociale, en rendant notre conduite plus aisément prévisible pour autrui (v. I, 184); les engagements que les autres pourront prendre avec nous seront facilités par ceux que nous prenon pour ainsi dire avec nous-mêmes (Cf. § 22).

7. — *Si la morale ne peut être fondée sur aucun donné extérieur, l'homme comme être moral s'appartient à lui-*

même, et toute morale positive disparaît si l'on cesse d'admettre que l'homme n'est responsable de sa destinée que vis-à-vis de lui-même. Son devoir ultime ne peut être que son vouloir le plus fondamental (en vertu du § 3 bis).

En disant l'homme, nous ne savons encore ici s'il s'agit de l'homme individuel ou de l'humanité. Cela dépendra des conditions de fait que la réalité posera au vouloir.

Proposition capitale et qu'il aurait fallu mettre en tête, si nous avions voulu seulement définir ce qui marque l'avènement de l'esprit positif en morale. Mais il nous fallait d'abord faire comprendre comment cette proposition, ce *principe de l'autonomie humaine* dérivait de la simple application à la morale de la réflexion et de l'attitude critique.

Bien des philosophes, il est à peine utile de le remarquer, ont aperçu cette vérité de l'autonomie, ce fait que l'homme s'appartient, mais l'ont presque toujours masquée sous des apparences contraires (par exemple les sophistes, mais en consultant la Nature ; les Stoïciens, mais avec une sorte de respect pour l'Εἱμαρμένη et une teinte de résignation fataliste ; Kant, mais en insistant sur l'assujettissement à une loi, etc.)

Quand une fois cette idée est apparue à la conscience dans toute sa clarté, il lui devient impossible de la renier, et de ne pas sentir ce qu'il y a de conventionnel, de scolastique, d'asservissant dans la plupart des formules dont on revêt d'ordinaire la moralité, comme d'une livrée.

Ainsi la morale positive se caractérise par une démarche d'affranchissement, tandis que dans la réalité, et dans les systèmes, la morale semble généralement débuter par une déclaration de servitude.

Mais ceci même, il importe de le comprendre. C'est

qu'en fait, il était nécessaire que l'homme commençât par
acquérir l'habitude de la discipline, le gouvernement de
soi-même, sans lequels sa liberté ne serait que fantaisie
et impuissance. Et il ne pouvait d'abord acquérir ce pouvoir sur lui-même qu'en subissant le pouvoir d'autrui,
en se soumettant à une discipline d'origine extérieure.
C'est ce qui explique l'aspect hétéronome de la moralité ;
mais il ne faudrait pas transformer en une fin en soi, en
une valeur positive, cette hétéronomie qui n'a été historiquement qu'un moyen, une condition (Cf. I, 262). C'est ce
qui explique également que l'homme individuel ne puisse
se prétendre autonome que dans la mesure où il s'est intégré à la société humaine, où il a socialisé sa volonté. C'est
par là que se résout (comme nous l'indiquons § 27) la difficulté soulevée à la fin de ce paragraphe.

B. — RÉALITÉ

*8. — Mais la moralité est elle-même un donné. Elle est
une fonction spontanément éclose dans la vie ; nous
n'avons ni à l'imaginer ni à l'inventer. Toute définition
que nous donnerions a priori de la moralité serait arbitraire, inadéquate, et pécherait, presque toujours, par
excès de généralité.*

*La valeur morale, comme toutes les valeurs en général,
se détermine socialement d'une manière qui semble indépendante de l'assentiment individuel (Opp. § 2).*

*Il semble donc qu'une morale, pour être positive, pour
éviter de s'égarer dans une conception arbitraire de la
moralité, doit scientifiquement s'en tenir à la détermination de la norme qui est donnée en fait comme norme
morale.*

Cf. I, 12-16; II, 197.

Ainsi toutes les déterminations précédentes, tout en nous faisant connaître des conditions qui s'imposeront au jugement moral, nous laissent-elles encore ignorer ce qui fait qu'un jugement est caractérisé comme jugement moral.

9. — *Le jugement moral, comme tel, a un caractère nettement spécifique en même temps que son contenu est déterminé ; ce caractère et ce contenu ne peuvent être définis séparément.*

Il ne suffirait pas, même si cela est faisable, de définir la fin ultime ou la règle la plus absolue pour qu'on ait le droit de dire que c'est la fin morale ou la règle morale. Il serait arbitraire de définir la moralité par un terme quelconque, sous prétexte que ce terme présente un caractère suprême ou absolu.

Cette spécificité du jugement moral, nous l'avons fait souvent remarquer au cours de ces études, est également méconnue par des systèmes très opposés : par exemple par l'Eudémonisme qui n'établit pas que la recherche du bonheur soit *moralité*, par le naturalisme (ou encore l'évolutionnisme spencérien) qui n'établit pas l'autorité *morale* de la nature et de ses lois, par le Kantisme qui ne prouve pas que la Raison pratique pose un impératif *moral* (Cf. I, 39 et suiv. et II, 198). Aussi le conflit de ces systèmes est-il sans issue. Car chacun d'eux peut faire valoir des raisons plausibles en faveur de la règle ou de l'autorité qu'il soutient ; mais l'expérience seule peut fournir un moyen de les départager en montrant *ce que c'est* que la moralité.

En disant d'autre part que le caractère et le contenu de la moralité ne doivent pas être définis séparément, nous visons la théorie sociologique qui définit encore la moralité par des caractères tout formels, comme d'être une règle soumise à des sanctions sociales. Ce qui est instructif, c'est de savoir *pourquoi* telle société a reconnu telles ou telles règles pour morales; autrement ce serait reproduire, dans l'ordre empirique et social la théorie du « décret absolu » : le saint est saint parce que Dieu le veut. Ces règles sont donc morales, non parce qu'elles sont reconnues et sanctionnées, mais elles sont reconnues et sanctionnées, parce qu'on leur attribue, à tort ou à raison, une valeur d'un certain genre, qu'il s'agit précisément de déterminer (v. IIe Etude; Cf. § 11).

C'est par là d'ailleurs que s'ouvre une issue pour résoudre l'antinomie qui va suivre et qui résulte surtout de l'oubli, dans l'*Antithèse* (§ 18), de la vérité que nous venons d'indiquer. Si *ce qui fait* pour moi la moralité d'une règle, c'est simplement d'être prescrite et sanctionnée par la société dont je fais partie, il me sera *a priori*, impossible de la juger ni de m'en affranchir. Si ce qui constitue cette moralité, c'est au contraire un certain rapport de la règle à l'intérêt de la société qui la prescrit ou même de l'humanité, une certaine finalité de cette règle, je reste libre, et je puis être en état, de juger si ce rapport est réel ou illusoire, si cette finalité est satisfaite ou non par la règle.

C'est donc en rétablissant l'importance de la considération du *contenu* des règles morales et par suite de leur *finalité* qu'on rétablira l'autonomie du jugement moral, et qu'on y conciliera une certaine *liberté* avec une certaine *vérité*, ce qui constitue la difficulté initiale.

10. — *Une analyse subjective et directe du jugement moral ne peut en déterminer avec sûreté la nature ni le contenu, et nous exposerait à substituer à ce qu'est réel-*

lement la moralité des interprétations hâtives et sans fondement.

C'est ce qui est arrivé à la plupart des philosophies morales, édifiées sur la simple indication brute de l'existence des règles morales, sans analyse méthodique de leur nature réelle. La méthode antique du *souverain bien,* mais aussi dans une certaine mesure la méthode kantienne, et même les différentes formes de l'eudémonisme tombent sous cette critique (Cf. I, 12 et suiv.).

11. — *Nous sommes donc obligés de procéder par une* induction régulière *portant sur l'ensemble des jugements unanimement caractérisés comme moraux dans le milieu où ils sont admis. Cette induction aura pour objet de déterminer d'une manière générale la* nature du contenu *des règles qui constituent pour chaque société sa morale. Car leur forme (par ex. l'obligation, le bien) aurait évidemment une généralité abstraite qui laisserait entièrement échapper ce qu'il y a de spécifique dans le jugement moral.*

Cf. § 9 et le commentaire. V. aussi I, 202 et 229.

12. — *Cette induction peut porter :*

A. — Sur nos jugements actuels; *et elle montre que le jugement moral n'intervient qu'à l'égard d'un agent conscient, et cela dès lors seulement que sa conduite est considérée comme engageant l'intérêt des autres, et finalement celui du groupe social auquel il appartient.*

B. — Sur l'ensemble des données historiques ou ethnologiques; *et elle établit de même : 1° statiquement (par voie de coïncidence); 2° dynamiquement (c'est-à-dire par la concordance de l'apparition ou de la disparition des deux faits), que les règles morales sont, pour une société donnée, les règles que la collectivité impose à l'individu dans l'intérêt discerné ou seulement senti, réel ou seulement imaginé, de la collectivité même, qui les sanctionne.*

La formation de ces règles trouve son explication, en dehors de la fiction d'un être social distinct, dans la pression exercée par tous sur chacun, dans la prépondérance progressive des volontés et des intérêts concordants sur les volontés et les intérêts inharmoniques.

13. — *Les exceptions apparentes à cette inférence générale s'expliquent suffisamment soit* par les erreurs et illusions *inévitables des sociétés sur leur réel intérêt*, — *soit par des* survivances, — *soit par* l'extension et la végétation *plus ou moins indépendantes des règles déjà admises et des institutions déjà établies.*

14. — *Cette conclusion inductive* se confirme déductivement, *si, en la prenant comme hypothèse, on constate qu'elle peut fournir une explication facile et satisfaisante de l'ensemble des phénomènes moraux, et plus précisément des idées et des sentiments de la conscience morale.*

Or aucune théorie générale de la moralité n'en rend compte d'une manière aussi complète; et dans chacune d'elles on voit s'introduire tacitement l'idée du fait social à mesure que se révèle l'inadéquation de ses hypothèses trop générales et arbitraires à la complexité des faits.

Rien, en particulier, n'est plus aisé ni plus conforme aux faits que d'expliquer les devoirs dits individuels par la morale sociale; tandis qu'il paraît impossible ou tout à fait factice de déduire une morale sociale des devoirs individuels supposés premiers; — sans parler de ce qu'il y a peut-être de contradictoire à supposer l'idée même d'un devoir moral chez un individu qui ne connaîtrait, en dehors de son individualité propre, aucun être plus ou moins semblable à lui par la sensibilité, la pensée ou la volonté, avec lequel il soit en rapport.

On est étonné d'avoir encore à répondre à l'objection
tirée, contre une morale à base sociale, des devoirs individuels; mais nous savons par expérience que cette objection renaît constamment. Distinguons ici le point de vue
de la causalité et celui de la finalité.

1° Au point de vue de la causalité, c'est-à-dire de
l'origine de ces devoirs, la remarque essentielle est que
l'idée même d'un devoir *moral* ne peut s'acquérir que dans
le rapport des personnes entre elles (§ 12). Nous ne pouvons nous sentir d'abord obligés qu'à l'égard d'autrui;
la notion même des devoirs *envers* Dieu à laquelle *toute*
moralité est si communément rapportée suffirait à le prouver. Ce ne peut être que grâce à un processus psychologiquement tardif que, nous plaçant au point de vue des autres, nous pouvons nous considérer nous-mêmes comme
un *autre* à l'égard de qui nous sommes tenus à des obligations analogues. Par exemple, il serait absurde et contraire aux faits de dire que l'homicide est défendu parce
que le suicide l'est. Nous ne découvrons que le suicide
peut être immoral que lorsque nous sommes arrivés à
l'assimiler à un homicide (Cf. Etude sur *le suicide*. Toute l'histoire montre que la notion de devoirs envers soi-
même est une notion toujours tardive et toute corrélative, dans son contenu, à l'idée qu'on se fait des devoirs
envers autrui ;

2° Au point de vue de la finalité, que sont les devoirs
dits personnels ? Ce sont des devoirs *sociaux indirects*.
Ils consistent à nous préparer, dans notre manière d'être
personnelle, à l'ensemble des exigences de la vie sociale,
à faire de nous-mêmes des êtres sociables, à accroître
la valeur que nous pouvons avoir pour la société. C'est
ce qui fait que ces devoirs ont un caractère extrêmement
général, et même en partie formel ; nos *vertus personnelles* ne seraient guère des facultés, des forces (ἀρεταί,

virtutes) indifférentes au bien ou au mal moral (par exemple le courage) si l'on n'en supposait un emploi socialement bon (I, p. 229). C'est donc parce qu'il y a des devoirs sociaux qu'il y a des devoirs individuels, et ce sont les premiers qui déterminent ce que seront les seconds; l'inverse est faux en fait et presque impensable. Kant dit, il est vrai : « S'il n'y avait pas de devoirs de cette espèce (envers soi-même), il n'y en aurait d'aucune espèce. » Pur sophisme, qui confond le *sujet* du devoir (évidemment c'est toujours nous) et son *objet*, par suite la raison, la fin du devoir. De ce que c'est *nous* qui sommes obligés, on ne peut en conclure qué nous le soyons *envers* nous.

15. — *La moralité, considérée dans sa réalité, comme fait naturel et comme objet d'expérience, serait donc essentiellement un ensemble de règles imposées par chaque collectivité à ses membres en vue du bien présumé de cette collectivité, et, par suite, subjectivement, elle consisterait dans l'obéissance à ces règles, et dans la disposition à y obéir.*

C. — ANTINOMIE

16. — *Les deux conditions que nous avons posées, — celles qui déterminent l'attitude du sujet dans un jugement moral valable, — celles qui déterminent le contenu réel et par conséquent la vérité d'un tel jugement, sont déduites l'une et l'autre de l'idée même d'une morale positive, c'est-à-dire valable pour tous et justifiable à l'aide de la seule méthode, à la fois rationnelle et expérimentale, qui réussisse dans la science.*

Cependant, tandis que dans l'ordre scientifique ces exigences semblent concordantes (la vérité est d'autant mieux atteinte que l'esprit est plus exempt des préjugés et qu'il raisonne plus exactement, l'expérience à son tour se rationalise d'autant mieux que la synthèse en est plus vaste et l'analyse poussée plus loin), au contraire dans l'ordre moral ces deux conditions, du moins si on les considère séparément et si l'on pousse à la limite dans les deux directions qu'elles définissent, suscitent une véritabe antinomie.

17. — Thèse. — Il n'y a pas de moralité dans l'acceptation passive d'une règle extérieure toute faite et sanctionnée par une contrainte sociale.

Un doute est légitime sur le bien-fondé des exigences sociales, et précisément par cela seul qu'elles sont expliquées par des causes non soumises à la réflexion.

Une révolte est légitime contre la volonté sociale donnée, puisque la société, en tant que réalité donnée n'a pas plus d'autorité morale que n'importe quelle réalité de fait, que la pure nature, par exemple (§ 3).

Le changement autonome des « tables de valeur » est légitime, et s'il apparaît comme immoralisme au second point de vue (§ 8), cet immoralisme pourrait n'être qu'une forme supérieure de la moralité.

18. — Antithèse. — La moralité consiste dans le fait d'accepter telles quelles les règles émanées de la volonté collective.

La moralité est essentiellement discipline, subordination de la volonté individuelle à la volonté collective.

Toute dissidence, tout écart, de la part de l'individu, est crime par définition, et toute distinction est arbitraire et subjective, sociologiquement injustifiable, entre des écarts criminels et des écarts légitimes ou louables. Le crime, ainsi défini objectivement, est peut-être inévitable, parfois désirable, et par conséquent normal, sans que cela autorise à changer sa qualification de crime.

Toute moralité est conformisme et tout conformisme est moralité.

Par conséquent la critique, dissolvante du lien social,
serait elle-même immorale par nature.

En ce point se rejoindraient donc, par une coïncidence
assez singulière, une sociologie objective, guidée par un
motif scientifique, et un catholicisme positiviste qui subordonne l'intérêt de la vérité à un besoin pratique d'ordre social.

On peut d'ailleurs se demander en quoi il y aurait
plus d'objectivité à définir le crime par l'*opinion* de la
société où il se produit, que par la nôtre. C'est substituer
une subjectivité à une autre, et pour éviter une erreur
possible de notre conscience, accueillir les jugements
d'une autre conscience, dont les erreurs n'ont d'autre
avantage, n'étant plus à commettre, que d'être des faits
réels de l'*histoire*. Est-ce qu'on dit que, objectivement,
Galilée a commis une erreur? Pourquoi dirait-on que,
objectivement, Socrate a commis un crime? La vraie objectivité scientifique ne serait-elle pas de savoir *quels
effets sociaux tendaient réellement à produire* les maxi-
mes ou les actes mêmes de l'homme jugé criminel par
son groupe, absous peut-être par nous? C'est ce que la
sociologie serait en état de dire si elle était en possession des lois véritables des faits sociaux. En l'absence
d'une telle science, peut-être du moins reconnaîtrait-on
que si les motifs de dissidence d'un Socrate, d'un Jésus,
d'un Luther sont de ceux que la vie sociale a toujours
comportés ou exigés (§ 29), il a pu y avoir crime de leur
part *historiquement*, mais non *sociologiquement* ni *objectivement*. Transportez au contraire au milieu de nous
l'âme d'un Ephialte ou d'un Judas, sa pratique criminelle
changera peut-être avec les conditions du milieu, mais ce
sera toujours une âme de criminel (Cf. I, 173, 178).

19. — *L'idée même de constituer une morale positive se trouverait condamnée de part et d'autre :*

Au point de vue de la thèse (Rationalité) qui, avec l'idée *d'une autonomie absolue du jugement individuel, supprime toute idée d'une norme justifiable et présentant, en un sens quelconque, un caractère de* vérité. On ne *ferait qu'abuser des mots et méconnaître la spécifité du jugement moral* (§ 9) *en appliquant le terme de morale à une table de valeurs arbitraires* (§ 17).

Au point de vue de l'antithèse (Réalité), *puisqu'il serait inutile et même déjà immoral de soumettre la moralité à la critique scientifique et que la moralité ne consisterait qu'à conserver la morale existant en fait dans la société.*

L'antinomie présentée ici est si réellement fondée que l'on trouve, en fait, les doctrines limites auxquelles on arrive lorsqu'on méconnaît entièrement l'une des deux conditions que nous avons définies au profit de l'autre.

D'une part un certain Volontarisme tendrait à sacrifier tout donné, toute vérité objective à la liberté du jugement qui devient simple acte de volonté; il n'y aurait plus, à la limite, de vérité à trouver; il y aurait seulement le jugement que l'on prononce. Mais alors tout se vaut, et il n'y a plus aucune raison de juger ni de préférer : l'idée même d'une moralité disparaît. Même tendance chez Nietzsche, qui, par haine de « l'esprit de lourdeur », haine si suggestive d'ailleurs et si vivifiante, finit par enlever tout lest à la pensée comme à la volonté. Il deviendrait impossible de dire pourquoi la « volonté de puissance » par exemple, vaudrait mieux que n'importe quoi d'autre; et plus Nietzsche aurait raison de supprimer toute vérité, plus aisément on aurait aussi raison contre lui.

Ou bien inversement les règes morales ne sont elles-mêmes que des faits; elles n'existent que tant qu'elles sont observées, ou tout au moins admises. « Leur autorité est toujours assurée, tant qu'elles existent ». Toute distinction serait supprimée entre le droit et le fait, entre le réel et l'idéal; c'est la doctrine limite à laquelle tendrait la « *Science des mœurs* ». Mais alors nous nous demandons ce qu'on chercherait en cherchant une morale, ou, puisqu'on reconnaît qu'on ne cherche plus une morale, nous nous demandons *à quoi servirait* une science des mœurs, que l'on cherche (Cf. *En quête d'une Mor. Pos.*, I, 118 et suiv.).

Et ici, comme dans toute antinomie, les extrêmes se touchent; car si les règles morales ne sont que des faits, il suffit de les violer pour qu'elles cessent d'exister et nous retombons dans l'anarchie du volontarisme pur. Dira-t-on qu'il est *impossible* de les violer tant qu'elles existent? Mais alors de nouveau, que cherche-t-on?

Si, comme nous l'avons montré § 5. la *finalité* est ici essentielle, il nous faut à la fois une base, un point d'appui (peu importe qu'il soit lui-même relativement mobile) et une force qui s'y applique pour opérer un changement. La Thèse méconnaît la première condition et en se bornant à poser une liberté, réduit l'activité à l'état de « *bomba bombinans in vacuo* ». L'Antithèse supprimerait la seconde en se bornant à poser une existence (Cf. § 3 et 4).

II. — SOLUTION : CONCEPTION THÉORIQUE
ET VALEUR PRATIQUE D'UNE MORALE POSITIVE.

A. — Valeur et rôle de l'idée sociale
dans la constitution de la morale

20. — *L'antinomie précédente n'est sans doute pas entièrement artificielle, puisque d'une part elle résulte de l'analyse des conditions du problème, puisque d'autre*

part ses termes extrêmes sont approximés par des doctrines réellement existantes.

Cependant elle ne se produit et n'aboutit à l'échec radical indiqué (§ 19) que parce qu'on a isolé et poussé à leur limite deux conditions distinctes sans doute, mais en réalité inséparables (§ 3 bis), et dont aucune, à elle seule, ne définit complètement la moralité.

21. — *Le droit qu'a la raison de juger tout donné n'implique pas qu'elle le condamne; un donné peut se justifier.*

D'ailleurs la réalité sociale n'est pas un pur donné ; car elle est, en quelque mesure, à chaque moment de son développement, le produit de volontés, plus ou moins conscientes; et elle est, dans une proportion croissante, le produit de volontés de plus en plus conscientes (Cf. I, p. 235 et suiv.).

Nos jugements ne sont pas seulement un produit, mais un facteur de la vie sociale (Cf. I, 119 et suiv.). Il est donc impossible de constituer une sociologie sans faire intervenir la finalité (§ 12, B) et ainsi il n'y a pas hétérogénéité absolue entre les principes de l'explication sociologique et ceux de la détermination morale (§ 5).

22. — *L'attitude définie sous le nom de Rationalité (§ 2) est déjà essentiellement sociale, non par ses origines sans doute, mais par ses tendances et ses virtualités; et c'est pourquoi, bien qu'elle ne soit proprement morale que par ce caractère (§ 9), on la considère si volontiers comme morale en elle-même.*

Le besoin d'une morale « vraie » est avant tout le besoin d'une morale sur laquelle on puisse s'entendre, qui fournisse un moyen de convaincre sans contraindre.

L'adoption de règles générales quant aux actes (§ 6)

tend vers l'adoption de règles générales quant aux personnes (universalité kantienne); et c'est déjà une condition par elle-même favorable à la socialité, puisqu'elle permet à chacun de savoir sur quoi compter de la part des autres.

23. — *Inversement, dans l'hypothèse admise (§ 11-14) il y a déjà pour la réflexion une présomption de validité partielle en faveur de la morale donnée en fait, et de la conscience spontanée qui en est le reflet subjectif. Car si elles sont le produit de la vie, elles doivent, dans l'essentiel, lui être adaptées, quelles que soient les interprétations, plus ou moins illusoires, par lesquelles on a pu essayer, après coup, de se les expliquer, au risque de les faire dévier (Cf. I, 83, n, 1, 197, n, 1; II, 66). Déjà imprégnées de finalité (§ 21) elles doivent bien présenter quelque chose d'acceptable pour la Raison pratique (§ 5).*

24. — *Cependant, à ce point de vue même, les droits de la critique se trouvent réservés; car dans la moralité existante, en vertu même de sa formation spontanée (§ 13) comme en raison des théories hâtives qui s'y sont surajoutées (§ 10), il y a certainement place pour des erreurs, des déviations et des incohérences qui appellent corrections; et la raison n'est pas réduite à la fonction stérile et toute spéculative de justifier tout ce qui est. L'empirisme moral (§ 8), dès qu'il est lui-même traité selon l'esprit de la critique scientifique, assure ainsi également la part de la conservation et celle du progrès, les droits relatifs de la conscience spontanée, et ceux de la critique sur cette conscience.*

25. — *Nous ne sommes donc nullement conduits à diviniser la société, ni à faire reposer sur cette divinisa-*

tion, même si elle était constatée comme fait historique, l'autorité morale de la société (§ 5).

En fondant la morale sur une théorie sociologique de ce genre, aussi inutile qu'incertaine, nous risquerions en outre de renouveler la faute commise par les théologies et les métaphysiques, de compromettre la morale en la faisant dépendre de dogmes caducs, qui d'ailleurs ne lui fournissaient aucun appui réel (en vertu du § 3).

26. — L'induction sociologique telle que nous l'avons présentée n'avait d'autre but ni d'autre portée que de mettre en évidence le vouloir essentiel de l'humanité (§ 7), et non, chose impossible (§ 5), de nous révéler une autorité. Ce vouloir essentiel peut, en effet, quand il se considère subjectivement, s'ignorer ou se méconnaître lui-même (§ 10).

*Le maintien et le **progrès** de la vie sociale semble bien constituer l'objet de ce vouloir essentiel pour la satisfaction duquel l'humanité s'est imposé les plus dures épreuves et s'est soumise aux plus douloureux sacrifices. Pourquoi donc sans cela l'aurait-elle fait? (1) (§ 21. I, 176, 260).*

27. — Ce vouloir, une fois reconnu, se fait-il donc accepter par la raison, c'est-à-dire (§ 5) se justifie-t-il par ses conséquences?.

Il le semble, en tant que la vie en société apparaît non

---

(1). Peut-être M. D. Parodi, dans l'examen d'ailleurs si bienveillant qu'il a consacré à notre travail, n'a-t-il pas tenu un compte suffisant de cette partie de nos thèses lorsqu'il écrit (*La Philosophie contemporaine en France*, p. 362). « D'où viennent ces fins dernières qui, en dehors de l'Utilité générale ne sauraient ni se justifier ni se prouver ? ». Il y a bien là une découverte inductive, soumise à une critique rationnelle ultérieure. Nous ne voyons pas qu'il y ait quelque chose à justifier ni à prouver, si l'on se trouve bien en présence d'un vouloir primordial.

comme une fin supérieure en soi (ce qui serait indémon-
trable, § 3 bis), mais comme la condition commune et
globale de toutes les activités et de toutes les fins humai-
nes quelles qu'elles soient.

Ainsi s'explique que le jugement moral ait un caractère
spécifique (§ 9) et qu'il ait cependant un caractère souve-
rain, en sorte qu'aucune partie de la conduite ne se trouve
soustraite à sa juridiction, souvent muette, mais tou-
jours possible.

La vie en société non seulement conditionne, mais coor-
donne et organise architectoniquement tous les vouloirs.
Elle est donc bien, et cette fois de par la réflexion et la
finalité consciente, l'objet d'un vouloir essentiel.

Mais ce vouloir ne domine pas tous les autres simple-
ment au point de vue abstrait de la généralité ou de
l'extension (comme les principes illusoires du bien, du
bonheur et du devoir), mais au point de vue concret du
conditionnement ou de la compréhension. Dès qu'on veut
quelque chose, on veut en principe (§ 6) la société, et il
est possible de montrer qu'on doit la vouloir si l'on peut
établir qu'elle conditionne toute autre fin immédiatement
voulue. Nous avons donc ainsi l'équivalent de la démons-
tration d'un idéal, qui, absolument parlant, serait im-
possible (§ 3 bis) et sur ce point la difficulté initiale (§ 1)
se trouve résolue ou du moins tournée.

La société devient fin suprême parce qu'elle est moyen
universel. Par là aussi se résoudrait la difficulté indiquée
au § 7, qui est tout apparente.

C'est par là que se résout la question, à laquelle tant
de moralistes se sont heurtés, celle de la *commensurabilité*
des diverses tendances ou des diverses fins hmaines. S'il
y a plusieurs *ordres* de valeurs absolument hétérogènes et
incommunicables (Cf. Pascal), comment établira-t-on en-

tre eux une comparaison, et comment justifier la préférence de l'un à l'autre? Par exemple dans une philosophie et une psychologie à compartiments, comme celle de Kant, le bonheur seul aura de la valeur pour la sensibilité, la vérité seule en aura pour la raison. Toute option entre les deux est impossible si l'on ne trouve pas un point de vue commun supérieur; or on exprime précisément qu'on ne le trouve pas, en se réfugiant dans un *jugement synthétique a priori* et dans un postulat corrélatif, qui attestent à la fois ce désir et cette impuissance.

Mais la difficulté vient de ce que, au fond, on continue à se placer au point de vue aristotélicien d'une *logique de la qualité* au lieu d'adopter le point de vue moderne d'une *science de la causalité*. Je n'ai pas besoin d'établir une commune mesure qualitative entre mes divers plaisirs intellectuels ou physiques, pour reconnaître par exemple que si par mépris ascétique de mon corps, je compromets ma santé, mon activité intellectuelle elle-même en souffrira. Toute option pratique suppose bien que l'on arrive à justifier une préférence entre des fins qui la plupart du temps seraient *en elles-mêmes incomparables*. On se décide pourtant; c'est que l'on *compare* moins ces fins, au point de vue de leur qualité intrinsèque, qu'on n'examine la possibilité de les poursuivre ensemble et de les *organiser réellement* entre elles, ce qui oblige à sacrifier totalement ou partiellement telle ou telle d'entre elles.

Par là se résout aussi la question de l'existence d'une fin unique et suprême. La plupart des moralistes ont postulé une telle fin. Mais c'est se placer encore au point de vue hétéronome que de supposer *qu'il y a* une telle fin, qui serait à découvrir comme si elle était posée d'avance par un pouvoir supérieur (Dieu, Nature, ou Raison transcendante). En réalité il y en *aura* une dans la mesure

même où notre vie individuelle ou sociale s'organisera;
c'est notre action même qui lui donnera l'existence.

28. — *Seul un pessimisme qui prétendrait renoncer à
toute activité, à toute vie réelle pourrait donc logiquement écarter le principe social, mais il ne le fait qu'en
supprimant le problème moral lui-même, qui disparaît
évidemment si l'on cesse de vouloir et d'agir. Et cela
même confirme la coïncidence de la moralité du caractère social par lequel nous avons défini ce qu'elle a de spécifique (§ 9 et 12).*

*L'individualisme de la sensibilité (hédonisme) ou de la
volonté (Nietzsche) se placent en dehors des conditions
de la réalité et ne sont que des moyens d'analyse ou des
chimères poétiques.*

29.— *La société n'est donc pas seulement un fait,
mais une idée, pas seulement une donnée, mais une fin.
C'est par là que peuvent être déterminées les corrections
que requiert la société réelle et qu'une distinction devient
possible, en principe entre la dissidence criminelle et celle
qui ne l'est pas (Cf. § 18 et I, 172 et 178).*

*Faire exister la société est la formule générale de la
moralité pratique, soit que nous considérions le régime
de l'automatisme social par lequel s'impose simplement
la discipline sociale (I, 261), soit que nous considérions
le régime de la contractualité et de la finalité sociale
consciente (I, 129 et 141; II, 242-246). Aussi les problèmes
particuliers de la morale consistent-ils le plus souvent à
harmoniser des besoins, des intérêts ou des institutions qui
préexistent. C'est pourquoi par rapport au présent elle
apparaît surtout comme une technique sociale. (Cf. En
quête d'une Mor. Pos., 2ᵉ partie, § 3).*

L'idée d'un accord, d'un système social des fins implique un principe qu'il importe de faire ressortir, d'autant qu'il complète l'idée de la Rationalité en rapprochant encore la forme du savoir et celle de l'action (§ 2). C'est ce que nous appellerons le *principe de détermination*. Beaucoup de règles de la vie sociale semblent motivées uniquement par la nécessité de supprimer autant que possible l'indétermination, le *n'importe quoi* dans les rapports sociaux, l'impossibilité de les ramener à une formule claire et générale. Par exemple, quand on se pose cette question si obscure et si singulière de l'interdiction de l'inceste, on est porté à penser que cette interdiction a pour raison fondamentale l'impossibilité où aboutirait l'inceste généralisé de définir un système quelconque de parenté, de constituer aucune famille (qu'on veuille bien considérer par exemple l'inextricable confusion qui se produit dans une lignée de chiens, où un individu peut être père de ses frères, grand-père de ses enfants, etc). Plusieurs travaux fort intéressants de M. Durkheim sur les clans australiens, ont montré combien était pressant, chez les primitifs, le besoin de classification sociale. Ce qui confirme cette interprétation, c'est qu'on voit les restrictions matrimoniales non pas gagner, mais au contraire perdre en étendue, et les limites de l'inceste devenir plus étroites, quand, en vertu d'autres conditions, la classification sociale est mieux assurée. La polygamie, si naturelle à certains égards, a dû également céder en grande partie sous l'influence de cette cause générale, parce qu'elle introduisait encore mainte indétermination dans les rapports familiaux, les droits de la femme, des enfants.

Le système de la propriété est de même en partie fondé sur la nécessité de pouvoir définir ce qui revient à chacun, suivant une règle qui laisse le moins de place possible à un flottement, à une indétermination du mien et du tien. Et ici encore, on pourrait présumer que la rigidité des règles de l'appropriation pourra faire place à plus d'élasticité, quand celle-ci ne constituera plus un danger pour la solidité de l'organisation sociale.. Tout corps de droit est en ce sens un système de définitions non pas verbalement, mais dynamiquement posées, une *méthode* pour préciser, classer, répartir.

Ainsi une société tend à devenir de plus en plus *pensable*, en même temps qu'elle se prête de plus en plus pratiquement à la prévision. Par là elle offre la *forme* d'une vérité, ou celle d'une *nature* dans laquelle il n'y a pas de vide, non plus que de hasard.

3o. — La notion de l'Etre social doit être transportée du terrain de la réalité sur celui de l'idéalité. Le réalisme social exprime beaucoup plutôt le point de vue de l'action et de la finalité qu'il ne se justifie au point de vue de l'existence, de la causalité et de l'explication.

L'amour ou charité est la traduction affective de cet idéal et le stimulant intérieur de l'action morale, comme la justice en est la règle. Et ainsi toute moralité est charité et toute moralité est justice. (Cf. II, 86).

De même que la science travaille à la fois à distinguer et à unir, et tend à lier les choses sans les confondre, dans un ordre défini, de même la moralité travaille à construire la société suivant une méthode toute semblable. Elle tend à constituer des personnalités fortes et autonomes, elle veut que les personnes soient nettement distinguées, pour permettre entre elles une répartition précise des choses et des fonctions; elle tend enfin à supprimer toute indistinction, toute indétermination (§ 29), et en cela elle est Justice. Mais c'est par là aussi que l'union est possible. Il semble d'abord que la charité tende à confondre les personnes (*tanquam se*), comme une science rudimentaire tend à tout identifier. Mais c'est là un moment purement provisoire, un simple aspect de son action: nous abandonnons notre droit actuel pour établir une plus parfaite justice. Ceux dont le droit n'est pas encore reconnu étant d'autant plus impuissants à l'obtenir, nous nous substituons à eux en partie, et un instant. Mais la justice doit être l'objet même de cet effort dont la sympathie et le sacrifice ne sont que la condition. Vouloir le bien d'autrui, c'est avant tout vouloir qu'autrui *soit;* et l'existence sociale d'une personne, c'est son droit. C'est pourquoi la forme caractéristique de la charité rationnelle qui semble convenir à la conscience moderne et s'y développer, c'est la défense et la conquête du droit, œuvre dont les revendications intéressées sont loin d'être le facteur exclusif. A la limite c'est seulement dans une société juste que l'amour mutuel des hommes atteindrait son terme le plus élevé.

31. — *Il n'y a vraiment société qu'entre les consciences qui se pensent les unes les autres. La société est donc d'autant mieux réalisée qu'elle repose davantage, d'une part, sur le libre examen, qui unit les esprits dans la vérité, — d'autre part, sur le contrat, sur la législation expresse et consentie, qui unit les volontés dans la liberté. La domination de conditions purement matérielles ou extérieures, — ou même de traditions irréfléchies, imposées par la contrainte sociale ou docilement acceptées par imitation contagieuse, ne lui fournit qu'un fondement précaire. La véritable société est celle qui ressemble enfin à une œuvre voulue plutôt qu'à un produit de la nature.*

Nous ne voulons pas examiner ici les multiples objections que peut susciter la théorie du contrat. Mais on pourrait nous demander comment elle cadre avec le § 5. Ne semble-t-il pas en effet que dans cette théorie le fondement de l'autorité de la loi ou du pouvoir politique réside dans son *origine*, en ce qu'elle *émane* de la nation tandis que d'après le § 5 cette origine devrait être indifférente ?

Mais en réalité ce n'est pas son origine, c'est seulement le consentement qu'elle implique, et par conséquent sa finalité qui rend cette autorité respectable. C'est pourquoi l'autorité qui est sociale seulement en ce sens qu'elle réside dans une tradition collective et qui par conséquent apparaît à la volonté réfléchie comme une *vis a tergo*, reste sujette à la critique, qui peut la rejeter. Son origine peut sans doute créer en sa faveur une présomption partielle (§ 23), mais qui demande cependant à être contrôlée. Il faut donc bien distinguer, quand on parle de société, de volonté collective, etc., si l'on parle de la société en tant qu'elle est antérieure à la conscience claire que l'individu peut avoir et à la manifestation qu'il peut donner de sa personnalité et de son vouloir essentiel, ou si c'est au contraire de la société en tant qu'elle résulte de cette personnalité et de ce vouloir même. Dans le réel, il est clair que les deux choses sont toujours intimement mêlées ; nous avons cependant montré qu'il y a progrès constant de la première situation à la seconde' c'est-à-dire du traditionalisme au contractualisme, et il importe moralement de les distinguer.

31 bis. — Ainsi s'achève la jonction de la rationalité qui définit la forme de la moralité, et de la socialité qui en définit la matière : la rationalité est virtuellement sociale (§ 22) et la société n'est vraiment réalisée que dans

*la mesure où elle devient rationnelle (au sens défini en
I, A).*

*Aucune des thèses initiales (§§ 1-15) n'est donc absolu-
ment abandonnée.*

B. — Valeur pratique et pédagogique
DE LA MORALE AINSI DÉFINIE

*32. — Il est absolument vain et même dépourvu de
sens de se demander si cette morale a une force obligatoire. L'obligation n'est pas une chose qui existe et qui
aurait la vertu de faire vouloir un homme malgré lui
(§§ 2 et 3 bis). Mais à toute morale incombe la tâche
de faire exister chez l'homme auquel elle s'adresse l'état
d'âme qui le rendra sensible à l'idéal qu'elle lui propose.
C'est grâce à cet assentiment seul qu'il se sentira obligé.
La seule question légitime est donc de savoir si la morale
que nous avons définie est apte à créer ce sentiment
d'obligation intérieure, dont aucun système ne peut revendiquer la propriété exclusive. Or*

*33. — Elle en semble capable autant et plus que toute
autre et par là est efficace au plus haut point. Car elle
est, quant à son contenu, l'expression la plus adéquate et
la plus directe des conditions de la vie, alors que les
autres principes moraux n'en expriment qu'une partie
ou un aspect indirect. Elle utilise d'autre part les sentiments formés au contact de la vie sociale, et auxquels
aucune doctrine ne peut plus légitimement faire appel,
que celle qui, à la fois, les explique et les rectifie.*

Cette considération pratique a un lien direct avec le
§ 5. Plus l'esprit se développe, moins il se contente

d'affirmations autoritaires et plus il faut lui donner de raisons tirées des fins mêmes des règles proposées. Aussi est-il inconcevable que l'on s'achoppe toujours à cette objection réellement absurde : cette morale est excellente, mais qu'est-ce qui m'oblige à l'observer ? En dehors du consentement de la volonté à ce qui par elle est reconnu bon, il ne saurait y avoir place que pour une contrainte. On parle trop souvent comme si tels ou tels systèmes avaient « par privilège du Roi » le monopole de l'obligation, dont il faudrait aller faire provision à leur boutique. C'est toujours l'esprit d'hétéronomie.

Plus le *motif* moral sera au contraire intimement identifié au *contenu* même de la moralité et plus celle-ci a naturellement de chances d'être réalisée aussi bien subjectivement qu'objectivement. Le bon ouvrier n'est pas celui qui, en accomplissant sa tâche, n'obéit qu'à des motifs *extrinsèques*, mais celui qu'elle intéresse en elle-même ; alors, objectivement la tâche sera bien faite, et subjectivement il y aura, pour la personne, progrès de ses facultés et satisfaction intérieure. (Cf. *Règle et motif*, I. 285).

Je ne puis m'empêcher de remarquer combien pèche sur ce point l'éducation morale ordinaire. Je lis dans un catéchisme : « Quels sont les motifs [de détester ses péchés]? Les principaux motifs sont : 1° que le péché offense Dieu... ; 2° qu'il a causé la mort de Jésus-Christ ; 3° qu'il nous prive du bonheur du ciel et nous rend dignes des peines de l'enfer. » Le seul motif *spécifiquement moral* de regretter nos fautes, la pensée du mal que nous avons fait à autrui ou à la société, est précisément celui qu'on ne songe pas énoncer. Le motif religieux reste, en morale, et peut être fatalement, un motif extrinsèque (I, 284).

34. — *Cette morale est en outre d'une efficacité du-*

rable, elle est sûre, en ce qu'elle ne s'appuie sur aucun dogme incertain, sur aucune croyance arbitraire, ni même sur aucune doctrine scientifique contestable (§ 25) dont la chute ou l'instabilité pourrait entraîner la ruine de la doctrine morale et, qui pis est, compromettre les résultats de l'éducation morale elle-même.

Ici la doctrine et l'éducation sont aussi voisines que possible ; et notre pédagogie morale n'est pas réduite à commencer par l'une ou l'autre de ces deux immoralités radicales, ou d'enseigner ce que nous ne croyons pas (§ 2), ou d'affirmer ce que nous ne savons pas (§ 2 bis). Nous n'avons ni à opprimer la raison d'autrui ni à abdiquer la nôtre.

Dans toute morale religieuse ou métaphysique le rapport entre la doctrine et l'éducation est nécessairement tout à fait indirect. Qu'on ouvre encore le catéchisme : il débute par toute une théorie sur Dieu, sur la Création, etc. ; et la morale n'occupe que le second plan. Il a donc fallu faire d'abord connaître et accepter à l'enfant tout un système de croyances dont — sans même nous demander s'il peut en comprendre la portée — on peut assurer qu'elles n'ont avec les exigences de la vie réelle aucune espèce de rapport intrinsèque. Il est heureux que l'hérédité, l'habitude, l'imitation, le sentiment, l'adaptation pratique consolident alors la conscience naissante de l'enfant. Car si la théorie était vraie, si la *moralité* n'était fondée *en fait*, comme on le prétend de la *morale*, que sur la doctrine métaphysique qu'on prétend lui donner pour base, on se demande vraiment comment jamais on en tirerait une éducation, comment jamais on pourrait faire surgir la moralité. Ce serait à désespérer du problème de l'éducation morale, si la moralité ne pouvait pénétrer que par de telles voies, si, pour la susciter, il était réellement indispensable que le dogme fût d'abord connu, compris et accepté, puis que la morale en fût déduite. Heureusement que, dans ce sens encore, « la vraie morale se moque de la morale ». La vie réelle fait son œuvre indépendamment et même en dépit des irrationnels procédés par lesquels on croit l'aider ou la remplacer.

Seulement, loin d'avoir consolidé cette œuvre, on l'a rendue singulièrement caduque en prétendant la faire reposer sur des bases aussi précaires. On se plaint que la morale chancelle parce que la foi tombe. Si même cela était, à qui s'en prendre, sinon à ceux qui, sans être en état de garantir les dogmes contre les inévitables assauts du doute, ont si longtemps travaillé à persuader l'enfant que la morale dépend des dogmes ? Si cette dépendance était vraie, une telle vérité serait si dangereuse qu'on serait bien tenté de la dissimuler par prudence ; et l'on crée artificiellement ce danger, on suscite de propos délibéré la conviction d'une telle solidarité du dogme et de la morale, quand il est aussi conforme à la vérité des choses qu'aux intérêts de la pratique de rendre à la morale son autonomie! (1)

Ici au contraire, il n'y a pour ainsi dire rien de plus dans la doctrine que ce qui est utilisable dans l'éducation. Certes, il y a encore au point de vue pédagogique, un

(1) On nous a demandé plus d'une fois en vertu de quoi nous affirmions la possibilité et la nécessité d'une morale positive, alors que, prétend-on, cette affirmation est si contraire aux inductions de l'expérience la plus commune. On en voit ici une des raisons essentielles. Nous ne croyons pas que, si fréquemment qu'elle ait accompagné et même soutenu la morale, la Religion l'ait jamais *réellement* fondée, et nous avons donné ailleurs les raisons de cette thèse (*Morale laïque et Morale Religieuse*, Alcan). Mais, laissant de côté cette question de doctrine, nous indiquons ici le motif pédagogique impérieux qui nous paraît imposer l'adoption du point de vue positif dans l'enseignement moral. C'est celui qui a déterminé notre option comme professeur, longtemps avant que nous n'eussions réfléchi, comme philosophe, aux conditions scientifiques d'une telle morale.

38. — Elle est à la fois précise et élevée.

Elle comporte en effet toute l'étendue qu'on voudra lui donner ou que du moins comportera la représentation d'un système possible de rapports sociaux ; et pourtant elle commence en réalité dès le point où entrent en contact deux sphères d'activité humaine. A chaque niveau elle permet de définir des devoirs correspondants d'une manière relativement précise et concrète.

Elle pénètre donc le détail de la vie, sans cesser de les comprendre, par une synthèse graduellement étendue. mais sans discontinuité, sous des fins de plus en plus vastes (§ 27).

Les principes les plus élevés n'y sont donc pas, comme dans la plupart des systèmes, des abstractions hétérogènes aux applications les plus particulières et sans communication définissable avec elles.

39. — C'est une morale graduelle, qui prend l'homme tel qu'il est, sans utopie sur sa nature et lui permet de s'élever progressivement.

Certaines morales semblent supposer que la moralité préexiste, dans son essence et sa perfection, en un point de l'âme humaine, d'où il s'agirait de la faire rayonner sur tout le reste. C'est ce qu'impliquerait, par exemple, la conception Kantienne de la conscience (v. 1, 39-41 et 155). On est alors conduit, au point de vue anthropologique, à considérer la conscience comme primitive et éternelle dans l'humanité ; au point de vue pédagogique, à lui donner des ordres au lieu de lui fournir des forces. L'erreur scientifique et l'erreur pratique sont ici équivalentes et corrélatives. Suivant nous, au contraire, la faculté morale, historiquement, se forme peu à peu dans l'humanité, qui a dû la découvrir autrement que dans la table du Sinaï, et de même il est nécessaire et possible, pédagogiquement, de la susciter et de la réaliser chez l'enfant au lieu de se borner à l'accabler d'impératifs. (Cf. §§ 32 et 34).

40. — *C'est une morale intégrale en ce sens qu'elle englobe l'activité humaine sous tous ses aspects, qu'elle coordonne. Elle explique d'une part et détermine les devoirs appelés individuels (§ 14). Elle fait ensuite communiquer entre eux et participer à la moralité les différents domaines de l'activité extérieure. Elle est donc éminemment* organique.

La plupart des conceptions morales régnantes séparent l'homme moral de l'homme physique, de l'homme économique, de l'homme professionnel, etc., en sorte que la moralité semble planer dans une sphère de plus en plus séparée de la vie réelle, et que celle-ci se trouve, en effet, abandonnée sur bien des points à l'impulsion des passions, au gouvernement des traditions, à la lutte des intérêts. La morale y perd en autorité réelle ce qu'on a voulu lui faire gagner en sublimité apparente (Cf. I, 63 283).

C'est évidemment le contraire qui arrive ici (en vertu du § 27).

41. — *C'est la morale la plus capable d'obtenir l'unanimité, de rallier les esprits et les volontés ; car en même temps qu'elle repose sur des méthodes rationnelles et des bases positives, on peut dire que sa fin consiste essentiellement dans la réalisation même de cette entente et de ce ralliement (§§ 30 et 31).*

Seulement il ne s'agit pas de cette unanimité abstraite et vide, qu'on prétend trouver dans la raison pure, mais d'un accord réel impliquant coopération ; il s'agit de rallier les hommes à un idéal qui serait le même pour tous,

*non en ce sens qu'il serait identique pour chacun (mo
rale de l'extension), mais en ce sens qu'il leur propose
une œuvre commune (morale de la compréhension).
C'est, dans la pratique, le résultat de la synthèse de la
« rationalité » et de la « réalité ».*

Sur l'opposition de la morale de l'extension et de la
morale de la compréhension, voir I, 20, 141, 284.

A elle seule la « Rationalité » ne pourrait produire que
l'*homogénéité des esprits*, et encore une homogénéité
plutôt formelle que réelle, la similitude d'une méthode,
d'une attitude. C'est déjà beaucoup sans doute (Cf. *En
quête*, etc. Conclusion, I. 183). Mais cela serait insuffisant à produire l'*union des volontés* s'il ne s'y joignait
une coopération à une œuvre sociale réelle. Or celle-ci
requiert une certaine diversité de fonctions, une « Division du Travail » qui demande à son tour une certaine
spécialisation. Mais inversement cette division du travail et cette spécialisation perdraient socialement leur efficacité pratique, moralement toute valeur pour le développement de la personnalité (Cf. §§ 34 et 35), si, poussées à l'excès, elles absorbaient toute la vie individuelle,
si par là elles amenaient l'individu à perdre de vue l'ensemble de la vie sociale et par conséquent aussi à ne plus
sentir l'intérêt de sa tâche. Il est faux, et quand on
considère certaines réalités économiques, amèrement dé-
risoire, de nous dire que l'on regagne en profondeur,
dans la spécialisation, ce que l'on perd en étendue. Cela
n'est vrai et non encore sans fortes réserves que de certains travaux privilégiés comportant un vaste domaine
et une grande variété intrinsèque (1). Mais quelle « pro-

(1) Par exemple les travaux scientifiques et artistiques. Encore le savant et l'artiste gagnent-ils souvent en originalité et en
force, par suite en profondeur, quand ils possèdent plusieurs arts,
plusieurs sciences; seule leur habileté technique peut y perdre.

fondeur » peut acquérir le travail machinal d'un pudd-
leur, d'un tisserand, d'une brocheuse ? C'est pourquoi le
monde ouvrier réclame avec tant de force et de raison,
pour le loisir, la vie sociale complète, et la culture générale, un temps au moins égal à celui du travail professionnel. Ainsi une conciliation est nécessaire entre la
différenciation et l'homogénéité. La coopération sociale
suppose et doit produire également l'un et l'autre.

On voit par là combien il serait erroné de considérer
comme tout individualiste notre conception morale, en
raison de la part qu'elle fait à l'esprit critique d'une part
et au contrat, de l'autre (§§ 1 et 31, contre-sens déjà
prévenu d'ailleurs § 30). Elle est à égale distance d'un
humanitarisme vague et d'un personnalisme étroit. Elle
tient l'unité d'un groupe social défini pour le milieu naturel de la personne morale et pour la condition nécessaire de la moralité ; aussi bien dans l'ordre de la finalité
que dans celui de la causalité, un ordre n'est possible
que dans un système fini. Par là, cette morale fait à la
Patrie une place précise et nécessaire entre l'individu et
l'humanité. Celle-ci ne peut vraiment se réaliser que
moyennant des groupements limités, et ces derniers doivent être consolidés pour que l'Humanité acquière une
existence vraiment organique, de même que les personnes doivent être solidement constituées pour que l'Etat
présente de l'ordre et de la stabilité. Ainsi la Critique et
le Contrat, que l'on présente si volontiers comme des
principes anarchiques, nous paraissent au contraire, plus
que la contrainte, plus même que l'histoire et la traditions, les principes organisateurs les plus sûrs.

C'est toujours sur les confins des spécialités classées que se trouvent les nouveautés intéressantes. Dans l'ordre spirituel, comme
dans l'ordre politique, les classifications sociales trop rigides sont
dangereuses pour tout progrès. Or comment pourraient-elles s'as-
souplir et se transformer sans les esprits plus ou moins encyclopé-
diques, ou du moins capables d'embrasser des ensembles étendus ?

42. — *Par ces deux caractères surtout la morale que nous avons décrite, à la fois rationnelle et positive, apparaît bien comme la morale propre d'une démocratie (Cf. § 31) sans doute en ce sens déjà qu'elle en dérive, mais surtout en ce sens qu'elle en prépare l'achèvement (§ 21). Elle organise en effet les fonctions de l'individu (§§ 27 et 40) comme elle organise entre eux les individus (§ 41). Elle forme la personne, suivant les belles vues de Comte, par le même travail qu'elle ordonne la collectivité (§ 30 et 35) et elle tend à réaliser l'unité et la vie de la collectivité, non par l'asservissement, mais par la liberté des individus.*

Elle le peut : car elle fait vivre la représentation de la collectivité dans chaque conscience individuelle, que cette représentation, à l'état clair, remplirait de plus en plus, — et elle fait de plus en plus consister la vie propre et la volonté de cette collectivité dans les rapports conscients et consentis des individus. En sorte que cette société serait comme un monde de monades à la fois différentes et semblables, où le tout serait représenté dans chaque élément et chaque élément manifesté dans le tout.

BIBLIOTHÈQUE DE PHILOSOPHIE CONTEMPORAINE

Extrait du Catalogue

MORALE

Coulommiers. Imp. Paul BRODARD. — 267-22.

www.ingramcontent.com/pod-product-compliance
Lightning Source LLC
LaVergne TN
LVHW052006060726
842528LV00002B/419